AF456438

LA

FRANCE HÉRALDIQUE

2883 — BOULOGNE (SEINE). — IMP. JULES BOYER ET Cie

LA

FRANCE HÉRALDIQUE

PAR

Ch. POPLIMONT

Chevalier de l'ordre des saints Maurice et Lazare

TOME V

HORRIC DE BEAUCAIRE — MAILLARD DE BROYS

PARIS

IMPRIMERIE JULES BOYER & Cie

11, RUE NEUVE-SAINT-AUGUSTIN, 11

1874

H

HORRIC DE BEAUCAIRE. *Angoumois.*

D'azur à trois ferneaux d'or posés 2 et 1.

Cette famille a deux représentants : Horric de Beaucaire, au château de Beaucaire, par Hiersac, département de la Charente; Horric de Beaucaire, au château de Bois-de-la-Motte, par Ploubalay, département des Côtes-du-Nord.

HOSTE. *Flandre.*

D'or à la bande de gueules chargée de trois écureuils du champ.

On rencontrait autrefois, en France, une autre famille du même nom dont était Antoine Léonor d'Hoste, seigneur de Beaulieu, maître des comptes à Paris, en 1683.

Celle qui nous occupe est représentée par d'Hoste, à Rochefort, département de la Charente-Inférieure.

HOSTEL. *Bugey.*

Palé, contrepalé d'or et de gueules.

La famille d'Hostel a trois représentants : Gauthier d'Hostel, au château de Bois-Giroult, par Damville, département de l'Eure; le baron d'Hostel, à Paris; d'Hostel, magistrat à Provins, département de Seine-et-Marne.

HOUDAIN. *Artois.*

D'or au créquier de sinople.

Cette famille, qui remonte à Anselme, dit le Chauve, premier du nom, vivant en 1067, est représentée par de Houdain, conservateur des hypothèques.

HOUDAN. *Touraine.*

D'or à la bande d'azur chargée de trois mâcles d'or, couchées en bande.

L'unique représentant du nom, d'Houdan, réside à Angers.

HOUDEMARE. *Rouen.*

D'azur au chevron d'argent accompagné en chef de deux canettes d'or et en pointe d'une molette du même.

L'unique représentant du nom, baron d'Houdemare, est maire à Saint-Nicolas-Pont-Saint-Pierre, département de l'Eure.

HOUDETOT. *Normandie.*

D'argent à la bande d'azur diaprée d'or de trois pièces, celle du milieu chargée d'un lion et les deux autres d'un aigle à deux têtes d'or.

Cette grande et illustre maison, qui doit son nom à

une terre et seigneurie dans le pays de Caux, élection de Caudebec en Normandie, et qui a donné un grand-maître des arbalétriers de France, par lettres du 15 mai 1350, Robert, sire de Houdetot, chevalier du bailliage de Caux, en Normandie, et capitaine général du duché, a quatre représentants : le marquis d'Houdetot, au château d'Aplemont, par Sainte-Adresse, département de la Seine-Inférieure; le comte d'Houdetot, à Paris; d'Houdetot, inspecteur des contributions directes, à Alger; d'Houdetot, à Versailles.

HOUEL DU HAMEL. *Normandie.*

Palé d'or et d'argent.

Cette famille, dont le nom, cité par Robert Wace, remonte à l'époque de la conquête, est originaire de Tourneur, près Vire. Aujourd'hui cette lignée a deux représentants : Houel du Hamel, ancien inspecteur général des haras, à Saint-Lô, département de la Manche; Houel du Hamel, receveur des finances de l'arrondissement de Rochechouart, département de la Haute-Vienne.

HOUITTE DE LA CHESNAIS. *Bretagne.*

D'hermines au chef endenché d'azur, chargé de trois étoiles d'or.

Cette famille de robe, distinguée sous le parlement de Bretagne, est représentée par Houitte de la Chesnais, président du tribunal civil de Saint-Malo, à Saint-Servan, département d'Ille-et-Vilaine.

HOUSSAYE. *Ile-de-France.*

De gueules à deux fasces d'or et trois têtes de dragon d'argent, languées d'or, posées entre les fasces. Couronne de comte.

Cette famille, qui compte de glorieuses alliances, est représentée par Arsène Houssaye, commandeur de Saint-Stanislas de Russie, officier de la Légion d'honneur; de la Couronne d'Italie, commandeur d'Isabelle-la-Catholique, etc.; ancien directeur du Théâtre-Français; inspecteur général des Beaux-Arts. Il a deux fils : Henry Houssaye, chevalier de la Légion d'honneur (guerre de 1870), et Albert Houssaye.

HOUSSAYE (DE LA). *Normandie.*

D'argent, à un houx de sinople, arraché et accompagné de trois molettes de sable, posées en chef, pour quelques branches, et au lion de sable, armé et lampassé de gueules passant au pied du houx. — D'argent à trois feuilles de houx de sable, posées 2 et 1, chacune chargée d'une croix au pied fiché d'or. — D'argent à trois feuilles de houx de sinople posées 2 et 1.

Indépendamment de plusieurs autres familles du nom de la Houssaye, dans les élections de Lisieux et d'Argentan, en Normandie, on en distingue trois dans la province : la première, connue depuis l'an 1200, possédait des fiefs en Roumois et dans le pays de Caux dès l'an 1317 ; la seconde, celle des marquis d'Orville, a une communauté d'origine avec la première ; la troisième possédait le fief de Mesnil-Rainfroy, dans l'élection de Caen.

Le nom de la Houssaye compte encore six représentants : de la Houssaye, au château de Villechauve, par la Gacilly, département du Morbihan; de la Houssaye, au château de Géromont, par Omont, département des Ardennes; de la Houssaye de Léomenil, artiste-peintre, à Paris; de la Houssaye, à Rennes; de la Houssaye, à Mortain, département de la Manche; le comte de la

Houssaye, chevalier de la Légion d'Honneur, directeur des haras du Pin.

HOUVIGNET. *Picardie, Lyonnais, La Rochelle.*

Parti : au 1 de pourpre à la croix d'or, cantonnée de quatre merlettes du même ; au 2 de gueules, au lion d'argent ; à la bande cousue d'azur, chargé d'un croissant, accostée de deux étoiles du même ; au chef d'azur, au cep de vigne surmontant le tout. Couronne : de comte.

Devise : *Deus et Rex.*

Augustin d'Houvignet, sire de Boulle et de Blancfossé, prévôté de Montdidier, en Picardie, gouverneur des ville et citadelle de Doullens, fit preuve en 1659, du 15 septembre 1515, vivant Claude d'Houvignet, seigneur de Maubeuge, l'un des cent-gentilhommes de l'Hôtel du roi, son bisaïeul. François d'Houvignet, seigneur de Pinon, élection de Soissons, a produit, en 1730, des titres très-authentiques qui justifient de six degrés de noblesse, avec les qualités de chevalier, depuis 1520.

Houvigne, Houvignez ou Houvignet est aussi un nom de fief appartenant à une grande famille présumée éteinte. Nous n'avons pas à rechercher si elle est la souche de celle qui nous occupe et qui a pour chef de nom et d'armes Gustave d'Houvignet, né le 30 juin 1834, propriétaire au Château, Ile d'Oléron (Charente-Inférieure). De son mariage avec Mlle Julie-Henriette Giroud, il a trois enfants : Gustave-Henri ; Amélie-Henriette-Augustine ; Marthe-Juliette.

HOUX (DU). *Picardie, Lorraine.*

De gueules à trois bandes d'argent, accompagnées de quatre besants d'or posés en barre.

Devises : *Qui s'y frotte s'y pique. — Toujours fidèle à l'honneur.*

Cette famille, qui produit des titres depuis l'an 1554, est représentée par Henry-Eugène-Charles du Houx, à Paris. Elle est aussi représentée par du Houx d'Hennecourt, à Pont-à-Mousson, et par du Houx de la Rochère, à la Rochère, département de la Haute-Saône.

HOUZÉ DE L'AULNOIT. *Flandre.*

D'argent à la couronne d'épines de sinople ; au chef d'azur, chargé de deux palmes d'or posées en sautoir.

Gaspard-Théodore-Joseph Houzé de L'Aulnoit, avocat au Parlement de Flandres, a épousé le 28 août 1779, demoiselle Dorothée-Félicité-Josèphe Le Vaillant. Neuf enfants sont issus de cette union.

Cette famille a pour représentants :

1° Aimé-Théodore-Félix Houzé de L'Aulnoit, avocat à Lille, administrateur des hospices de cette ville ;

2° Auguste Houzé de l'Aulnoit, chevalier de la Légion d'Honneur, ancien officier de marine ;

3° Alfred Houzé de L'Aulnoit, docteur en médecine, professeur à l'École de médecine de Lille.

HOZIER. *Provence, Ile-de-France, Dauphiné.*

D'azur à la bande d'or accompagnée de six étoiles du même posées en orle.

Cette famille, dont le nom est célèbre dans l'histoire héraldique de France, à laquelle appartenait Charles-René d'Hozier, juge des armes et blasons de France, certifiée noble et connue dans la ville de Salon, en Provence, dès les premières années du seizième siècle, est représentée par le comte d'Hozier, à Paris.

HUARD. *Alençon.*

D'or à trois corbeaux de sable posés 2 et 1.

Cette famille, dont nous ne connaissons que le nom et les armes, a trois représentants: d'Huard de la Marre, conseiller à la Cour des comptes, à Paris; d'Huard de la Marre, inspecteur des forêts, à Versailles; d'Huard de la Marre, au château de Nuisement, par Thiron, département d'Eure-et-Loir.

HUARD DE BOISRENAULT. *Berri.*

D'azur à six huîtres d'argent posées 3, 2 et 1; au chef ondé du même.

Cette famille, dont les armes se trouvent à la Bibliothèque nationale, dans d'Hozier, manuscrits, *Généralité de Bourges*, est, depuis le commencement du seizième siècle, très-honorablement posée à Buzançais (Indre). Elle tire son nom du fief du Boisrenault, où elle habite, près Buzançais. Elle l'acquit d'un de ses parents, messire de Guenand, avec les droits et prérogatives nobiliaires y attachés. Elle est aujourd'hui représentée : 1° par Paul-Joseph Huard du Boisrenault, chevalier de la Légion d'honneur, ancien garde du corps, puis capitaine aux hussards de la garde royale; 2° par Louis-Léon-Joseph Huard du Boisrenault, fils du précédent. Cette famille est la branche aînée des Huard de Verneuil.

Cette seconde branche a quatre représentants : Huard de Verneuil, maire d'Ambrault, au château de Pellegrine, département de l'Indre. Il a trois fils : Gaston Huard de Verneuil, procureur de la République près le tribunal de Sancerre; Antoine Huard de Verneuil, capitaine d'état-major, attaché à l'état-major de la

16e division; Albert Huard de Verneuil, chef du cabinet du préfet de la Nièvre.

HUBAUDIÈRE (DE LA). *Bretagne.*

D'azur à trois têtes d'aigle arrachées d'argent.

De la Hubaudière, unique représentant du nom, est président du tribunal de commerce, à Quimper-Corentin.

HUBERT. *Beauce.*

D'argent à un chien braque de gueules. — D'argent à trois lions de gueules, les deux du chef affrontés.

Cette famille, dont était Anne-François Hubert, seigneur de Faconville et de Londreville, lieutenant-colonel du régiment de cavalerie en Berri, commandeur de l'ordre de Saint-Louis, mort en octobre 1715, a cinq représentants : d'Hubert, avocat, à Paris; Alexis d'Hubert, à Donzy, département de la Nièvre; d'Hubert, médecin, à Donzy; d'Hubert, chevalier de la Légion d'honneur, commissaire de la poudrerie du Bouchet, département de Seine-et-Oise; Cyrille-Jean d'Hubert de Saint-Didier, inspecteur des lignes télégraphiques, à Nice.

HUBERT DE LA HAYRIE. *Bretagne.*

D'argent à trois jumelles de gueules.

Cette famille a plusieurs représentants : Constant, comte Hubert de la Hayrie; Alexis, vicomte Hubert de la Hayrie, commandeur de la Légion d'honneur, colonel commandant le 101e régiment d'infanterie; Camille Hubert de la Hayrie.

HUBERT DE LA MASSUE DE SAINT-PIAT. *Bretagne.*

D'argent à trois fasces immolées de gueules.

Une des plus anciennes de la province, cette famille qui a donné des compagnons à Bertrand Dugesclin et à l'église plusieurs prélats distingués, entre autres le bienheureux Hubert de la Massue, évêque de Rennes et chancelier de Bretagne en 1184, est représentée par le comte Hubert de la Massue de Saint-Piat, à Paris.

HUBERT DE HUMIÈRES. *Artois.*

D'argent à la fasce d'azur accompagnée de trois trèfles de sable.

Charles Hubert de Humières, unique représentant du nom, réside au château de Humières, par Saint-Pol-sur-Ternoise, département du Pas-de-Calais.

HUBERT DE LA SALLE. *Touraine.*

De gueules au chevron d'or, accompagné de trois trèfles du même.

Hubert de la Salle, unique représentant du nom, réside à Tours.

HUCHET. *Bretagne.*

D'argent à trois huchets de sable posés 2 et 1.

Devise : *Honnor et charitas.*

Bertrand Huchet, secrétaire d'État, garde des sceaux du duc Jean V en 1421, son ambassadeur en Angleterre en 1442, épousa en 1420 Jehanne de Talensac, dame de la Bédoyère, dont par contrat de mariage, il écartela les armes avec les siennes : aux 1 et 4 d'argent à trois huchets de sable, posées 2 et 1; aux 2 et 3 d'azur à six billettes d'argent, posées 3, 2 et 1.

De Jean Huchet de la Bédoyère, arrière-petit-fils de Bertrand, est sortie la souche de la branche de Cintré.

Cette branche est aujourd'hui représentée par Louis

Huchet, marquis de Cintré, au château de Tréguil, près Montfort-sur-Meu ; Armand Huchet, comte de Cintré, au château de Breil, près Montfort-sur-Meu, député d'Ille-et-Vilaine à l'Assemblée nationale, en 1871 ; son fils, Georges Huchet de Cintré, ancien zouave pontifical.

Gabriel Huchet, comte de Cintré, à Rennes, son fils.

Réné Huchet, vicomte de Cintré.

Henry Huchet, vicomte de Cintré (deuxième branche), capitaine de vaisseau, commandeur de la Légion d'honneur, chevalier des ordres du Bain et de Medjidié, au château de Couesby, près Josselin, Morbihan, père de Armand, lieutenant de vaisseau, chevalier de la Légion d'honneur; Albert, mort capitaine d'infanterie; Félix et Charles.

Ses neveux : Alfred Huchet, comte de Cintré, capitaine d'artillerie de marine, chevalier de la Légion d'honneur, au château de Moustoirland, près Pontivy, Morbihan.

Henry Huchet, vicomte de Cintré, lieutenant de vaisseau, chevalier de la Légion d'honneur.

Ludovic Huchet, vicomte de Cintré (troisième branche), château d'Orgères, près Rennes.

Alphonse Huchet, baron de Cintré, à Rennes.

Une troisième branche sortie depuis celle de Cintré de la souche de la Bédoyère, est celle de Quénétain.

Elle porte aussi écartelé Huchet et Bédoyère. Ses représentants sont :

Ange Huchet, comte de Quénétain, et son fils Guy, au château de la Molière, près Rennes.

Cette famille est originaire d'Irlande, où il existe encore des Huchet, portant pour armes : d'argent à trois huchets de sable posés 2 et 1.

Cette famille appartient à la pairie anglaise. Un membre de cette branche d'Irlande doit faire encore aujourd'hui partie de la chambre des Lords.

HUE DE LA COLOMBE. *Normandie.*

D'azur à la colombe d'argent tenant en son bec un rameau d'olivier de sinople.

Cette famille, une des cinq du nom de Hue qui sont originaires de l'élection de Caen, est représentée par Hue de la Colombe, officier de la Légion d'honneur, ancien lieutenant-colonel au 1er régiment des grenadiers de la garde.

HUE DE CALIGNY. *Normandie.*

D'azur à l'aigle d'argent, becquée et onglée d'or, accompagnée en chef de deux étoiles du second.

Originaire aussi de l'élection de Caen, cette famille est représentée par le marquis Hue de Caligny, à Versailles, correspondant de l'Académie des sciences de l'Institut de France.

HUE DE LA BLANCHE. *France.*

Écartelé : aux 1 et 4 de gueules à trois molettes d'or, au cœur d'argent posé en abîme ; aux 2 et 3 d'or à trois écussons de gueules.

Cette famille est représentée par Claude-Louis-Félix Hue de la Blanche, au château de Curée, par la Pacaudière, département de la Loire, qui a deux fils.

HUET D'ARLON. *Vendômois.*

D'azur au cerf d'or issant d'une rivière d'argent ; au chef cousu de gueules chargé de trois molettes d'or.

Huet d'Arlon, juge à Vendôme, est l'unique représentant de la famille.

HUET DE LA CROIX. *France.*

D'azur au chevron d'or accompagné en chef de deux roses tigées et en pointe de trois trèfles mal ordonnés, le tout d'or.

Huet de la Croix, unique représentant du nom, réside au château de Passat, par Montluçon, département de l'Allier.

HUET DE MONTBRUN. *Normandie, Orléanais.*

D'azur au cerf d'or issant d'une rivière d'argent mouvante de la pointe de l'écu; au chef de gueules chargé de trois molettes d'or.

L'unique représentant de cette famille, dont les armoiries sont les mêmes que celles de Huet d'Arlon et dont les titres remontent à l'an 1639, comte Huet de Montbrun, réside à Orléans.

HUET DU ROTOIS. *Bretagne.*

D'azur à l'aigle d'argent, becquée et membrée de gueules.

Cette famille a deux représentants : Huet du Rotois, contrôleur des contributions à Sedan, département des Ardennes; Huet du Rotois, commis de douane, à Oran, Algérie.

HUET DE LA TOUR DU BREUIL. *Perche.*

D'azur à trois épis de blé d'or, posés 2 et 1.

Cette famille, dont les armes ont été blasonnées par d'Hozier et qui figure dans les listes de la noblesse de France pour les élections aux États-Généraux, a quatre représentants : Ferdinand-Jean-Hilarion Huet de la Tour du Breuil, ancien officier de cavalerie, au château de la Tour-du-Breuil, près Valençay, département de l'Indre; Charles-Henri-Claude Huet de la Tour du Breuil, au château de Beauvais, près de Clion, département de l'Indre; Jules-Aimable-Louis Huet de la Tour du Breuil, comte romain, au château de Rabry, par Éceuillé, département de l'Indre.

HUGLEVILLE. *Normandie.*

D'or à deux fasces de gueules.

Cette famille est représentée par d'Hugleville, au château d'Hugleville, par Yerville, département de la Seine-Inférieure.

HUGO. *Lorraine.*

D'azur au chef d'argent chargé de deux merlettes de sable.

Cette famille remonte à Georges Hugo, capitaine des troupes de René II, duc de Lorraine, anobli par lettres du cardinal Jean de Lorraine, archevêque de Reims et de Narbonne, évêque de Metz, Toul, Verdun et Térouane, datées de Lillebonne, le 14 mai 1535, et confirmées par d'autres lettres patentes d'Antoine, duc de Lorraine, frère du cardinal, datées de Nancy, le 16 octobre 1537. Elle compte aujourd'hui deux représentants vivants : Victor Hugo, officier de la Légion d'honneur, membre de l'Institut; baron Charles Hugo, son fils.

HUGON. *Ile-de-France.*

D'azur à deux lions d'or posés en pied sur une même ligne, armés et lampassés de gueules.

Cette famille, qui remonte à Robert Hugon, seigneur du Prat, vivant au seizième siècle, est représentée par le comte Hugon, à Paris.

HUGONNEAU. *France.*

D'argent à trois feuilles de houx de sinople.

L'unique représentant du nom, d'Hugonneau, est maire à Brigueuil, par Confolens, département de la Charente.

HUGUES. *Provence, Languedoc.*

D'azur au lion d'or chargé de trois fasces de gueules brochant sur le tout et surmontées de trois étoiles d'or rangées en chef.

Cette famille, qui remonte à Panufle d'Hugues, damoiseau, du lieu de Pouzolo, au diocèse de Béziers, qui épousa, en 1096, Richarde de Rocosel, prouve ses titres, sans interruption, depuis le 25 février 1410, et a pour chef de nom et d'armes Louis-Joseph-Frédéric Hugues, grand'croix de la Légion d'honneur, général de division, à Paris. Il a deux frères, Louis et Emile, à Grange, département du Vaucluse.

HUGUET DE CHATEAU. *France.*

D'or au casque taré de profil et panaché de sable, accompagné de trois étoiles d'azur, deux en flancs et une en pointe, soutenu d'une champagne de gueules ; au signe des chevaliers légionnaires.

Cette famille est représentée par Huguet de Château, chevalier de le Légion d'honneur, receveur particulier des finances, à Douai. Il a un fils, conseiller de préfecture.

HUGUET DE MAJOUREAUX. *Bretagne.*

D'argent à deux croissants adossés de gueules. — D'argent à trois croissants de sable.

Cette famille a pour unique représentant Jean-

Baptiste Huguet de Majoureaux, commandeur de la Légion d'honneur, capitaine de vaisseau.

HUILLIER DE LAMARDELLE (L'). *France.*

D'azur au lion d'or, adextré en chef d'un croissant tourné d'argent; l'écu sommé d'un casque, taré de front, orné de ses lambrequins.

Nous rencontrons deux représentants de cette famille : Édouard L'Huillier de Lamardelle, écuyer, au château de Villa-des-Houx, par Chabris, département de l'Indre; Charles L'Huillier de Lamardelle, chevalier, au château de Cloffy, département d'Indre-et-Loire.

HULLIN DE BOISCHEVALIER. *Anjou, Bretagne.*

De gueules à deux bandes d'argent, chargées chacune de trois tourteaux du champ.

Cette famille noble, qui remonte au treizième siècle, est représentée par Hullin de Boischevalier, ingénieur civil, à Paris.

HULOT DE COLLART. *Champagne.*

Ecartelé aux 1 et 4 d'or, à la fasce crénelée et abaissée de gueules, sommée d'une hulotte de sable, allumée et armée aussi de gueules, tenant de la patte dextre une épée d'argent montée d'or et accompagnée en pointe d'une bombe d'azur; aux 2 et 3 d'azur, à l'aigle à deux têtes d'or, le vol abaissé.

Jules-Louis-Charles, baron Hulot de Collart, chef de la famille, réside à Caen.

HULOT D'OSERY. *Ile-de-France.*

Coupé : au 1 parti, A au dextrochère brassardé d'argent, mouvant du flanc dextre; au B de gueules à l'épée d'argent; au 2 d'azur au griffon couché d'argent, soutenu d'or, la patte dextre posée sur un boulet d'or.

Jean-Baptiste, comte Hulot d'Osery, chef de nom et d'armes, officier de la Légion d'honneur, est capitaine de frégate.

HUMBERT DE MOLLARD. *Paris.*

De gueules au cygne d'argent.

Cette famille a pour unique représentant Humbert de Mollard, à Paris.

HUMERŒUIL (Belvalet d'). *Artois.*

D'argent au lion de gueules.

Le marquis de Belvalet d'Humerœuil, unique représentant du nom, réside au château d'Humerœuil, par Saint-Pol, département du Pas-de-Calais.

HUMIÈRES. *Picardie.*

D'argent fretté de sable.

Cette famille, substituée à l'ancienne maison éteinte d'Humières d'Humercuil, a deux représentants : le marquis d'Humières, au château d'Humières, par Saint-Pol, département du Pas-de-Calais; le comte d'Humières, au château de Normanville, à Fauville, département de la Seine-Inférieure.

HUMIÈRES. *Auvergne.*

D'azur à la bande d'or.

Cette famille a trois représentants : le comte d'Humières, au château de Conroc, par Arpajon, département du Cantal; le comte d'Humières, au château de Majorie, par Beaulieu, département de la Corrèze; le comte d'Humières, au château de Poux, par Saint-Mamet, département du Cantal.

HUNAULT DE LA PELTRIE. *Anjou.*

Fascé d'argent et de gueules.

L'unique représentant du nom, Hunault de la Peltrie, est docteur-médecin, à Angers.

HUNOLSTEIN. *Lorraine.*

D'argent à trois fasces de gueules, accompagnée de douze billettes couchées du même, posées 5, 4 et 3; sur le tout de Stein-Kallenfels qui est coupé : au 1 de sinople au lion léopardé d'argent; au 2 d'or plein.

Originaire du pays de Trèves, cette maison, une des plus anciennes et des plus illustres d'Allemagne, qui tire son nom du château de la baronnie d'Hunolstein, tient un rang distingué parmi la principale noblesse de Lorraine et remonte à Jean, baron de Hunolstein, vivant en 1040. Elle a quatre représentants : le comte d'Hunolstein, qui a sa résidence d'été au château de Saint-Cirgues, par Issoire, département du Puy-de-Dôme, et celle d'hiver à Paris; le comte d'Hunolstein, au château de Hombourg-Saint-Kanier, par Metzervisse, département de la Moselle; le vicomte d'Hunolstein, qui a sa résidence d'été au château de Bonnelles, par Limours, département de Seine-et-Oise, et celle d'hiver à Paris; le baron d'Hunolstein, à Paris.

HUON DE L'ÉTANG. *La Rochelle.*

De sable au hibou d'or.

L'unique représentant du nom, Huon de l'Étang, est juge de paix, à Gemosac, département de la Charente-Inférieure.

HUON DE KERMADEC. *Bretagne.*

D'or à trois croix recroisettées d'azur, posée 2 et 1,

accompagnée de trois annelets mal ordonnés du même.

Devise celtique : *Atao da Virviquem*, en français : *Toujours et à jamais.*

Cette famille est représentée par Charles Huon de Kermadec, ancien magistrat, au château de Meslien, à Cléquer, département du Morbihan ; Huon de Kermadec, juge de paix, à Montreuil, département du Pas-de-Calais.

HUPAIS. *Provence.*

Coupé : au 1 d'or au sanglier passant de sable ; au 2 de sinople au sautoir d'argent.

D'Hupais, unique représentant du nom, réside au château de Pujet, par Aix, département des Bouches-du-Rhône.

HURAULT DE VIBRAYE. *Blaisois*, *Bretagne.*

D'or à la croix d'azur cantonnée de quatre ombres de soleils de gueules.

Originaire d'Angleterre, attachée ensuite aux ducs de Bretagne, cette ancienne et belle maison qui prouve sa noblesse avec une filiation suivie depuis Philippe Hurault vivant en 1352, est représentée par le marquis d'Hurault de Vibraye, à Dienville, département de l'Aube ; le marquis d'Hurault de Vibraye, qui a sa résidence d'été au château de Chevernay, département de Loir-et-Cher, et celle d'hiver à Paris ; le comte d'Hurault de Vibraye, à Armes, département de la Nièvre.

HURE D'APREMONT. *Ile-de-France.*

De gueules à la fasce d'or accompagnée de trois têtes de lion du même.

Cette famille a deux représentants : d'Hure d'Apremont, défenseur à la cour d'appel, à Alger; Adolphe d'Hure d'Apremont, aussi défenseur près le même tribunal.

HUREL DE CAMPART. *Normandie.*

D'argent à la fasce de gueules accompagnée de trois trèfles de sinople.

Cette famille noble de la Normandie, élection de Carentan, qui possédait le fief de la Londe, est représentée par Alfred-Aimé Hurel de Campart, au château de Saint-Martin-de-Mailloc, par Lisieux, département du Calvados. Il a deux frères : Alvère-Léonor et Edmond-Valence.

HUSSON DE PRAILLY. *Lorraine.*

D'argent au lion de sable chargé sur l'épaule d'une croix potencée d'or; à la bordure engrelée de gueules chargée de treize billettes d'argent.

Cette famille, de robe et d'épée, qui produit des titres et lettres patentes, depuis 1503, n'est plus représentée que par le baron Husson de Prailly, officier de la Légion d'honneur, président honoraire du tribunal civil de Nancy, doyen du Conseil général de la Meurthe, au château de Sainte-Catherine-aux-Bois, par Cirey-sur-Vezouze (Meurthe).

Une branche éloignée de cette famille, qui porte les mêmes armes, a deux représentants : Husson de Sampigny, ancien sous-préfet à Romorantin, département de Loir-et-Cher; Husson de Sampigny, au château d'Aisey, par Covre, département de la Haute-Saône.

HUTEAU. *Toulouse, Montauban.*

D'azur à trois étoiles d'or.

Cette famille est représentée aujourd'hui par le comte Armand d'Huteau, au château de Gaillac, département du Tarn.

HUTTEAU D'ORIGNY. *Bretagne*, *Touraine*, *Languedoc*.

Écartelé : aux 1 et 4 d'azur à trois étoiles d'or; aux 2 et 3 d'argent à la croix ancrée de gueules.

Connue dans l'histoire de Bretagne, de Touraine et de Languedoc, cette famille, dont plusieurs membres ont figuré dans les montres des gens de guerre de ces provinces aux treizième et quatorzième siècles, a trois représentants : Antoine, vicomte d'Hutteau d'Origny, à Paris; d'Hutteau d'Origny, au château du Soupir, près Vailly-sur-Aisne, département de l'Aisne; d'Hutteau d'Origny, au château de Biozat, par Gannat, département de l'Allier.

HUYN DE VERNEVILLE. *Lorraine*.

Écartelé : aux 1 et 4 d'or à trois fasces ondées d'azur; aux 2 et 3 de sable à six billettes d'or posées 3 et 3; au chef aussi d'or.

Distinguée dans l'Église, dans les armes et dans la robe, cette maison, qui a donné à la Lorraine un cardinal, un maréchal des armées impériales, gouverneur de province, plusieurs conseillers d'État, un procureur général, etc., et qui remonte à Beuvin de Huyn, seigneur de Blouc, vivant à Estain en 1350, a deux représentants : Huyn de Verneville, au château de Verneville, par Conflans; Huyn de Verneville, commandeur de la Légion d'honneur, général de brigade de cavalerie.

HYBOUVILLE (GALLY D'). *Normandie*.

De sable à une galère équipée d'or.

L'unique représentant du nom, Gally d'Hybouville, réside au château d'Hybouville, par Envermeu, département de la Seine-Inférieure.

HYLAIRE DE JOVYAC. *France.*

Écartelé : aux 1 et 4 d'azur au levrier courant d'argent surmonté d'une tour de même, qui est de Jovyac ; aux 2 et 3 de sinople au cygne d'argent, membré d'or, qui est de Toulon.

Cette famille a pour seul représentant de nom et d'armes Alfred, marquis d'Hylaire de Jovyac, chevalier de la Légion d'honneur, au château de Granoux, par Chomerac, département de l'Ardèche ; Alexandre, au château de Jovyac, par le Teil-d'Ardèche, département de l'Ardèche.

I

ICARD. *Provence.*

D'azur au lion d'or, tenant de ses pattes de devant une lance de même en pal.

Connue à Arles sous les nom de Pérignan et de Périsse, cette famille remonte à Nicolas d'Icard, premier du nom, qui, en considération de ses services, obtint des lettres de noblesse, données à Fontainebleau par Henri IV en avril 1605. Elle compte aujourd'hui deux représentants : d'Icard de Barbarin, à Marseille; d'Icard de Pontaut, fonctionnaire public, à Alger.

ILLIERS. *Beauce.*

D'or à six annelets de gueules posés 3, 2 et 1.

Cette ancienne maison, qui tire son nom de la ville d'Illiers, située dans la Beauce, entre Chartres et Orléans, et qui remonte à Avesgard, sire d'Illiers, vivant du temps de Thibaut, comte de Chartres, en 948, est représentée par le comte d'Illiers, conseiller général, à Olivet, département du Loiret.

IMBERT. *Languedoc.*

D'azur au champ d'épis de blé d'or accosté de deux arbres de sinople, le tout surmonté d'un nuage d'or, duquel tombe une rosée de même. — D'azur au chevron d'argent, accompagné en chef de deux têtes de lion arrachées d'or, et en pointe d'une gerbe de blé du même; au chef cousu de gueules, chargé de trois étoiles d'or.

Cette famille, dont était Joseph-André d'Imbert de Bausset, trésorier général de France en la généralité de Provence le 27 juillet 1753, a cinq représentants : d'Imbert, à Montagnac-sur-Avignon, par Nérac, département de Lot-et-Garonne; d'Imbert du Chemin, juge de paix, au Malzieu, département de la Lozère; d'Imbert de Montruffet, receveur particulier, à Paris; d'Imbert de Mazères, chevalier de la Légion d'honneur, président du comice agricole, à Agen; d'Imbert-Montruffet, notaire, à Saugues, département de la Haute-Loire.

IMBERT DE LA PHALECQUE. *Artois, Flandre.*

D'azur à la bande d'argent accompagnée de deux molettes d'éperon de même. Couronne : de comte. Cimier : un léopard assis au naturel. Supports : deux léopards au naturel, portant chacun une bannière aux armes de l'écu. Cri : *Imbert.* Devise : *Facundat Imber.*

Cette famille, qui a prouvé en France son origine chevaleresque, est représentée par le chevalier Victor Imbert de la Phalecque, qui a un fils, le chevalier Fernand Imbert de la Phalecque, à Douai. Elle est également représentée par le chevalier Eugène Imbert de la Phalecque, qui a sa résidence d'été au château la Mairie, à Lomme, département du Nord, et sa résidence d'hiver à Lille. Il a un fils, le chevalier Antoine Imbert de la Phalecque.

IMBLEVAL. *Normandie*, *Picardie*.

De gueules à trois quintefeuilles d'or.

D'Imbleval, chef de nom et d'armes, réside au château de Guilménil, par Argueuil, département de la Seine-Inférieure. Il a un frère cadet et plusieurs sœurs.

INARD D'ARGENCE. *Provence*.

D'azur à six besants d'or posés 3, 2 et 1.

Cette famille a pour unique représentant d'Inard d'Argence, receveur particulier, à Forcalquier, département des Basses-Alpes.

INGUIMBERT. *Provence*.

D'azur à quatre colonnes d'or ayant chacune son piédestal et son chapiteau; au chef de gueules chargé de deux étoiles d'or. Cimier : un lion issant à mi-corps d'une couronne de marquis tenant entre ses pattes une légende sur laquelle est écrit : *Firmantur ab astris*. Supports : deux lions.

Cette belle maison, dont le nom s'écrit aussi Guimberg, Inguimberty et Esguimberg, originaire de Vienne, en Autriche, et qui a donné dans les dernières guerres de Louis XIV, Charles d'Inguimbert-de-Montauge, commandant le régiment wallon de Famechon, a pour premier auteur connu, en France, Charles Inguimbert, chevalier, qualifié noble et puissant, *nobilis et potens*, qui vint d'Autriche vers 1470 et s'établit en Provence; elle est représentée aujourd'hui par le comte d'Inguimbert, à Avignon.

INVAL. *Picardie.*

D'or au chevron de sinople chargé en pointe d'une merlette d'argent.

D'Inval, unique représentant du nom, réside au château d'Auvillers, par Artenay, département du Loiret.

IRISSON D'HÉRISSON. *Champagne.*

De gueules à l'hérisson au naturel posé sur une terrasse de sinople ; au chef cousu d'azur chargé de trois roses d'argent. Couronne : de comte. Supports : deux lions d'or.

Cette famille nombreuse et distinguée se divise en deux branches.

La branche aînée a neuf représentants : 1° François-Alfred d'Hérisson, comte de Polastron la Hillière, conseiller de préfecture; 2° Philippe d'Hérisson de Polastron la Hillière, ancien lieutenant de cavalerie, qui de son mariage avec Mlle Agathe Cognet de la Roue, a deux enfants : *a.* Maurice d'Hérisson de Polastron la Hillière, né en 1852; *b.* Philippine d'Hérisson la Hillière, née en 1854; 3° Paul-Camille d'Hérisson de Polastron la Hillière, mort jeune; 4° Edmond-François de Paule d'Hérisson la Hillière, ancien officier de marine; 5° Louise-Rosine d'Hérisson de Polastron la Hillière, qui épousa le 1er juillet 1840 le comte de Gidrel; 6° Philippine-Charlotte-Hélène-Éléonore d'Hérisson de Polastron la Hillière, religieuse au Sacré-Cœur; 7° Geneviève-Charlotte-Joséphine-Hortense d'Hérisson de Polastron la Hillière, qui épousa en 1858 le comte de Saint-Romain; 8° Marie-Alexandre-Lucie d'Hérisson de Polastron la Hillière, qui épousa en 1847 M. de Missolz; 9° Julie-Camille-Adèle-Mathilde d'Hérisson de Polastron la Hillière, morte jeune.

La seconde branche a trois représentants : Marie-Alexandrine-Alice d'Irisson d'Hérisson, née à Paris, le 24 janvier 1836, morte à Paris, le 1er juin 1865, qui épousa M. Onésime Ligier-Juillet de Saint-Pierre; Jean-Auguste-Georges, comte d'Irisson d'Hérisson, né à Paris, le 23 mai 1837, chevalier de Malte et de la Légion d'honneur, secrétaire d'ambassade, capitaine de la mobile, aide de camp du général Berthault en 1870; Maurice, comte d'Irisson d'Hérisson, né à Paris, le 29 septembre 1835, chevalier de Malte et de la Légion d'honneur, décoré de la médaille militaire, capitaine de la mobile et aide de camp du général Trochu en 1870.

IRUMBERRY DE SALABERRY. *Navarre.*

Parti : au 1 coupé : *a* d'or au lion de gueules, armé et lampassé de même : *b* d'or à deux bœufs de gueules accornés et clarinés d'azur; au 2 de gueules à la croix d'argent pommetée d'or; à la bordure d'azur chargée de huit flanchis d'or. Tenants : deux anges.

Cette famille distinguée qui remonte à Pierre d'Irumberry, vivant en 1467, et dont le fils, Jean d'Irumberry, fut le premier seigneur de Salaberry, a deux représentants : Georges Irumberry de Salaberry, et Henri Irumberry de Salaberry, au château de Fossé, par Blois.

ISLE. *Rouergue, Angoumois, Saintonge, Pays d'Aunis, France.*

Rouergue. D'azur à trois lis d'argent, boutonnés du même, tigés et feuillés de sinople.

ANGOUMOIS, SAINTONGE, PAYS D'AUNIS. D'argent à trois roses de gueules feuillées et boutonnées de sinople.

FRANCE. D'or à quatre pattes d'ours de gueules, armées d'argent.

Isle, en Saintonge, qui a formé plusieurs branches, remonte à Jean Isle, premier du nom, écuyer, seigneur de la Matassière en 1557.

Ce nom a deux représentants : le marquis d'Isle, au château de Bellevue, par Doué, département de Maine-et-Loire ; d'Isle, maire à Lilly, par Lyons, département de l'Eure : d'Isle de Beauchaine.

ISLE. *Normandie, Bretagne.*

NORMANDIE. D'argent au lion de sable.

BRETAGNE. De gueules à dix billettes d'or.

On compte deux représentants du nom : de l'Isle de Beauchaine, à son château de Taillebourg, département de la Charente-Inférieure ; de l'Isle de Salles, à Paris.

ISNARD. *Provence.*

De gueules fretté d'argent. — D'azur à trois tulipes d'or tigées et feuillées du même.

Cette famille a trois représentants : le comte d'Isnard, à Paris ; le baron d'Isnard, chevalier de la Légion d'honneur, à Grasse ; le baron d'Isnard, au château de Taurenne, par Aups, département du Var.

ISNARDS (DES). *Comtat-Venaissin.*

D'or au sautoir de gueules, cantonné de quatre molettes d'éperon d'azur.

Cette famille, mentionnée par Lachenaye-Desbois, a

deux représentants : Louis, marquis des Isnards, au château du Martinet, par Carpentras, département de Vaucluse, qui épousa Maria Robin de Barbentane, dont quatre fils et trois filles : Charles, comte des Isnards, ancien officier au 10e régiment de dragons ; René, vicomte des Isnards ; Hélin des Isnards, à la Banque de France, à Marseille ; Siffrein des Isnards, élève à l'école militaire de Saint-Cyr ; Marie, qui a épousé Ernest de Rozière ; Siffrenie, qui a épousé Edmond de Meyran, marquis de Lagoix ; Betsy.

Edouard, comte des Isnards, frère cadet du marquis, à Paris, a de son mariage avec Nathalie un fils, vicomte Gontran des Isnards, élève à Saint-Cyr, et Yolande, qui épousa Ludovic, marquis de Courtarvel.

ISNARDS-SUZE (DES). *France.*

Écartelé : aux 1 et 4 d'or au sautoir de gueules, cantonné de quatre molettes d'azur, qui est des Isnards ; aux 2 et 3 d'or à trois chevrons de sable ; au chef d'azur, chargé d'un lion naissant d'argent.

Cette famille a pour chef de nom d'armes Jules, marquis des Isnards-Suze, au château de Suze-la-Rousse, département de la Drôme, qui a deux fils : Albéric, comte des Isnards-Suze, au château de Suze-la-Rousse ; Lionel, vicomte des Isnards-Suze, à Paris.

ISOARD DE CHÉNERILLES. *Provence.*

D'or à la fasce de gueules, accompagnée de trois loups ravissants de sable, armés et lampassés du second.

Cette famille, dont il est parlé dans l'*Histoire héroïque de la noblesse* de Provence, et qui remonte à Jacques d'Isoard, seigneur de Clémensone et d'Esparcon, vivant en 1427, est représentée par le marquis d'Isoard de Chénerilles, à Aix, département des Bouches-du-Rhône. Il a quatre fils : le comte d'Isoard de Chénérilles, à Aix, chef d'une seconde branche, a trois fils.

ISOARD DE VAUVENARGUES. *Provence.*

D'argent à la fasce de gueules, accompagnée de trois loups de sable, armés et lampassés de gueules.

Cette famille, de même souche que la précédente, a trois représentants : Gonzague, marquis d'Isoard de Vauvenargues, au château de Laurade, par Aix ; Guy, baron d'Isoard de Vauvenargues, son frère, à Aix ; Gustave, comte d'Isoard de Vauvenargues, son oncle.

ISSONCOURT DE SAMPIGNY. *Lorraine.*

De gueules au sautoir d'argent.

Les terres d'Issoncourt, de Montrecourt et de Vignaucourt, érigées en baronnie, par lettres du 5 avril 1715, Issoncourt devint le nom d'une famille qui a pour chef de nom et d'armes Louis, comte d'Issoncourt de Sampigny, au château de La Garde, près Lezoux, département du Puy-de-Dôme.

ITHIER. *Toulouse, Montauban.*

D'azur au cœur d'argent enflammé de gueules, percé de deux flèches en sautoir d'argent accostées de deux I, qui sont les premières lettres de son nom et de son surnom, et soutenu d'un croissant, le tout d'argent ; au chef du même, soutenu de deux étoiles de gueules.

Ithier, marquis d'Avout, unique représentant du nom, réside au château de Vignes, par Guillon, département de l'Yonne.

IVERNOIS *ou* **DU VERNOIS.** *Bourgogne, Suisse.*

Branche ainée (de Saint-Sulpice). D'or au chevron accompagné en chef de deux roses et en pointe d'un croissant, le tout de gueules.

Branche de Motiers. D'azur au chevron d'or accompagné en chef de deux roses d'argent, et en pointe d'un croissant du même.

Branche de Neufchatel. Coupé : au 1 d'argent à deux demi-vols adossés de sable; au 2 d'azur à la croix ancrée d'or, avec un demi-vol de sable chargé d'une croisette d'or pour cimier.

Cette branche porte les armoiries ci-dessus, qui lui furent concédées en 1722, par Frédéric Ier, roi de Prusse, et qui paraissent être des armes portées antérieurement par différents membres de la famille du Vernois.

Très-ancienne maison de Bourgogne, où elle est éteinte, cette famille possédait la seigneurie du Vernois, près d'Autun et l'une de ses branches s'est établie près d'Arbois en Franche-Comté. De cette famille sont issus entre autres : Guillaume, l'un des ambassadeurs chargés par le duc de Bourgogne de traiter le mariage de la princesse Marguerite, sa fille, avec Léopold d'Autriche; Guy, l'un des gentilhommes au bec à corbin de Louis XI; Simon, page de Charles-Quint.

Dunod a donné dans la *Nobiliaire de Bourgogne* la généalogie de la branche d'Arbois, éteinte vers la fin du seizième siècle.

Vers 1560, Jean et Claude, tous deux fils de Jean du Vernois et de Claudine de Breschard, se marièrent à Saint-Sulpice et à Motiers (principauté de Neufchâtel) et s'y fixèrent. Leur postérité subsiste, et leur nom devint dès la seconde génération d'Yvernois ou d'Ivernois, à cause du voisinage de la langue allemande, dans laquelle l'*U* se prononce *I*.

Cette famille, dont Jean-Jacques Rousseau, qui y fut accueilli lors de son séjour à Neufchâtel, parle dans ses *Mémoires* et dans sa *Correspondance*, compte dans ce pays des trésoriers généraux, des conseillers d'État, etc. Elle a donné sept officiers aux armées des rois de Prusse, princes suzerains de Neufchâtel, depuis 1713.

Une de ses branches s'est fixée à Genève, de laquelle sont issus entre autres : Philippe d'Ivernois, que Frédéric le Grand reçut d'emblée à son service militaire avec le grade de capitaine, et qui y devint général; Frantz, fils du précédent, lieutenant-colonel, aide de camp du roi Frédéric-Guillaume III, mort sans enfants; le chevalier d'Ivernois (François, frère du général), qui a partagé avec MM. Mallet du Pan et de Roveray l'honneur (peut-être unique) de se voir consacrer tout spécialement l'article 1er d'un traité international. En effet, le traité qui, en 1798, annexa Genève à la République française, ne prononça cette réunion qu'après avoir déclaré avant tout ces trois messieurs indignes de devenir, avec tous leurs compatriotes, des républicains français. Le chevalier d'Ivernois, qui a écrit des ouvrages estimés d'économie politique, a représenté Genève au congrès de Vienne, où ce petit État indépendant fut réuni à la Confédération suisse. Il a laissé une fille, décédée, et deux fils, qui sont les seuls survivants de cette branche.

L'un d'eux, Eardley-Louis-Charles, a épousé à Paris, en 1851, Louise-Clémentine de Raymond.

IVORY. *France.*

De sable à trois besants d'argent.

Le comte d'Ivory réside au château de Mauvilly, par Aignay-le-Duc, département de la Côte-d'Or. Il est l'unique représentant du nom.

IVRY. *Normandie.*

D'or à trois chevrons de gueules.

Célèbre par la bataille que Henri IV gagna contre la ligue, la ville d'Ivry a donné son nom à une ancienne maison qui remonte à Raoul, comte de Bayeux d'Ivry, vivant en 973, et qui est encore représentée par cinq membres : le marquis d'Ivry, au château de Coraboeuf, par Nolay, département de la Côte-d'Or ; baron d'Ivry, à Paris ; autre baron d'Ivry, à Paris ; le baron d'Ivry-Lobeau, au château de Courcelles, par Braine-sur-Vesle, département de l'Aisne ; Jules d'Ivry, à Paris.

IZARN DE BASTIDE. *Languedoc.*

D'azur à la fasce d'argent, accompagnée en chef de deux besants du même et en pointe d'un croissant d'or.

D'Izarn de Bastide, unique représentant du nom, réside au château de Montgaros, par Saint-Lys, département de la Haute-Garonne.

IZARNI DE GARGAS. *Languedoc.*

De gueules au mont adextré d'argent, à l'izard grimpant du même ; au chef d'azur chargé de trois étoiles d'or mal ordonnées.

D'Izarni de Gargas et son fils unique, à Toulouse, sont aujourd'hui les seuls représentants du nom.

J

JACOB DE LA COTTIÈRE. *Principauté de Dombes.*

Écartelé : aux 1 et 4 d'azur au chevron brisé, ondé d'argent, accompagné de trois têtes de léopard d'or, languées de gueules, qui est de Jacob; aux 2 et 3 de gueules au sautoir d'or engoulé de quatre têtes de léopard, mouvantes des angles, chargé en cœur d'une autre tête de léopard du champ, qui est de Guichenon.

Devise : *Soing et valeur.*

Cette famille, dont les armes sont rapportées dans Guichenon, d'Hozier, le père Menetrier, Lachenaye-Desbois, etc., avait pour chef de nom et d'armes, Antoine-Victor de Jacob de la Cottière, colonel du 19e de ligne, commandeur de la Légion d'honneur, originaire de la Moselle; il mourut en février 1872, à l'âge de cinquante-trois ans, après trente-deux années de service et plus de trente campagnes. Il s'était si bien distingué à la bataille de Coulmiers qu'il reçut en récompense la décoration de commandeur et le grade de général de brigade, à titre provisoire, qui ne lui fut pas confirmé après la paix, mais dont les épaulettes furent placées dans son cercueil. Il ne put survivre à la douleur de voir son pays natal, la Lorraine, arraché à la France. La perte terrible qu'il avait faite de son fils unique Edmond-Marie-Pierre-Adrien, enrôlé volontaire au début de la guerre, mort d'épuisement par suite des privations de la campagne, le précipita au tombeau.

Jean-Étienne-Eugène de Jacob de la Cottière, littérateur, membre de la Société des gens de lettres, à Paris, dernier hoir mâle du nom, et les deux filles du colonel, sont aujourd'hui les seuls représentants de la famille.

JACOBÉ DE NAUROIS. *Champagne.*

D'azur au fer de moulin d'argent accosté de deux épis de blé d'or, les tiges passées en sautoir sur la pointe de l'écu.

Originaire de Vitry-le-Brûlé et l'une des familles qui, après la destruction de cette ville par Charles-Quint, reçurent de François Ier des terrains pour en recommencer la construction, elle a possédé un grand nombre de fiefs dans le Perthois, s'est distinguée dans l'épée et dans la robe, a donné un maître d'hôtel de Louis XIV et est représentée par Auguste-Louis de Jacobé de Naurois, arrière-petit-fils de Jean Racine, au château de Marmande, par Saint-Martin-du-Touch, département de la Haute-Garonne. Il a postérité.

JACOBÉ DE PRINGY DE GONCOURT. *Champagne.*

D'azur au fer de moulin d'argent surmonté d'un lambel d'or et accosté de deux épis de blé d'or, tigés et feuillés de même, se croisant à la pointe de l'écu.

Couronne : de comte. Supports : deux levrettes grimpantes.

Devise : *Tantum prodest, quantum prosunt.*

De même souche que la précédente, ses titres furent brûlés dans l'incendie de Vitry-en-Puthois. C'est ainsi que sa généalogie ne remonte qu'à un siècle environ, antérieurement à cette date, à Jean, père de Jean, deuxième du nom, qui épousa vers 1490 Guillemette de Roussel. Cependant on retrouve un Jacobé vers le milieu du quatorzième siècle.

Plusieurs de ses membres firent constater leur noblesse par actes authentiques. Celle de la branche des Jacobé de Frémont, seigneurs d'Ablancourt, a été reconnue par arrêt du conseil d'Etat du roi en 1668, comme étant de longue date antérieure à l'arrêt, et la famille possède une sauvegarde signée du roi Louis XIII le 17 septembre 1633.

Conformément à l'ordonnance de 1666, Louis, seigneur de Couvrot, fit insérer dans l'*Armorial général* les armes qu'il portait; mais ce ne fut pas une concession nouvelle; ses pères, d'après les notes qu'il a laissées, en jouissaient depuis plus de trois cents ans.

Nicolas, seigneur de Pringy, Soulanges et Vienne la Ville, fit enregistrer ses armoiries au catalogue dressé par édit du mois de novembre 1696.

Les Jacobé ont possédé un grand nombre de seigneuries en Champagne et ont toujours occupé d'importantes charges d'épée et de robe. On compte parmi eux trente conseillers du roy, quinze avocats au parlement, deux gardes des sceaux, sept élus en l'élection de Vitry, deux lieutenants de l'élection, trois greffiers de l'élection, un lieutenant au bailliage, un premier président au bailliage, un receveur des tailles, un procureur aux traites foraines; un lieutenant général de police, un receveur général des aydes, un prévost royal, deux présidents en la Cour souveraine de Commercy, deux subdélégués de Mgr l'intendant de Champagne, un conseiller au parlement de Metz, un subdélégué du prévost des marchands et échevins de Paris, un bailli du duché de Montmorency, un maître particulier des eaux et forêts, un trésorier de France au bureau des finances de Champagne, un argentier du prince de Condé, un maître d'hôtel du roy en 1650, un secrétaire du roy, maison et couronne de France, un ministre plénipotentiaire de Louis XIV, un ayde de camp du maréchal de Turenne, un archer de la compagnie du roy en 1560, deux maréchaux de camp, l'un en 1590, un colonel d'infanterie, treize capitaines, huit officiers, un chevalier de l'ordre des Deux-Siciles, sept chevaliers de Saint-Louis, un commandeur, un officier, trois chevaliers de l'ordre de la Légion d'honneur, etc.

La branche de Pringy-Goncourt a pour chef de nom et d'armes, Louis de Goncourt, né le 18 juillet 1830, qui épousa le 6 octobre 1859 Marie-Cécile Becquey, petite-nièce du ministre de Charles X, dont deux fils, savoir :

A. Louis-Marie-Joseph Jacobé de Pringy de Goncourt, né le 6 août 1863.

B. Marie-Jean-Mathieu-Louis-Maurice Jacobé de Pringy de Goncourt, né le 18 septembre 1867.

JACOBI DU VALLON. *Italie.*

De gueules, au sautoir formé d'une épée lamée d'argent, gardée d'or et d'un bourdon d'argent, la pointe de l'épée dirigée vers le canton chef sénestre, accompagné d'une étoile d'argent et de trois coquilles du même, l'étoile en chef.

Devise : *Virtus et labor.*

De noblesse ancienne, cette famille, qui jouissait des honneurs de la Cour avant 1713 sous les ducs de Savoie et de Carignan, établie au treizième siècle dans le comté de Barcelonne, près d'Embrun, est représentée par Adrien-Calixte de Jacobi du Vallon, à Paris.

JACOBSEN. *Poitou.*

D'azur à la fasce ondée, accompagnée en chef d'un compas ouvert et en pointe d'un coutelas posé en pal, le tout d'or.

Devise *Wisslick Komelick* (*force, courage*).

Michel Jacobsen ou Jacobs, chevalier de l'ordre de Saint-Jacques, amiral général d'Espagne, le 13 août 1631 épousa Laurence *Wens*, dont douze enfants savoir

1er N. décédé religieux; 2e Charles, capitaine de vaisseau, épousa Camille Wittebolle; 3e Antoine, capitaine de vaisseau, épousa Marie-Cornil Cornélie; 4e François, capitaine de vaisseau, épousa Catherine de Ghuise; 5e Jean, capitaine de vaisseau, dit le Renard-de-la-mer, épousa Marie Demeulenais; 6e Matieu, décédé religieux, dominicain; 7e un fils mort en bas âge; 8e Anne, épousa Cornil Wittebolle; 9e Michelle, épousa Mathieu Martin; 10e une fille morte en bas âge; 11e Jacquelin, épousa N. Vauroye; 12e Agnès, épousa Michel, fils d'Antoine Bart, père de Jean Bart.

II. Antoine qui suit, II, capitaine de vaisseau, épousa Marie-Cornil Cornélie, dont Pierre qui suit, III.

III. Pierre Jacobsen, épousa Anne de Costor, dont un fils, Cornil, qui suit, IV.

IV. Cornil, maire de Bourbourg, épousa Marie Gocolgeluck, dont un fils, Cornil Guislain, qui suit, V.

V. Cornil Guislain renferma le desséchement de la Crosnière à Beauvais (Vendée), et celui de la Sysle à Noirmoutiers ; il épousa Suzanne-Elisabeth de Commerye de Noirmoutiers, dont cinq enfants : 1° Jean Corneille Jacobsen ; 2° Suzanne-Louise, épousa Joly du Berceau ; 3° Jeanne-Marie, épousa Doré, armateur à Nantes ; 4° Gabrielle-Angélique, épousa Lamandé, ingénieur en chef de la généralité de Rouen ; 5° Victoire-Elisabeth, épousa Mourain de l'Erbaudière.

VI. Jean Corneille Jacobsen, chevalier de l'Ordre royal de la Légion d'honneur, grand'croix du mérite de Saint-Philippe et de l'ordre chapitral, d'ancienne noblesse, dit des quatre Empereurs d'Allemagne, conseiller général de la Vendée, maire de Noirmoutiers pendant vingt-six ans, où il a renfermé deux polders, le petit et le grand Mullembourg, faisant suite au port, épousa Balsamie Danguy, fille du seigneur de Vue, (Loire-Inférieure), dont sept enfants : 1° Charles, décédé lieutenant de vaisseau ; 2° une fille morte en bas âge ; 3° Adophe, mort en bas âge ; 4° Adolphe, mort en bas âge ; 5° Auguste qui suit, VII ; 6° Marie-Armand, décédé curé de Mallièvre, Vendée ; Alexandre Jacobsen.

VII. Auguste Jacobsen, chef de nom et d'armes de sa famille, propriétaire à Noirmoutiers, où il a renfermé deux polders, la Nouvelle-Prille et Besson, continuation des grands travaux d'endiguement à la mer, commencés par son aïeul et par son père. Maire de Noirmoutiers, de 1847 à 1865, marié à Antonie-Anne-Cornélie Vallée, de Tours (Indre-et-Loire), il a cinq enfants : Antonin Jacobsen, mariée à Amédée Pavret de la Rochefordière, avocat à Nantes ; Antonin Jacobsen, capitaine au long cours, à Bordeaux, marié à Alphonsine de Tinguy du Poëte, à Saint-Fulgent (Vendée); Henri Jacobsen, propriétaire à Noirmoutiers, marié à Adèle de Tinguy de la Giroulière d'Aizenay (Vendée); Amédée Jacobsen, mort en bas âge; Ludovic Jacobsen, marié à Marie Noëmi le Nepvon, de Carfort (Morbihan).

VIII. Alexandre Jacobsen, propriétaire à Paris, marié à Virginie Baussan, de Blois (Loir-et-Cher), dont trois enfants:

Michel Jacobsen, attaché à l'administration des lignes télégraphiques, à Paris; Marie Jacobsen; Gabrielle Jacobsen.

JACOPS D'AIGREMONT. *Lillois.*

ARMES ANCIENNES. D'or au chevron d'azur accompagné de trois coquilles du gueules.

ARMES MODERNES. D'or au chevron d'azur.

Le chef de nom et d'armes de cette famille, Louis, marquis de Jacops d'Aigremont, au château de Beaulieu, par Carpentras, a un fils, Louis, comte de Jacops d'Aigremont, et trois filles.

JACQUELOT. *Bretagne, Tours, Anjou, Bourbonnais.*

BRETAGNE, TOURS, ANJOU. D'azur au chevron d'argent accompagné en chef de deux mains appaumées du même, et en pointe d'un levrier assis d'argent, colleté de gueules, bouclé d'or.

BOURBONNAIS. D'azur au chevron accompagné en chef de deux étoiles, et en pointe d'une rose, le tout d'or.

Cette famille a cinq représentants : Jacquelot de Bois-Rouvray, à Quimper; Jacquelot de la Villette, maire de le Donjon, au château de Contrescol, par le Donjon; Jacquelot de Chantemerle, conseiller général, juge de paix à Jaligny; Jacquelot de Chantemerle, au château de Cras, par Digoin, tous trois dans le département de l'Allier; Jacquelot de Moncets, officier de la Légion d'honneur, colonel du 97e de ligne.

JACQUIER DE TERREBASSE. *Dauphiné.*

D'azur à deux billettes d'or coupées à plomb, posées en bande, l'une en chef et l'autre en pointe.

Cette famille n'a qu'un représentant, de Jacquier de Terrebasse, qui a sa résidence d'été au Péage-Roussillon, département de l'Isère, et celle d'hiver à Lyon.

JACQUIN DE CASSIÈRES. *Ile-de-France, Champagne.*

Écartelé : aux 1 et 4 d'argent au chevron de gueules accompagné en chef de deux trèfles de sinople, et en pointe d'une tête de loup coupée de sable, percée d'un dard du même; aux 2 et 3 d'or au sautoir engrelé de sable, accompagné de quatre aiglettes du même.

Qualifiée du titre d'écuyer dès 1280, siégeant à la Cour des aydes de Paris en 1396, cette famille a pour chef de nom et d'armes Jean-Jules Jacquin de Cassières, colonel en retraite, chevalier de Saint-Louis, commandeur de la Légion d'honneur, à Arras. Il a un fils, Armand-Emmanuel-Jules Jacquin de Cassières, chevalier de la Légion d'honneur, conseiller à la Cour d'appel, à Amiens, et une fille, Emma, mariée à Adrien Raffeneau de Lile.

JACQUIN DE MARGERIE. *Paris.*

D'argent au chevron de gueules accompagné en chef de deux trèfles de sinople et en pointe d'une tête de loup coupée de sable et percée d'un dard du même.

Cette famille, dont la souche est la même que celle qui précède, est représentée par Jacquin de Margerie, avocat à Paris.

JACQUINOT. *France.*

Écartelé: aux 1 et 4 d'or à la croix alésée de gueules; au 2 de baron militaire; au 3 d'azur à la rose d'argent.

Cette famille, qui s'est distinguée et a été anoblie sous le premier empire, est représentée par le baron Jacquinot, chevalier de la Légion d'honneur, ancien sous-préfet à Verdun.

JALABERT. *Montpellier, Montauban.*

D'azur à une pelle de four à longue queue d'or, posée en pal, chargée de deux pins de gueules, accompagnée en chef de deux étoiles d'or, et en pointe d'un S et d'un J de même.

Cette famille n'est plus représentée que par la comtesse douairière de Jalabert, au château d'Upersac, par Laguiole, département de l'Aveyron.

JALADON DE LA BARRE. *Montluçon, Moulins.*

Ecartelé : aux 1 et 4 d'azur à barre d'or; aux 2 et 3 d'argent à trois feuilles de laurier de sinople, sortant d'une terrasse du même; sur le tout d'or à la lance de gueules posée en bande.

Cette famille avait pour chef de nom et d'armes Jean Jaladon de la Barre, chevalier de la Légion d'honneur, ancien maire de la ville de Montluçon, ancien membre du conseil général de l'Allier, décédé en 1869. Il a laissé deux fils : Joseph-Léopold et Claude-Raymond Jaladon de la Barre.

JAMIN. *Poitou.*

D'argent à trois lapins blottis de sable. — Ecartelé : au 1 d'or à trois sapins terrassés de sinople ; au 2 de baron militaire ; au 3 de gueules à la montagne sommée d'une tour donjonnée et sénestrée d'un drapeau issant, le tout d'argent ; au 4 d'or au cheval galopant de sable, adextré en chef d'une étoile de gueules.

De noblesse d'épée, cette famille distinguée a deux représentants dans l'armée : le vicomte Jamin, commandeur de la Légion d'honneur, général de brigade, au château de Bronelle, par Stenay, département de la Meuse ; Jamin du Fresnaye, chevalier de la Légion d'honneur, ancien lieutenant-colonel au 4e régiment de hussards.

JAN. *Bretagne.*

De sable à deux brochets d'argent mis en bande, mordant une anguille de même mise en barre ; au franc-canton de gueules à l'épée haute en pal d'argent.

Cette famille a quatre représentants : le vicomte Jan de la Hamelinaye, au château de Contest, par Mayenne ; Jan de la Hamelinaye, à Rennes ; Amédée Jan de Lagillardaie, chevalier de la Légion d'honneur, capitaine de frégate ; Jan de la Saudraie, à Paimpol.

JANIN. *Languedoc.*

D'azur à un arbre posé sur une montagne et cinq étoiles autour de l'arbre, le tout d'argent.

Lachenaye-Desbois blasonne sous le nom de Janin de Gabriac les armes de cette famille noble qui a deux représentants : le baron Janin, proprement dit, au château d'Osserain, par Sauveterre, département des Basses-Pyrénées ; Janin de Gabriac, à Agen.

JANNIN. *Bretagne.*

D'azur à un sautoir d'or accompagné de quatre roses de même.

Cette famille n'est plus représentée que par une dame douairière, la baronne Jannin, à Paris.

JANSAC DE BORDES. *Angoumois.*

D'azur au chevron d'or accompagné de trois arêtes de poisson en pal d'argent.

L'unique représentant du nom, Jansac de Bordes, réside au château de Verdille, par Aigre, département de la Charente.

JANVIER DE LA MOTTE. *Maine, Anjou.*

D'azur au vol d'argent.

Le chef de nom et d'armes de cette famille, comte Janvier de la Motte, ancien préfet du département de l'Eure, réside à Paris ; le comte Janvier de la Mothe, chevalier de la Légion d'honneur, ancien député du département de Tarn-et-Garonne ; Janvier de la Motte, officier de la Légion d'honneur, est conseiller général, président du tribunal civil, à Nantes.

JANZÉ. *Bretagne.*

Coupé : au 1 d'or au chevron de gueules, accompagné de deux hures de sanglier de sable en chef, et d'un levrier passant du même en pointe ; au 2 d'azur à trois boucles d'hermines.

Cette famille a quatre représentants : le comte de

Janzé, chef de nom et d'armes, officier de la Légion d'honneur, à Paris; le vicomte Frédéric de Janzé, à Paris; le vicomte de Janzé, à Acon, par Villières, département de l'Eure; le baron de Janzé, chevalier de la Légion d'honneur, député, à Paris.

JARD-PANVILLIER. *Poitou.*

D'or à une fleur de lis de gueules accostée de deux billettes de même.

Le baron de Jard-Panvillier, unique représentant du nom, réside à Paris.

JARDINS DE MORANVILLE (DES). *Lorraine.*

D'azur à une fasce d'argent accompagnée de trois têtes de cerf d'or, deux en chef et une en pointe.

On retrouve encore des représentants de cette famille dans la contrée dont elle est originaire: des Jardins de Moranville, chevalier de la Légion d'honneur, docteur en médecine, à Paris; des Jardins de Moranville, conservateur à la bibliothèque, à Gray, et des Jardins de Moranville, greffier en chef, à Gray, département de la Haute-Saône.

JARNAC. *Limousin.*

De sable à un pal ondé d'or.

Célèbre par la victoire que Henri III, alors duc d'Anjou, y remporta sur les calvinistes en 1569, cette localité a donné son nom à une famille qui n'est plus représentée que par Mme de Jarnac, à Versailles.

JARRY DE MINZÉ. *Château-Gonthier.*

D'azur au chevron brisé d'argent traversé d'une épée du même, montée d'or et accompagnée en chef de deux chouettes du second, becquées et allumées de gueules. Heaume : un casque taré de profil, orné de ses lambrequins d'azur et d'argent.

Généralement connue sous le nom de Jarry de la Brossinière, cette famille, qui obtint des lettres de noblesse le 15 février 1817, est représentée par Henry-Stanislas Jarry de Minzé, à Château-Gonthier, département de la Mayenne.

JARSAILLON. *Bourgogne.*

Tiercé en fasce : au 1 de gueules au lion léopardé d'or ; au 2 d'or à trois trèfles de sinople ; au 3 d'argent à trois bandes de sinople.

Cette famille, qui a donné son nom à l'ancienne seigneurie de Villars, par lettres données en mars 1719, est représentée par de Jarsaillon, au château de Jarsaillon, par Bourbon-Lancy, département de Saône-et-Loire.

JASSAUD. *Provence.*

D'azur au lion naissant d'argent ; au chef d'or chargé de trois losanges de gueules.

Lachenaye-Desbois donne d'autres armes à l'ancienne et noble famille de Jassaud, en Provence, qui portait d'azur au croissant d'argent, au chef cousu de gueules, chargé de trois étoiles d'or et qui est aujourd'hui représentée par de Jassaud, conservateur des hypothèques, à Nîmes.

JAUBERT. *Quercy.*

Ecartelé : au 1 d'azur à une fleur de lis d'or et une demi-fleur de lis de même, mouvante de la partition de l'écu ; au 2 de gueules à trois palmes d'or, posées l'une au-dessus de l'autre ; au 3 de gueules à une croix tréflée d'or ; au 4 d'azur à trois étoiles d'or posées l'une au-dessus de l'autre.

Maintenue dans sa noblesse par arrêt du conseil d'État du roi, le 28 novembre 1674, et par jugement de l'intendant de Montauban, rendu le 3 septembre 1704, cette famille a deux représentants, le comte Jaubert, officier de la Légion d'honneur, membre de l'Institut, à Paris; le vicomte Jaubert, à Paris.

JAUCOURT. *Champagne.*

De sable à deux léopards d'or.

Cette famille, qui a donné ou emprunté son nom à une terre et seigneurie située près de Bar-sur-Aube, remonte à Pierre, premier du nom, sire de Jaucourt, le premier dont il soit fait mention, pourvu par Thibault, comte de Champagne, de l'office de panetier de Champagne, le dimanche avant la fête de Saint-Pierre-ès-liens, en 1224.

Elle compte aujourd'hui deux représentants : le marquis de Jaucourt, au château de Presles, par Tournon, département de Seine-et-Marne; le comte de Jaucourt, officier de la Légion d'honneur, ancien député de Seine-et-Marne, à Paris.

JAYAC DE LAGARDE. *France.*

D'azur à cinq losanges d'or posés 2 et 1.

L'unique représentant du nom de Jayac de Lagarde, réside au château de Vrignaud par Aixe, département de la Haute-Vienne.

JEANIN. *Bourgogne.*

D'azur à un croissant d'argent soutenu d'une flamme d'or.

Cette famille n'a qu'un représentant : le baron Jeanin, officier de la Légion d'honneur, préfet du département de la Côte-d'Or, à Dijon.

JEANNEAU LA BEAUME. *Touraine.*

D'argent à deux chevrons de gueules.

L'unique représentant du nom de Jeanneau de la Beaume, chevalier de la Légion d'honneur, réside à Alger.

JEANS (LE). *Provence.*

Coupé d'argent et d'azur, l'argent à la fasce de gueules, accompagné en chef de deux roses d'azur et en pointe d'un croissant de gueules ; l'azur au lion d'or, armé, lampassé et couronné d'argent, tenant dans sa patte dextre une épée aussi d'argent, accosté à dextre d'un rocher d'or, mouvant du flanc dextre, sommée d'une tour d'argent, maçonnée de sable.

Cette famille, dont la filiation suivie remonte à l'an 1530, a pour unique représentant mâle Charles-Marie, vicomte Le Jeans, au château de Pommiers, par Salon, département des Bouches-du-Rhône.

JEANSON. *Champagne.*

De gueules au chevron d'or, accompagné de trois cornes d'argent posées deux en chef et une en pointe, et un chef cousu d'azur chargé de trois étoiles d'or.

Jeanson, unique représentant du nom, est maire à Pimprez, par Ribécourt, département de l'Oise.

JEGOU DU LAZ DE PRATULO. *Bretagne.*

D'argent au huchet de sable accompagné de trois

bannières d'azur, chargées chacune d'une croix pommelée d'or.

Devise : *Nec spes me mea fefellit.*

D'ancienne extraction chevaleresque, et ayant prouvé neuf générations à la réformation de 1668, cette famille a pour chef de nom et d'armes Adolphe-René, comte Jegou du Laz, né le 27 avril 1857, au château de Pratulo, canton de Carhaix, département du Finistère.

JEGOU DU LAZ. *Bretagne.*

D'argent au chevron de gueules accompagné de trois coquilles du même.

Jegou du Laz, unique représentant de cette famille, dont la souche est la même que celle qui précède, réside au château de Kordudo, par Pont-Scorf, département du Morbihan.

JENIN DES PROST. *Bugey.*

D'azur au chevron d'or accompagné de trois quintefeuilles d'argent, posées 2 et 1. Tenants : deux anges au naturel.

D'ancienne famille militaire, l'unique représentant du nom, Jules Jenin des Prost, conseiller général du département de l'Ain, chevalier de la Légion d'honneur, réside à Virieu-le-Grand, département de l'Ain.

JERPHANION. *Puy-en-Velais.*

D'azur au chevron d'or accompagné en pointe d'un lis tigé et feuillé de sinople ; au chef denché du second, chargé d'un lion léopardé de gueules. Couronne : de marquis.

Devise : *E cœlo mihi candor.*

Des titres authentiques remontent à deux siècles la

filiation de cette famille représentée par Jules, baron de Jerphanion, au château de Lafay, par Saint-Symphorien-en-Coise, département du Rhône, et qui a sa résidence d'hiver à Lyon.

JESSÉ. *Languedoc.*

D'or à l'arbre de sinople terrassé de même ; au chef d'azur chargé de trois cœurs d'or.

On trouve en France deux représentants du nom : de Jessé, baron de Laval, au château de Durie, par Charlieu, département de la Loire ; de Jessé, à Lyon.

JOBAL. *Lorraine, les trois évêchés: Metz, Toul, Verdun.*

D'azur à la montagne d'argent, accostée de deux lions d'or; à la croisette d'or en chef, accostée de deux étoiles à cinq rais d'argent. Couronne : de comte. Supports : deux lions d'or.

Cette famille, très-ancienne, dont le berceau est la ville de Toul, s'est ensuite transportée à Metz, sa véritable résidence. Elle a donné un lientenant général et le comte de Jobal, son chef de nom et d'armes, à Blois, est aujourd'hui le seul représentant de la famille.

JOBERT DE LAMBALLE. *Bretagne.*

Ecartelé : aux 1 et 4 d'argent à la croix de gueules ; aux 2 et 3 d'azur semé de quintefeuilles d'or; à deux haches d'armes adossées du même.

L'unique représentant du nom, Jobert de Lamballe, commandeur de la Légion d'honneur, est conseiller général à Saint-Jouan, département des Côtes-du-Nord.

JOHANNY DE ROCHELY. *Montpellier*, *Montauban.*

Parti : au 1 de gueules au chevron d'argent ; au 2 d'azur à une pomme d'or couronnée du même.

Johanny de Rochely, unique représentant du nom, est juge de paix à Châtillon-sur-Loing, département du Loiret.

JOINVILLE. *Champagne.*

D'azur à trois braies d'or liées d'argent, mal ordonnées. — D'azur à trois braies d'or mal ordonnées ; au chef d'argent chargé d'un lion issant de gueules.

D'après Lachenaye-Desbois, l'ancienne maison de Joinville, qui a formé cinq branches, est éteinte depuis longtemps. Nous retrouvons cependant deux représentants du nom portant les mêmes armes : le baron de Joinville, auditeur au conseil d'État, à Paris ; de Joinville, officier de la Légion d'honneur, intendant militaire.

JOLLEAU DE SAINT-MAURICE. *Lyonnais.*

D'azur à la chapelle d'or et un soleil de même, mouvant du franc canton, à dextre.

Jolleau de Saint-Maurice, unique représentant du nom, est juge d'instruction, à Privas.

JOLIVET DE COLOMBY. *Normandie.*

D'azur au chevron d'or, chargé de trois besants de sable et accompagné de trois glands d'or.

Cette famille paraît avoir communauté d'origine avec celle de Jolivet d'Andouville, de la même province et qui portait dans ses armes les mêmes meubles d'émaux différents. Celle qui nous occupe est composée de deux frères : César-Frédéric Jolivet de Colomby, au château de Baron, par Coulibœuf, département du Calvados ; Jules-Adrien Jolivet de Colomby, à Paris.

JOLY DE CABANOUX. *Guyenne.*

Parti : au 1 d'azur au chevron d'or accompagné de trois fers de lance renversés, posés 2 et 1, celui de la pointe accompagné de trois étoiles posées 2 et 1, le tout d'or au 2 d'or plein.

Cette famille a pour chef de nom et d'armes, Joseph-Victor-Eugène Joly de Cabanoux, chevalier de la Légion d'honneur, juge suppléant au tribunal civil de Saint-Afrique, membre du Conseil général de l'Aveyron, qui a sa résidence au château de Cabanoux. Il a deux fils : Charles Joly de Cabanoux, batonnier de l'ordre des avocats à la cour d'appel de Montpellier ; Louis Joly de Cabanoux, ancien capitaine au 1er régiment des voltigeurs de la garde impériale.

JOLLY DE THUISY. *Bourbonnais, Ile-de-France.*

Bourbonnais. D'azur à trois toues d'or.

Ile-de-France. D'argent à la merlette de sable, au chef de gueules chargée d'une rose d'argent, accostée de deux étoiles d'or.

L'unique représentant du nom, Jolly de Thuisy, réside à Reims.

JOLY DE SAILLY. *Picardie.*

D'azur au lion d'or accompagné en chef d'un croissant d'argent placé entre deux étoiles à cinq rais d'or.

Cette famille est représentée par Raymond Joly de Sailly, garde des forêts, et par Charles-Florent Joly de Sailly, au château d'Agnetz, département de l'Oise Ce dernier a deux fils et cinq filles.

JOLY. *Ile-de-France, Bretagne.*

Ile-de-France. Ecartelé : aux 1 et 4 d'azur au chef d'or ; aux 2 et 3 d'azur au chevron d'or accompagné en chef de deux étoiles du même et en pointe d'une tête d'enfant de carnation, chevelée d'or, soutenue d'un croissant d'argent.

Bretagne. D'azur à trois lis de jardin au naturel.

Joly, en Ile de-France, a ses armes blasonnées dans le *Dictionnaire de la noblesse* de la Chesnaye-Desbois. Cette famille a trois représentants : de Joly, sous-préfet à Doullens, département de la Somme ; de Joly, architecte à Paris ; de Joly, ingénieur à Paris.

JOLY DE FLEURY. *Bourgogne, Ile-de-France.*

Ecartelé : au 1 et 4 d'azur au lis naturel d'argent, au chef d'or chargé d'une croix pattée de sable, qui est de Joly, ancien ; aux 2 et 3 d'azur, au léopard d'or, armé de gueules, qui est de concession de Louis XIV, en date de décembre 1648.

Cette famille originaire de Bourgogne où elle a occupé longtemps les premières places du Parlement et de la Chambre des comptes, est représentée par le comte de Joly de Fleury, à Paris.

JOLY. *Bourgogne, Guyenne, Bresse.*

Bourgogne. D'azur au lis naturel d'argent; au chef d'or chargé d'une croix patté de sable.

Guyenne, Bresse. D'azur à trois étoiles de seize rais rayonnants d'or; au chef du même, chargé de trois roses de gueules.

Joly, en Bresse, possédait la seigneurie du Choin. Ses armes ont été données par La Chesnaye-Desbois.

Sous le nom générique de Joly on trouve encore

six représentants : Joly d'Aussy, au château de Pellouaille, à Saint-Jean-d'Angély, département de la Charente; Joly de Bammeville, au château de Pommery, par Roussy, département de l'Aisne; Joly de Bammeville, maire à Marcoussis, département de Seine-et-Oise; Joly de Bammeville, auditeur au Conseil d'État, à Paris; Arthur Joly de Bammeville et autre Joly de Bammeville, à Paris.

JOLY DE BRÉSILLON. *Champagne.*

D'or au lion de gueules, accompagné en chef de trois étoiles de même. Haume : couronné.

Cette famille de noblesse militaire et d'ancienne chevalerie, est qualifiée du titre d'écuyer, dans les monstres et revues des gens de guerre de la province, au rapport de M. de Caumartin, intendant, pour les recherches de la noblesse de Champagne. Elle reçut confirmation de noblesse et le titre de chevalier, par lettres patentes de Sa Majesté le roi Louis XIV, délivrées à Versailles, en date du 1er mai 1709, en faveur d'Anselme Joly, écuyer, seigneur de Brésillon, d'Artez et du Vivier, d'abord capitaine commandant une compagnie au régiment de Saint-Ignon-Infanterie, puis major au même régiment.

Ces lettres patentes débutent en ces termes : « Notre » bien aimé Anselme Joly, chevalier, seigneur de » Brésillon, major en notre régiment de Saint-Ignon- » Infanterie.... »

Cette famille est représentée par Joly de Brésillon, juge, à Constantine, Algérie.

JONCHERAY (DU). *Paris.*

D'argent au chevron de gueules, accompagné en

chef de deux étoiles d'azur, et en pointe d'une rose de pourpre.

Cette famille est représentée par Paul du Joncheray, et Raoul du Joncheray, à Angers.

JONGH. *Flandre.*

D'azur à trois pelles d'argent le fer en haut, accompagnées en chef d'une étoile d'or.

Cette famille est représentée par de Jongh, à Marseille.

JONQUIÈRE (DE LA). *Provence.*

D'azur à une montagne d'argent surmontée d'un annelet du même; au chef aussi d'argent chargé de deux étoiles de gueules, accolées d'azur à deux chevrons d'or, accompagnés en chef d'une rose du même.

Cette famille a deux représentants : de La Jonquière, au château de Vielmur, département du Tarn ; de La Jonquière, chevalier de la Légion d'honneur, ancien sous-préfet, à Rochefort, département de la Charente-Inférieure.

JONQUIÈRES. *Toulouse, Montauban.*

D'azur au chevron d'argent accompagné en chef de croissants d'or, et en pointe d'une rose du même.

Cette famille a trois représentants : de Jonquières, à Paris ; autre de Jonquières, à Paris ; Casimir de Jonquières à Arles.

JONVILLE. *France.*

D'azur à la gerbe d'or en chef, une étoile de même en cœur et un croissant d'argent en pointe, la gerbe accostée de deux oiseaux d'or affrontés, s'essorant, supportant et becquetant la gerbe.

Le comte de Jonville, unique représentant du nom, réside au château du Chemin, par Tournan, département de Seine-et-Marne.

JORDAN. *Languedoc.*

D'azur à trois fasces ondées d'argent et au chevron du même brochant; au chef de gueules chargé de trois étoiles d'or.

Devise : *In veritate virtus.*

Passée au Dauphiné au XVe siècle et au Lyonnais au XVIIIe siècle, cette famille originaire du Languedoc, a deux représentants : de Jordan, directeur des contributions, à Marseille ; de Jordan, à Saint-Hyppolyte, département du Gard.

JORET DE CLOSIÈRES. *Tours.*

De gueules au sautoir d'argent.

De Joret de Closières, unique représentant du nom, est ancien sous-préfet, à Reims.

JOTRANNE DE SAUMERY. *France.*

De gueules au lion d'or; écartelé de sable à trois coquilles d'argent; parti d'azur à quatre fasces d'or.

Le marquis de Jotranne de Saumery, unique représentant du nom, vit à la campagne, dans son château de Saumery, département de Loir-et-Cher.

JOUBERT. *Dauphiné, Languedoc.*

DAUPHINÉ. D'azur à trois chevrons d'or.

LANGUEDOC. D'azur à trois chevrons d'or ; au chef de Jérusalem.

Le dictionnaire de La Chesnaye-Desbois mentionne différentes familles du nom de Joubert : de la première était Louis Joubert, trésorier, payeur des gages des officiers de la chancellerie, près le parlement de Bordeaux, né à Paris, le 2 janvier 1676 ; de la seconde était Raymond Joubert, baron de Juvenie, gentilhomme ordinaire de la Chambre du roi qui obtint, en 1615, érection de sa terre de Nantia, en vicomté. La troisième a donné Jean-François Joubert de la Bastide, comte de Châteaumorand, chevalier de Saint-Louis, lieutenant-général, le 30 mars 1720.

On retrouve aujourd'hui trois représentants du nom, le comte de Joubert, à Paris ; le vicomte de Joubert, chevalier de la Légion d'honneur, à Paris; de Joubert-Duvergier, au château de Bray, par Saint-Martin-de-Cau, département des Bouches-du-Rhône ; de Joubert de la Liberderie, notaire à Grand'pré, département des Ardennes.

JOUENNE D'ESCRIGNY. *Normandie.*

D'azur à trois croix potencées et alaisées d'or. — D'azur à trois croisettes potencées d'argent.

Cette famille, dont il est parlé dans le *Mercure de France* du mois de novembre 1741, a donné Pierre Jouenne, seigneur d'Escrigny, de Mesnil, de la Fontenelle, de Fontenay-Saint-Père, d'Hervilly et de Beauval, ancien intendant des armées du roi en Irlande, en Catalogne et en Normandie, d'abord capitaine au régiment de la Couronne, mort le 9 mai 1732.

Elle est représentée aujourd'hui par le comte de Jouenne d'Escrigny, au château de Lascours, par Roquemaure, département du Gard.

Elle est également représentée par le comte de

Jouenne d'Escrigny, à son château, par Pouliguen, département de la Loire-Inférieure, et par de Jouenne d'Escrigny d'Herville, officier de la Légion d'honneur, ancien officier supérieur, rapporteur du conseil de guerre, à Marseille.

JOUFFREY. *Provence, Dauphiné, Orléanais, Vendômois.*

D'azur au croissant d'argent; au chef d'or chargé de trois étoiles de sable.

Cette famille est une des plus anciennes de la Provence. On trouve, dans les chartes du comté de Die, des onzième et douzième siècles, que les Jouffrey étaient parents des comtes souverains du pays. Guillaume Jouffrey est présent dans un acte d'inféodation que Bertrand II du nom, comte de Die, fait, en 1242, en faveur de Jean Biosc, un de ses barons. Jean Jouffrey était gouverneur de Briançon en 1308.

On retrouve en France deux représentants de cette famille : Achille, marquis de Jouffrey, à Orléans; Réné, comte de Jouffrey, à Orléans.

JOUFFROY. *Bourgogne, Franche-Comté.*

Bourgogne. Fascé de sable et d'or de six pièces, la première fasce chargée de trois croissants d'argent.

Franche-Comté. Coupé : au 1 parti, A d'azur au chevron d'or accompagné de trois bombes d'argent; B de gueules à l'épée d'argent; au 2 d'or au laurier de sinople, terrassé de même, senestré d'un lion passant de sable regardant le laurier.

Dès 1356, ceux du nom de Jeoffroy, en Bourgogne, étaient anciennement nobles puisqu'ils possédaient de ces grands fiefs dont d'autres fiefs relevaient. Ce fait est reconnu par un traité d'échange fait, en 1356, entre noble homme, messire N... de Savigny, chevalier, d'une part, et Henri, dit Barjois, de ce qu'il a dans la terre et forteresse de Savigny, provenant de Catherine de Savigny, sa femme, contre d'autres biens que ledit seigneur de Savigny possédait dans les terres de Thise, Amagney, etc., laquelle portion de Savigny, ledit Henri déclare mouvante de N. Jouffroy, à cause de la terre et seigneurie de Belne.

On compte aujourd'hui quatre représentants du nom : le marquis de Jouffroy, chef de nom et d'armes, à Besançon ; le comte de Jouffroy, à Besançon ; le vicomte de Jouffroy, au château de la Barre, par Iraissac, département du Jura ; le baron de Jouffroy, officier de la Légion d'honneur, à Paris.

JOUHANNEL DE JENSAT (DU). *Bourbonnais.*

D'azur à la couronne accompagnée en chef d'un croissant entre deux étoiles, et en pointe d'un croissant, le tout d'or.

L'unique représentant du nom de du Jouhannel de Jensat, réside à son château, à Gannat, département de l'Allier.

JOULIA DE LASSALE. *Toulouse.*

D'argent au chevron de gueules accompagné de trois étoiles d'azur posées deux en chef, une en pointe ; au chef d'azur chargé d'un croissant accosté de deux besants d'argent.

De Joulia de Lassalle, unique représentant du nom, est juge de paix à Montbazens, département de l'Aveyron.

JOURDA DE VAUX. *Languedoc.*

D'or à la bande de gueules chargée de trois croissants d'argent.

Couronne de marquis.

Devise : *Decus pacis, terror belli.*

Cette maison, qualifiée par les généalogistes, biographes, etc., « d'ancienne et noble famille », est originaire de Gévaudan et vint faire sa principale résidence au château seigneurial de Vaux, en Velay, vers la fin du seizième siècle.

Noël de Jourda, seigneur de Vaux, capitaine de cavalerie, et son frère François, seigneur du Rhuiller-Chamalières, se distinguèrent à la bataille de Seneffe (1674) et formèrent les deux branches qui devinrent les aînées de la maison de Vaux.

Jean-Baptiste de Jourda, seigneur de Vaux et de Retournac, baron de Roche-en-Régnier et membre héréditaire des états souverains du Velay, fils de Noël, rapporté plus haut, eut quatre fils :

I. Charles-Noël, dont le nom suit;

II. Le chevalier de Vaux, lieutenant-colonel, mort jeune;

III. Marc de Vaux, seigneur de Champes;

IV. Jean-Baptiste, seigneur de Beaune, le seul qui ait laissé un fils mentionné plus bas.

Charles-Noël de Jourda, comte de Vaux, baron de Roche-en-Regnier et des États du Velay, seigneur d'Artias et de Retournac, d'Yrouer et de Saintes-Vertus en Bourgogne, co-seigneur de Vorey, etc. Maréchal de France, né au château de Vaux en 1705, a rendu historique le nom de sa maison.

Après s'être distingué dans dix-neuf siéges, dix combats et quatre batailles rangées et avoir eu la gloire de réunir la Corse à la France, conquête qui le fit élever au maréchalat et valut à sa famille les honneurs de la cour; Charles-Noël mourut en 1788, gouverneur de la Bourgogne et du Dauphiné.

La maréchale de Vaux, de la maison de la Porte, ne lui avait donnée que deux filles :

Marie-Thérèse, mariée au marquis de Vauborel, mort lieutenant-général;

Marie-Louise, mariée au marquis de Fougières, puis un comte de Moret de Pontgibaud.

Charles-Noël laissa par testament olographe en date du 26 juillet 1788, par devant le conseiller du roi, Trinchet, notaire à Grenoble, ses titres et biens au fils de son quatrième frère, Noël-Gabriel de Jourda, baron de Vaux et de Beaune, stipulant que, dans le cas où celui-ci viendrait à mourir sans enfant mâle, ses titres et biens reviendraient de droit à la branche des Jourda de Vaux, seigneurs du Rhuiller-Chamalières, seule mentionnée dans ce testament.

Noël-Gabriel, nommé maréchal-de-camp en 1789, donna des preuves de son dévouement à la personne du roi Louis XVI dans la journée du 10 août 1792, et fut l'un de ceux qui tentèrent d'enlever de la conciergerie la reine Marie-Antoinette.

Il mourut en 1807, sans laisser de postérité de son mariage avec N. de la Rodde-Saint-Haon;

Alexis-Georges de Jourda de Vaux, de la branche du Rhuiller-Charmalières, lui succéda dans les titres de la maison de Vaux, conformément aux volontés expresses du maréchal.

C'est d'Alexis-Georges dont il est parlé dans la *Biographie universelle* de Michaud :

« Alexis de Vaux de Rhuiller, jeté sur la plage de

« Quibéron, en 1795, par cette fatalité dont tant de « Français furent victimes, et voyant à ses côtés son « frère aîné blessé à mort, quoique perdant lui-même « son sang par suite d'une profonde blessure, le porta « à la nage jusqu'au vaisseau anglais et revint com- « battre dans les rangs de ses camarades. »

Le comte Alexis-Georges, mort en 1804, ne laissa de son mariage avec Aimée-Constance-Marie-Germaine. fille de François-Christophe, comte de Goyon de Béaucorps et de Renée-Thérèse de Gonidec de Kramel qu'un fils, Charles de Jourda, comte de Vaux, né en 1801, et qui épousa, en 1827, Louise-Hélène-Félicité de la Rousselière Clouard dont il eut :

I. Amable-Alexis, marié le 11 mai 1864, à Marie-Louise-Eulalie Ranscelot du Mesnil, dont Charles-Noël, Marie-Louis-Victor-Ghislaine, né le 13 février 1865, Hélène-Marie-Lucie-Ghislaine, née le 11 juillet 1866, Mathilde-Marie-Joseph-Pauline-François-Ghislaine, née le 15 janvier 1869.

II. Amédée-Noël, marié le 19 février 1859, à M. A. E. N. des Ursins dont Marie, née le 5 mars 1860, Edith-Marie-Élisabeth, née le 27 avril 1861, Gaston-Amédée-Noël, né le 8 octobre 1862.

III. Marie, mariée le 20 juin 1860, à Antoine-François, chevalier de Lacolombe de Chadernac.

La seconde branche de la maison de Jourda, dite de Foletier, s'est fait remarquer aussi par son dévouement à notre ancienne monarchie.

Jean-François Jourda de Vaux de Foletier, quoique âgé de soixante ans, alla défendre Lyon contre les révolutionnaires, avec son fils, âgé de seize ans. A la fin du siége, ils furent pris et périrent en même temps que soixante-onze autres victimes, sous des décharges de mitraille, le 8 décembre 1793. (Michaud, le chevalier de Courcelles et autres historiens ont relaté leur interrogatoire et leur fin héroïque.)

Ses deux autres fils, Jean-Joseph et Fidèle-François, servirent à l'armée de Condé.

La marquise de Vauborel, fille aînée et héritière du maréchal de Vaux, obtint du roi Louis XVIII, pour ces deux frères, le titre héréditaire de vicomte, et les appela plus tard à sa succession.

Jean-Joseph, vicomte Jourda de Vaux de Foletier, avait épousé Régine de La Mure, dont une fille :

Aricie, mariée à M. Albert de Brive, magistrat démissionnaire en 1830; et un fils qui suit :

Marcellin, vicomte Jourda de Vaux de Foletier, épousa Garoline Gravier de Vergennes, petite-nièce du comte de Vergennes, ministre de la marine et ambassadeur sous Louis XVI. Il a laissé une fille : Marie, qui a épousé Albert de Verdelhan des Molles, et deux fils :

Arthur, vicomte Jourda de Vaux de Foletier, propriétaire actuel du château de Vaux, et Paul, officier de cavalerie.

Fidèle-François, vicomte Jourda de Vaux de Foletier, avait épousé Francoise-Toussainte de Charbonnel-Jussac. Il a laissé deux fils :

Regis, vicomte Jourda de Vaux de Foletier, ancien officier supérieur d'infanterie, marié à Jeanne Odde du Villars, et Louis, ancien capitaine de frégate, marié à Marie de Roche de Longchamp, dont une fille : Josèphe, et trois fils : Léon, Régis et Henri.

JOURDAIN. *Poitou.*

De gueules à une croix de Saint-Antoine d'argent.

L'*Armorial de France,* reg. 1, part. 1, p. 310, mentionne cette famille qui remonte à Jean Jourdain, premier du nom, écuyer, seigneur de Trallebost, en Poitou, marié avant 1459 avec Denise-Bonine. Elle a pour unique représentant de Jourdain, au château de Villers-la-Plaine, par Coulonges, département des Deux-Sèvres.

JOURDAIN DE COUTANCES. *Bretagne.*

D'azur au croissant d'argent.

Devise : *Servire Deo regnare est.*

C'est encore dans la contrée dont la famille est originaire qu'on retrouve les représentants du nom ; son chef de nom et d'armes est Paul de Jourdain de Coutances, à Dinan, département des Côtes-du-Nord.

Un membre de cette famille qui fonda l'abbaye de Tronchet, fut abbé de l'abbaye de Mont-Saint-Michel et comme le prouve le relief de noblesse donné par Louis XIV, à Allain Jourdain de la Croix-Neuve, plusieurs membres se distinguèrent dans l'armée et rendirent de signalés services.

JOURDAIN. *Ile-de-France.*

D'azur à la fasce ondée d'argent, accompagnée en chef d'un soleil d'or et en pointe d'un daim d'argent.

Jourdain, seigneur de Villemont, portait des armes mentionnées dans le *Dictionnaire de la noblesse.* La famille qui en descend compte aujourd'hui deux représentants : de Jourdain d'Héricourt, juge honoraire au tribunal de Beauvais ; de Jourdain de Miezon, à Paris.

JOURDAIN DE PROUVILLE. *Champagne.*

D'argent à l'arbre de sinople accosté de deux étoiles de gueules.

Jourdain de Prouville, unique représentant du nom, réside au château de l'Étoile, par Flixecourt, département de la Somme.

JOURDAIN DE THIEULLOY. *Normandie.*

D'or au daim passant au naturel, adextré à un arbre à trois couronnes de sinople terrassé de même, sénestré d'une nuée d'azur chargée d'une étoile d'argent ; au chef de sinople, chargé d'une croix cintrée d'or. Supports : deux lions.

Cette famille a donné Robert Jourdain de Thieulloy, membre des assemblées de la noblesse de Picardie, en 1789.

Robert Florimond Jourdain de Thieulloy, son fils, mort en 1862, épousa Marie-Thérèse de Héricourt, dont un fils : Marie-Jean-Baptiste-Edmond Jourdain de Thieulloy, chevalier de Charles III d'Espagne, comte héréditaire romain, a épousé Henriette-Hortense de Rouvroy de Libersart, dont deux fils et une fille, qui a épousé le comte de Malet de Coupigny.

Jean-Baptiste-Stanislas Jourdain de Thieulloy, fils aîné, mort en 1863, a épousé Bathilde-Armandine de Pracontal, dont deux fils : Marie-Jean-Baptiste-Fernand et Marie-Stanislas-Georges.

Marie-Jean-Baptiste-Gabriel-Charles Jourdain de Thieulloy, fils cadet, a épousé Marie-Charlotte du Maisnil dont un fils et une fille : Marie-Jean-Baptiste-Charles-Robert; Jeanne-Marie-Gabrielle.

JOURDAN. *Normandie*, *Bourgogne*, *Guyenne*, *Lyonnais.*

Normandie. D'azur à la masse d'or en bande, côtoyée en chef d'une cigale du même.

BOURGOGNE. De gueules au tau ou croix de Saint-Antoine d'argent.

GUYENNE. D'or à deux fasces d'azur, accompagnées de neuf merlettes de sable, posées 4, 2, 3 ou 4, 3, 2.

LYONNAIS. D'azur à une fasce d'or accompagnée en chef de trois croix ancrées, et en pointe d'un lion, le tout d'or.

René Jourdan, est mentionné dans le *Mercure de France* du mois de mars 1736, seigneur de l'Aunay, de la Bretonnière, gentilhomme de Normandie, gouverneur de la Bastille, à Paris, chevalier de Saint-Louis, mort sans enfants.

On retrouve cependant quatre représentants du nom : de Jourdan, au château de Mytème, par Montigné département de la Mayenne; de Jourdan, au château de Gagnerie, par Vaas, département de la Sarthe ; de Jourdan, au château de Poméniac, par Bain, département d'Ille-et-Vilaine; de Jourdan de Mazot, lieutenant de louveterie, à Saint-Martin d'Hœuille, département de la Nièvre.

JOURS-EN-VAUX.

De gueules à trois dauphins d'argent.

Cette famille est représentée par de Jours-en-Vaux, au château de Jours-en-Vaux, par Nolay, département de la Côte-d'Or.

JOUSBERT DE LANDREAU. *Poitou.*

D'or au pal d'azur accosté de deux chenets de sable.

Maison d'ancienne chevalerie, dont Gaston Jousbert de Landreau, unique représentant du nom, réside à Angers, département de Maine-et-Loire.

JOUSLARD. *Poitou.*

D'azur à trois coquilles d'or en chef et un croissant d'argent en pointe.

Devise : *Consilio et virtute.*

Cette famille a trois représentants : Charles de Jouslard, Simon-Alfred de Jouslard, Charles-Edmond de Jouslard, tous trois à Chisseré, par Saint-Maixent, département des Deux-Sèvres.

JOUSSELIN DE BELLEVAL. *France.*

D'azur à trois fasces d'or. — D'argent à l'aigle de sable, accompagnée en chef d'un croissant du même.— D'azur à trois genettes ou martres passantes d'or.

Cette famille a deux représentants : Jousselin de Bellevalle, à Romorantin, département de Loir-et-Cher, autre Jousselin de Bellevalle, à Romorantin.

JOUSSELIN. *Anjou.*

D'argent au lion passant de gueules.

On mentionne encore deux représentants de cette famille : le comte de Jousselin, chevalier de la Légion d'honneur, au château de Benaudière, par Saint-Georges-sur-Loire, département de Maine-et-Loire ; de Jousselin, à Angers.

JOUSSINEAU. *Limousin.*

De gueules au chef d'or.

L'unique représentant du nom, de Joussineau de Tourdonnet, réside au château de Laveix, par Neuvic, département de la Corrèze.

JOUVE. *Languedoc.*

D'azur au chevron écimé d'or, accompagné en chef

de deux croissants d'argent, et en pointe d'un cœur du même ; au chef cousu de gueules, chargé de trois étoiles d'or.

L'unique représentant du nom de Jouve, réside à Toulouse.

JOUVENEL. *Champagne, Languedoc.*

D'azur au chevron d'or, accompagné de trois trèfles d'argent, posés 2 et 1; au chef aussi d'azur chargé d'une demi fasce d'or, surmontée de trois étoiles de même. Supports : deux ours. Cimier : un ours issant.

Jouvenel ou Juvenel, surnommé des Ursins, ancienne et illustre famille de Champagne, connue dès le quinzième siècle, qui a donné un chancelier de France et deux archevêques de Rheims, a pour chef de nom et d'armes le baron de Jouvenel, au château de Castelnovel, à Brives, département de la Corrèze. Elle est encore représentée par de Jouvenel, au château de Bargnières, par Vayrac, département du Lot.

JOUX. *Franche-Comté.*

D'or fretté de sable.

La terre de Joux, dans le comté de Bourgogne, a donné son nom à une ancienne noblesse éteinte. La famille qui nous occupe est représentée par Joux de Renfand, maire à Gigny, par Sennecey, département de Saône-et-Loire.

JOUY. *Ile-de-France, France.*

Ile-de-France. D'argent à trois merlettes de sable.

France. Palé, contre-palé d'azur et d'argent de huit pièces. — D'azur au chevron d'or, accompagné de trois étoiles du même. — Écartelé : aux 1 et 4 d'argent à trois aiglettes de gueules ; aux 2 et 3 d'argent à l'aigle de sable.

L'unique représentant du nom de Jouy, est avocat, à Paris.

JOYAULT DE COUESNONGLES. *Bretagne.*

De gueules à l'urne d'or, accostée de deux branches de lys d'argent et surmontée de quatre étoiles du même en orle.

Cette famille a deux représentants : Charles Joyault de Couesnongles, sous-commissaire de la marine ; Joyault de Couesnongles, contrôleur des contributions indirectes, à Rennes.

JUDDE ou **JUDE.** *Poitou.*

D'azur à l'ancre d'argent accostée de deux étoiles du même, l'une à dextre, l'autre à sénestre.

Première branche : Sieurs de La Judie, seigneurs de La Rivière, Tamizac, Bos-du-Mas et des Nauches.

Le 31 août 1598, la terre de La Rivière (ou Larivière), située dans la paroisse de Champagnac, généralité de Poitiers, diocèse de Limoges, fut érigée en fief, en faveur de Jehan Judde de Masfret, ancien capitaine des galères du roi.

Ses descendants, ont alternativement porté les noms de Judde de Larivière et de Judde de la Judie.

Sous Louis XVI, quatre frères servaient dans la maison du roi. L'aîné, François Judde, écuyer, seigneur de Larivière, sieur de la Judie, fut nommé, par ordonnance royale du 28 octobre, 1783, prévôt de la connétablie de France.

Cette branche compte plusieurs chevaliers de Saint-Louis et un chevalier de la Légion d'honneur.

La branche aînée était représentée en 1868 : par Judde de Larivière, Léonard-François, marié à Victorine de Lasteyrie du Saillant ; domicile, Saint-Léger, près Sauveterre (Gironde) ;

Par Judde de Larivière, Jean-Mathieu, marié à Catherine Desroches de Chassay; domicile, Mauriac (Gironde).

Deuxième branche. Vers 1580, N. Judde, successeur de La Rapidie, fonda la seconde branche, à Excideuil, sur Vienne, en Angoumois. — Il était frère de Jehan Judde du Masfret.

Louis de La Rapidie, écuyer, seigneur de Tisseuil, vota par procuration, 1789, à Angoulême, pour son fie de Tisseuil.

Cette branche est représentée, par Hippolyte de La Rapidie de Tisseuil, non marié; domicile à Alloue (Charente).

Troisième branche. Jehan Judde, sieur de La Judie; né à La Rivière, vers 1615, fut chef de la branche des Judde de l'Aubanie, seigneurs de Bonlieu, qui a possédé sans interruption, jusqu'à nos jours, le fief de Bonlieu et d'Aubanie, dans le bourg de Champagnac, en Poitou.

Sous Louis XVI, quatre frères servaient à la fois dans l'armée en qualité d'officiers.

Cette branche s'est éteinte en 1832, à défaut d'héritiers mâles.

JUGE. *Limousin.*

D'azur à la main dextre de carnation mouvante du bas du flanc, sénestré tenant une épée, dont la poignée est d'or supportant sur sa pointe une balance aussi d'or.

On retrouve en France deux représentants du nom :

Juge de La Ferrière, inspecteur en retraite des eaux et forêts, à Angoulême; Juge de La Ferrière, à Gourdon, près Chamboulève, par Seihac, département de la Dordogne.

JUGES. *Languedoc.*

D'azur à l'olivier d'argent, aux racines d'or, accosté d'un croissant et d'une étoile de même.

On compte encore quatre représentants du nom : de Juges, au château de Corbières, par Castelnaudary, département de l'Aude; le marquis de Juges de Frégeville, au château de Ville-en-Val, par Pont-à-Mousson, département de la Meurthe ; de Juges de Frégeville, inspecteur des forêts, à Prades, département des Pyrénées-Orientales ; de Juges de Pieullet, au château de l'Anonnciade, par Rumilly, département de la Haute-Savoie.

JUGLARD. *Toulouse, Montauban.*

D'azur à un chevron d'or, accompagné de trois étoiles, deux en chef et une en pointe, celle-ci surmontée d'un besant, le tout d'or.

Cette famille a quatre représentants : de Juglard, receveur des domaines, à Rochefort, département de la Charente-Inférieure; de Juglard à Yvrac, par Larochefoucault, département de la Charente ; de Juglard de la Grange, au château de Bellevue, par Chalais, même département; de Juglard, à Saint-Saviol, par Civray, département de la Vienne.

JUGLET DE LORMAYE. *Perche.*

De gueules au chevron d'or, accompagné en pointe d'une rose d'argent. Couronne : de comte.

Une branche brisant d'un chef du champ, chargé d'un lion passant d'argent.

Le seul représentant du nom est Charles-Juste-Anatole, vicomte de Juglet de Lormaye, à Paris.

JUIGNÉ (Le Clerc de). *Maine, Anjou, Bretagne.*

D'argent à la croix angrelée de gueules, cantonnée de quatre aiglettes de sable, becquées et onglées de gueules.

Cri de guerre : Battons et abattons!

Devise : Ad alta.

Cette famille remonte à Hisgaud Le Clerc, seigneur de Villiers, qui vivait vers la fin du dixième siècle. Deux de ses membres prirent part à la troisième croisade, en 1191.

On trouve aujourd'hui trois représentants du nom.

Pour la branche aînée : le marquis de Juigné, député de la Sarthe, au château de Juigné, département de la Sarthe; le comte de Juigné, à Paris.

Pour la branche cadette : le comte de Juigné, député de la Loire-Inférieure, au château du Bois-renaud, département de la Loire-Inférieure.

JUILLAC. *Languedoc.*

D'argent à la croix tréflée de gueules, surmontée d'un lambel de quatre pendants d'azur.

L'unique représentant du nom, de Juillac, réside au château de Saint-Julien, par Meyssac, département de la Corrèze.

JULIEN DE ROQUETAILLADE. *Provence.*

De gueules au sautoir d'argent; au chef cousu d'azur chargé de trois étoiles d'or.

Distinguée dans la robe, cette famille a donné Julien, assesseur d'Aix, procureur du pays en 1679, qui laissa des mémoires très-estimés. Elle est représentée aujourd'hui par Julien de Roquetaillade, au château de Bambon, par Millau, département de l'Aveyron.

JULIENNE. *France.*

D'azur au chevron d'or, accompagné de trois tiges de julienne d'argent, fleuries du même, tigées et feuillées de sinople.

Cette famille, dont il est parlé dans l'*Armorial de France,* tome Ier, partie I, page 314, et dont était Jean de Julienne, créé chevalier de l'ordre de Saint-Michel, en décembre 1736, est représentée par de Julienne, avocat, à Aix.

JUMEAU DE KERGARADEC (LE) *Bretagne.*

De gueules au léopard d'or.

Maintenue à la réformation de 1668, en Bretagne et en Anjou, cette famille a pour chef de nom et d'armes Camille-Alexandre-Jules-Marie, comte Le Jumeau de Kergaradec, officier de marine, chevalier de la Légion d'honneur et de l'ordre de Guadelupe-de-Mexique, à Montluçon, département de l'Allier. Il a un frère, Robert-Jules Le Jumeau de Kergaradec, officier d'infanterie; un grand-oncle, Jacques-Alexandre, vicomte Le Jumeau de Kergaradec, chevalier de la Légion d'honneur, chevalier de l'ordre du Lys, membre de l'Académie de médecine; un cousin, Georges Le Jumeau de Kergaradec.

JUMEL DE NOIRETERRE (LE). *Normandie.*

D'azur à l'aigle éployée à deux têtes d'or; au chef

d'argent chargé de trois quintefeuilles de gueules. — Suivant Louis Chemillard : de gueules à l'aigle éployée à deux têtes d'argent; au chef de sinople, chargé de trois molettes d'argent.

Maintenue dans sa noblesse le 28 septembre 1588, cette famille est représentée par Le Jumel de Noireterre, chevalier de la Légion d'honneur, chef d'escadron d'état-major, ancien officier d'ordonnance de l'empereur.

JUNQUIÈRES. *Paris.*

D'azur au chevron d'argent, accompagné de deux croissants d'or en chef, et en pointe d'une gerbe de blé du même.

L'unique représentant du nom, de Junquières, chevalier de la Légion d'honneur, conseiller général, a sa résidence d'été au château de Fontenelle, par Lagny, département de Seine-et-Marne, et celle d'hiver, à Paris.

JUSSIEU. *Lyonnais, Ile-de-France.*

Vairé de gueules et d'argent; au chef d'azur chargé d'un soleil d'or.

Ce nom, célèbre dans les annales de la science, a quatre représentants : de Jussieu, à Lyon; de Jussieu, à Paris; autre de Jussieu, à Paris; Alexis de Jussieu, archiviste à Chambéry.

K

KAERBOUT. *Bretagne.*

De gueules à trois boucles ou fermeaux d'argent posées 2 et 1.

Anciennement Escarbot, cette maison suivant l'*Armomorial de France*, registre 1, page 315, remonte à Jean d'Escarbot, 1er du nom, seigneur de Gémasse, dont la postérité est représentée aujourd'hui par le baron de Kaerbout, au château de Bermondière, par Lassay, département de la Mayenne.

KÉGUELIN DE ROZIÈRES. *Alsace.*

Parti d'or et de sable, à deux cornets, opposés de l'un en l'autre ; timbré d'un casque de front, orné de ses lambrequins d'or et de sable.

Chef actuel : de Kéguelin de Rozières Auguste-Clément-Paul-Justin, ancien magistrat, à Fressin (Pas-de-Calais).

Un avocat à la cour suprême d'Alsace et assesseur au grand sénat de Strasbourg, vers 1697.

Un capitaine au régiment royal Hesse-Darmstadt, vers 1760.

Par décret du 31 janvier 1813, les membres de cette famille ont été autorisés à ajouter à leur nom celui de Rozières.

(Auguste-Clément-Paul-Justin de Kéguelin de Rozières), marié à Amélie-Cornélie-Augustine-Nelly Louvet, dont 1° Raoul-Auguste-Jules; 2° Georges-Anatole-Auguste.

Armes : Un écu coupé d'or et d'argent par une fasce d'azur, chargée de trois roses d'or, accompagnée en chef d'une aigle de sable; les ailes étendues et en pointe d'une grappe de raisin pendante de gueules, sa tige et les feuilles au nombre de deux de sinople ; cet écu timbré d'un casque de front couronné d'or, orné de ses lambrequins d'azur, d'or, de sable, de gueules et de sinople, et sommé d'une aigle de sable à demi-corps, les ailes tendues, becquée et couronnée d'or. Province : Lorraine.

Principaux membres : Loijs de Rouzières, né vers 1370, secrétaire du prince Charles d'Anjou, comte du Maine. — Nicolas de Rouzières, conseiller de la princesse Yolande d'Anjou, comtesse de Vaudemont, vers 1445. — François de Rouzières, procureur général et trésorier de la reine de Sicile, vers 1450. — Laurent de Rouzières, conseiller-secrétaire de la reine de Sicile, vers 1480. — Didier de Rozières, attaché à la personne de Ferdinand II, empereur d'Allemagne, roi de Hongrie et de Bohême, confirmé par cet empereur dans la possession de son ancienne noblesse et autorisé à prendre la qualité de chevalier par lettres patentes données à Prague, le 16 février 1628; à partir de cette époque, le nom de Rozières fut pris et toujours conservé depuis. — Thomas-Nicolas de Rozières, ingénieur en chef à Metz et chevalier de Saint-Louis, marié à Barbe-Marie de Lara, confirmé dans la possession de sa noblesse par lettres patentes, données à Versailles, en mars 1731. — Paul-Louis-Antoine de Rozières, né à Verdun, le 17 janvier 1723, marié à Marguerite-Prudence-Edmondine Jadard du Merbion; reçu en 1740, maréchal de camp en 1780, lieutenant-général et inspecteur général des fortifications, 1er avril 1791 ; fait commandeur de l'ordre de Saint-Louis, 9 mars 1792, grand croix, le 13 mai suivant. 4 campagnes : en Westphalie (1757) sur le Rhin (1759), en Allemagne (1761 et 1762); 63 tranchées de 1744 à 1762. — Thomas-Nicolas-Jean de Rozières, fils du précédent, inspecteur du génie, marié en 1787 à Honorée-Louise Pernéty, fille de Jacques Pernéty, conseiller privé des finances de Sa Majesté le roi de Prusse, directeur général des fermes du roi au département du Bas-Dauphiné, mort sans postérité.

Louise-Barbe-Marie de Rozières, sœur de ce dernier, mariée en 1779, à Jacques-Charles-Alexandre de Kéguelin, capitaine au régiment royal Hesse-Darmstadt, chevalier de Saint-Louis, dont 3 fils : deux morts sans postérité, et Auguste, ancien élève de l'École polytechnique sorti en 1815, autorisé par le décret ci-dessus à ajouter à son nom celui de son aïeul maternel, général de Rozières. Auguste est décédé à Fruges (Pas-de-Calais) en 1866, laissant le chef actuel de la famille.

KÉRANFLEC'H-KERNEZNE. *Bretagne.*

D'argent au croissant surmonté d'une rose et accompagné d'une coquille, le tout de gueules.

De Kéranflec'h-Kernezne, unique représentant du nom, réside au château de Guélence, près Mur-de-Bretagne, département des Côtes-du-Nord.

KÉRANGAL. *Bretagne.*

D'argent à l'aigle de sable, perchée sur une branche d'olivier de sinople, fruitée de gueules.

L'unique représentant du nom, de Kérangal, réside à Quimper, département du Finistère.

KERASQUER. *Bretagne.*

D'argent à deux haches de gueules en pal.

Cette famille n'est plus représentée que par une fille, Mlle de Kérasquer, à Rennes.

KÉRATRY. *Bretagne.*

D'azur au greslier d'argent surmonté d'une lance (*alias* en pal) de gueules.

Cette famille est représentée par le comte de Kératry, député à l'Assemblée nationale.

KERAUTEM. *Bretagne.*

De gueules à trois fasces d'argent, alias, surmonté d'un lambel (sceau de 1421).

Anc. extr. réf. 1669. 8 générations réf. et montres de 1447 à 1562, paroisse de Carnoët év. de Cornouailles.

François de Kérautem chef de royalistes, tué en 1793 dans le Morbihan; Frédéric de Kérautem, conseiller à la cour royale de Rennes sous la Restauration.

Cette famille s'est alliée aux de Kersaint Gilly, Le Gualès de Mézaubran, de Lostanges de Sainte-Alvère.

Elle est actuellement représentée par : 1° Maurice de Kérautem naturalisé Belge et attaché d'ambassade de la cour de Belgique ;

2° Par Edouard de Kérautem, résidant à Rennes (Bretagne) et marié à Adelaïde de Lostanges de Sainte-Alvère dont neuf enfants : Arthur, Fernand, Ernest, Charles, Bertrand, Alix, Marie, Henriette, Elisabeth de Kérautem.

KERBALANECK. *Touraine, Bretagne.*

D'or à l'arbre de sinople, sommé d'une pie au naturel.

C'est aussi une femme, la douairière de Kerbalaneck, à Tours, qui est l'unique représentant de la famille.

KERDANIEL. *Bretagne.*

D'azur à deux vautours de sable, adossés du corps et affrontés par leurs têtes, dévorant un cœur de gueules.

L'unique représentant du nom de Kerdaniel, réside à Rennes.

KERDRÉON DE CHELLET. *France.*

D'azur à trois chevrons d'argent.

Cette famille est représentée par de Kerdréon de Chellet, au château de Pihourdière, par Brou, département d'Eure-et-Loir.

KERGARIOU. *Bretagne.*

D'argent fretté de gueules, au canton de pourpre chargé d'une tour d'argent maçonnée de sable.

Cette famille a quatre représentants : de Kergariou, au château de Bonalan, par Servan, département d'Ille-et-Vilaine ; de Kergariou, au château de Rosaires, par Saint-Brieuc, département des Côtes-du-Nord ; de Kergariou, au château de Beauregard, par Cléguérec, département du Morbihan ; de Kergariou, à Rennes.

KERGORLAY. *Bretagne.*

Vairé d'or et de gueules.

Ce beau nom a plusieurs représentants : Hervé, comte de Kergorlay, officier de la Légion d'honneur, membre du Conseil d'agriculture du département de la Manche, qui a sa résidence d'été au château de Conésy, par Saint-Lô, département de la Manche, et et celle d'hiver à Paris ; le comte de Kergorlay, attaché d'ambassade, à Vienne, qui a sa résidence d'été au château de Castily, par Isigny, département du Calvados, et celle d'hiver à Paris ; Pierre, comte de Kergorlay, au château de Castily, par Isigny, département du Calvados, également ; Louis, comte de Kergorlay, qui a sa résidence d'été au château de Fosseuse, par Méru, département de l'Oise, et celle d'hiver, à Paris. Il a un fils, Florian, comte de Kergorlay, qui habite avec lui

KERGOS. *Bretagne.*

D'argent à la fasce d'azur, surmontée d'une merlette du même.

Cette famille a deux représentants : François de Kergos, à Quimper, département du Finistère ; de Kergos, au château de Kergos, par Quimper.

KERGRIST. *Bretagne.*

D'or à quatre tourteaux de sable posés 3 et 1 ; au croissant du même en abîme.

L'unique représentant du nom de Kergrist, est conseiller de cour d'appel, à Rennes.

KERGUELEN. *Bretagne.*

D'argent à trois fasces de gueules surmontées de quatre hermines de sable.

Devise : *Vert en tout temps.*

Cette famille est d'origine très-ancienne.

Guillaume de Kerguelen comparut en 1427, première réformation de la noblesse de Bretagne ; il fut maintenu comme appartenant à la noblesse d'ancienne extraction et comme ayant toujours eu le partage noble. Lervé de Kerguelen se croisa en 1248 ; Mauclerc, duc de Bretagne, le cautionna pour le nolissement d'un navire de Gênes et le transporta à l'île de Chypre : il prit part à la cinquième croisade, sous la conduite de saint Louis. En 1270, un sire de Kerguelen prêta serment, comme chevalier banneret, au duc de Bretagne, en son château d'Auray. Un sire de Kerguelen, qui commandait cinq cents hommes d'armes, accompagna le duc de Bretagne aux guerres de Flandre. En 1594, le sire François de Kerguelen, seigneur de Kermellec, qui siégeait au présidial de Quimper, fit rentrer sous l'obéissance du roi la ville, qui tenait le parti de la Ligue. Trois officiers de marine, du nom de Kerguelen, prirent part à la prise de Rio-Janeiro, sous Duguay-Trouin, en 1711. Le sire de Kerguelen fut nommé par le roi, en 1712, pour prendre le commandement du ban et de l'arrière-ban de la noblesse de Bretagne. En 1772, le comte de Kerguelen découvrit dans l'hémisphère austral une île ayant quatre-vingt lieues de long, à laquelle il donna son nom ; il est mort en 1797 ; il a laissé plusieurs ouvrages importants sur la marine. Cette famille se divise en deux branches, représentées : l'une, par le comte de Kerguelen, ancien officier, résidant au château de Trémarec, département du Finistère ; l'autre branche, par Hervé de Kerguelen de Kerbiquel, qui a servi dans le corps des volontaires pontificaux, et qui réside au château du Kergoat (Finistère).

KERGUIZIAU DE KERVASDOUÉ. *Bretagne.*

D'azur à trois têtes d'aigle (*alias*, d'épervier) arrachées d'or.

Cette famille n'est plus représentée que par Kerguiziou de Kervasdoué, au château de Kervasdoué, par Saint-Renan, département du Finistère.

KERHOENT. *Bretagne.*

Armes anciennes. Losangé d'argent et de sable.

Armes modernes. Écartelé de Kergourñadec'h et de Kerriec-Coetenfao, sur le tout de Kerhoent.

Anciennement Kercoent, cette famille dont il est parlé dans l'*Armorial de France*, registre I, partie I, page 318, est ancienne et illustre. Elle tire son nom du château de Kerhoent, et remonte à Paul, seigneur de Kerhoent, qui vivait en 1105. Elle a trois représentants : le comte de Kerhoent, à Vannes; de Kerohent, chevalier de la Légion d'honneur, maire à Prelan, département des Côtes-du-Nord ; de Kerhoent, au château de Beauchêne, par Ploubalay, département des Côtes-du-Nord.

KERIMEL DE KERVENO. *Bretagne.*

D'argent à trois fasces de sable; au lion du même brochant sur le tout.

Cette famille a deux représentants : Auguste de Kerimel de Kerveno, sous-agent comptable de la marine, à Brest; Théodore de Kerimel de Kerveno, commis de marine, à Brest.

KERLIVIO (Eudo de). *Bretagne.*

D'argent à une hure de sanglier arrachée de sable, défendue d'argent.

Cette famille est représentée par Eudo de Kerlivio, à Rennes.

KERLIVIAU. *Bretagne.*

D'argent à l'aigle éployée de sable, becquée et membrée de gueules.

Cette famille est représentée par de Kerliviau, à Boubriac, département des Côtes-du-Nord.

KERMAREC. *Bretagne.*

De gueules à la fasce d'argent. — De gueules à cinq annelets d'argent, posés 3 et 2; au chef du même chargé de trois roses de gueules. — De gueules à six besants d'or; au chef d'hermines.

L'unique représentant du nom, de Kermarec, réside à Rennes.

KERMEL. *Bretagne.*

De gueules à la fasce d'argent accompagnée de deux léopards d'or.

Cette famille, qui a quinze représentants, a pour chef de nom et d'armes le vicomte de Kermel, à Rennes.

KERMELLEC. *Bretagne.*

D'or à la fasce de gueules, qui est de Penhoët, accompagné de trois merlettes du même. — Vairé d'argent et de gueules, qui est de Kéronraiz; à la bordure engrelée de gueules.

Cette famille a deux représentants : le comte de Kermellec, chef de nom et d'armes, à Chaussy, département du Loiret; de Kermellec, au château de Chaussy, par Toury, département d'Eure-et-Loir.

KERMENGUY. *Bretagne.*

Losangé d'argent et de sable, à la fasce de gueules, chargée d'un croissant d'argent. — D'or au houx arraché de sinople sans feuilles.

L'unique représentant du nom, comte de Kermenguy, réside au château de Kermenguy, par Saint-Pol-de-Léon, département du Finistère.

KERMERC'HOU DE KERAUTEM. *Bretagne.*

D'argent à la croix tréflée de sable, chargée de cinq étoiles d'or.

Eugène-Louis-Marie de Kermerc'hou de Kerautem, unique représentant du nom, est attaché à l'administration des lignes télégraphiques, à Paris.

KERMOYSAN. *Bretagne.*

De gueules à sept coquilles d'argent, posés 3, 2 et 1. — *Alias*, de gueules, a deux fasces d'argent, accompagnées de sept coquilles de même.

C'est encore en Bretagne qu'on retrouve les deux représentants du nom : le vicomte de Kermoysan, au château de Keroser, par Vannes; de Kermoysan, au château de Kerandraon, par Saint-Pol-de-Léon, département du Finistère.

KERMIER (LE CARDINAL DE). *Bretagne.*

Coupé d'argent et de gueules, au lion de l'un dans

l'autre, qui est le Cardinal; écartelé d'argent; au chef denché de gueules, qui est le Borgne.

Le Cardinal de Kermier, unique représentant du nom, réside au château de Bois-Cornillé, par Izé, département d'Ille-et-Vilaine.

KEROUARTZ. *Bretagne.*

D'argent à la roue de sable, accompagnée de trois croisettes de même.

Cette famille, remarquable parmi la noblesse de la province de Bretagne. par son ancienneté et ses alliances, s'écrivait Kerouart anciennement. Elle a trois représentants : le marquis de Kerouartz, au château de Kerouartz, par Lannilis, département du Finistère; le comte de Kerouartz, au château de Gauzac, par Lezignan, département de l'Aude; de Kerouartz, au château de Lezérazien, par Saint-Thegonnec, département du Finistère.

KERPEZDRON. *Bretagne.*

D'argent à trois molettes de sable ; au croissant d'azur en abîme.

L'unique représentant du nom, Eugène de Kerpezdron, est attaché à l'administration des lignes télégraphiques, à Limoges.

KERRET. *Bretagne.*

Écartelé: aux 1 et 4 d'or au lion morné de sable; à la cotice de gueules brochante, qui est de Kerret; aux 2 et 3 d'argent à deux pigeons affrontés d'azur, s'entrebecquetant, membrés et becqués de gueules, qui est du Val.

On retrouve en France trois représentants de cette famille : le vicomte de Kerret, à Lyon ; de Kerret, au château de La Forêt, par Hennebon, département du Morbihan; de Kerret, au château de Lanniron, par Quimper, département du Finistère.

KERSAINT. *Bretagne.*

D'argent à trois tours crénelées de gueules. — Losangé d'argent et de sable ; à la fasce en devise de gueules chargée d'un oiseau de sinople. — D'azur à trois têtes de chat d'or.

Cette famille distinguée, dans les fastes de la Bretagne, a trois représentants : le comte de Kersaint, au château de Cosquer, par Pont-l'Abbé, département du Finistère; le comte de Kersaint, au château de Domaize, par Saint-Dier-d'Auvergne, département du Puy-de-Dôme; le vicomte de Kersaint, conseiller général de Seine-et-Oise, qui a sa résidence d'été au château de Héron, par Villiers-le-Bel, département de Seine-et-Oise, et celle d'hiver, à Paris.

KERSAINT-GILLY ou **SAINT-GILLES.** *Bretagne.*

De sable à six trèfles d'argent, posés 3, 2 et 1. — *Alias*, une croix échiquetée.

Cette famille, qui s'est transportée dans les colonies, est représentée par de Kersaint-Gilly, commis de marine, à la Guadeloupe.

KERSALAUN (EUZENOU DE). *Bretagne.*

Écartelé : aux 1 et 4 d'azur plein; aux 2 et 3 d'argent à la feuille de houx de sinople en pal.

Le comte Euzenou de Kersalaun, commandeur de la Légion d'honneur, général de brigade, à Paris, est aujourd'hui l'unique représentant de cette famille distinguée par son ancienneté, ses services et ses alliances.

KERSAUSON ou **KERSAUZON**. *Bretagne.*

De gueules à une boucle ronde ou fermail d'argent, ardillonnée de même.

Appartenant à l'évêché de Léon, cette famille, qui tient un rang distingué parmi la bonne et ancienne noblesse du pays, prend sa source en Angleterre dans les temps reculés. Elle se divise en cinq branches : de Kersauson dit Vieux-Châtel, à Morlaix; de Kersauson de Pennendreff, à Rennes; de Kersauson de Kerjean-Mol, au château de Kerjean; de Kersauson du Vijeac, dont un membre habite Paris; de Kersauson de Saint-Méen.

Ces différentes branches ont de nombreux représentants.

KERTANGUY, *Bretagne.*

D'argent à l'aigle éployée de sable.

De belle noblesse bretonne, cette famille a deux représentants : de Kertanguy, au château de Coatudavel, par Saint-Pol-de-Léon, département du Finistère; de Kertanguy, à Paris.

KERUZEC. *Bretagne.*

De sable à dix billettes d'argent ; *alias* d'or posées 4, 3, 2 et 1.

Cette famille est représentée par de Keruzec, au château de Tertre-Bois-Jean, par Maure-de-Bretagne, département d'Ille-et-Vilaine.

KERUZORET (Le Borgne de). *Bretagne.*

D'azur à trois huchets d'or liés et virolés de même.

L'unique représentant du nom, comte Le Borgne de Keruzoret, réside au château de Keruzoret, par Landivisiau, département du Finistère.

KERVILLY. *Bretagne.*

D'argent à la croix échiquetée de gueules et d'argent. MODERNE : qui est de *Crouezé.*

Le comte de Kervilly, chevalier de la Légion d'honneur, à Paris, est unique représentant du nom.

KEYZER. *Alsace.*

D'azur à une croix pattée et alésée, le pied ouvert en chevron alésé; le tout d'or.

Originaire d'Alsace, cette famille a deux représentants : de Keyzer, juge au tribunal civil, à Vannes; de Keyzer, avoué à Vannes.

KIRGENER DE PLANTA. *France.*

Coupé : au 1 parti de deux traits, qui font trois quartiers; le premier de sinople, au dextrochère armé, mouvant de sénestre, portant une massue en pal d'argent; la deuxième d'azur, au casque grillé d'or, taré de front et surmonté d'une main appaumée aussi d'or; le troisième de gueules à l'épée haute en pal d'argent; au 2 d'or au château-fort flanqué de deux bastions, sommé d'une tour crénelée de sable, ouverte et ajourée du champ, maçonnée d'argent et terrassée de sinople.

L'unique représentant du nom, baron de Kergener de la Planta, a sa résidence d'été au château d'Étoges, à Montmort, département de la Marne, et celle d'hiver, à Paris.

KIRWAN. *Irlande, France.*

D'argent au chevron de sable, accompagné de trois corbeaux du même, becqués et membrés de gueules, posés deux en chef et un en pointe.

Cette famille, venue en France avec la brigade irlandaise et depuis établie à Bordeaux, a donné le marquis de Kirwan, premier exempt de France, en 1789. Elle est représentée par Charles de Kirwan, garde des eaux et forêts, à Paris. Un autre de ses membres, Marc de Kirwan, est établi en Californie.

KLEIN. *Lorraine, Alsace.*

Lorraine. De gueules, au dextrochère armé de toutes pièces d'argent, mouvant de sénestre, tenant une épée du même ; au pal d'argent chargé de trois chevrons de sable brochant sur le tout.

Alsace. D'azur à trois marguerites de gueules, tigées et feuillées du même, et mouvantes d'un mont ou coupeaux de même.

Cette famille a deux représentants : le comte de Klein, à Paris; de Klein de Klerembourg, chevalier de la Légion d'honneur, ancien officier d'ordonnance de l'empereur, à Paris.

KLINGLIN. *Alsace.*

D'azur à la fasce d'argent, accompagnée de trois fleurs de lis d'or.

Cette famille noble et ancienne, originaire de Silésie, vint s'établir vers 1500 dans la Basse-Alsace. Ses membres y occupèrent dès lors d'importants emplois civils et militaires, s'allièrent aux premières familles de la province, et furent toujours reçus dans les chapitres nobles d'Alsace et d'Allemagne. Pauvres dans le début, ils embrassèrent le parti qui prépara, encouragea et consomma la fusion des deux nationalités lors de la réunion de l'Alsace à la France : Louis XIV reconnaissant les distingua en les admettant dans ses conseils et leur consentit des fiefs considérables. Mais ce fut surtout leur mariage avec Marie-Louise de Roppe de Roppach, une des dernières héritières de sa branche, qui au siècle dernier apporta à la famille de Klinglin de grands biens que la Révolution française a presque tous dévorés.

Par ses lettres royales, datées de Fontainebleau en octobre 1701, Louis XIV confirma à Jean-Baptiste de Klinglin « l'usage des armoiries que les Klinglin avaient coutume de porter, » et ainsi décrites dans ces mêmes lettres, savoir d'argent à la fasce de gueules, accompagnée de trois fleurs de lys d'azur, deux en chef, une en pointe ; et c'est ainsi qu'elles furent enregistrées par d'Hozier, selon la commission qu'il en reçut alors par arrêt du conseil d'État. On ignore comment et pourquoi ces armoiries furent modifiées depuis : mais ce qui est certain, c'est que dans les preuves de noblesse faites pour l'admission de François-Christophe-Joseph de Klinglin au chapitre noble de Saint-Pierre-le-Jeune de Strasbourg, et dès cette époque pour tous les membres de la famille, on les trouve ainsi peintes et blasonnées : d'azur à la fasce d'argent, accompagnée de trois fleurs de lys d'or, deux en chef, une en pointe. Enfin, depuis le mariage de François-Christophe-Honoré de Klinglin avec l'héritière de Roppe de Roppach, ses descendants ont écartelé leurs armes de Klinglin des armes de Roppe de Roppach.

Nous commençons cette courte notice par Jean I de Klinglin. L'absence de titres connus de nous ne nous a pas permis de remonter plus haut : mais depuis ledit Jean de Klinglin, toute la filiation qui va suivre est établie par des pièces authentiques, arbres généalogiques, contrats de mariage, extraits de baptême et mortuaires, etc., etc., laissés dans la succession du baron Auguste-François-Éléonor de Klinglin, mort en 1863, et confirmée par l'*Alsace illustrée* de Daniel Schœpflin.

I. Noble Jean I de Klinglin, marié à Béatrix de Neuhaus, fut père de :

II. Noble Jean II de Klinglin, trésorier général de l'empereur et des archiducs en Alsace, Souabe, Brisgau, etc. Marié le 16 juillet 1617 à noble Suzanne, fille de noble Romain de Vogel et de Barbe de Pirrin, il en eut :

III. Noble François (soit Franz) de Klinglin, conseiller du roi au conseil supérieur d'Ensisheim, etc. Le 24 septembre 1654 il épousa demoiselle Marie-Ursule de Gallinger, née à Altkirch le 11 septembre 1630 de noble Jacques de Gallinger et de Véronique de Frœschauer. François mourut et fut inhumé à Ensisheim le 7 février 1675, laissant deux fils, savoir :

1° Jean-Baptiste qui suit ;

2° François-Romain, doyen, puis président du Conseil souverain de Colmar. Il portait diapré d'argent à la fasce de gueules, accompagnée de trois fleurs de lys d'azur (armorial de d'Hozier, généralité d'Alsace, fol. 269).

IV. Jean-Baptiste de Klinglin, baron d'Hadstatt, seigneur de Bilsheim, Hœnheim, etc. Procureur-syndic royal de la ville de Strasbourg et directeur de sa chancellerie, avocat général du roi et de la république de Strasbourg, puis préteur royal de Strasbourg nommé par le roi le 30 mars 1706. En 1701, après la conquête d'Alsace, Louis XIV confirma à Jean-Baptiste l'usage des mêmes armoiries et blason qu'il avait coutume de porter auparavant, et voulut en 1702 qu'il fût inscrit à la matricule de la noblesse. En 1713, ce même roi l'autorisa à acheter des héritiers de Jacques de la Grange, intendant d'Alsace, les anciens fiefs des Hattstatt, famille éteinte en 1610, savoir : le château-milieu d'Eguisheim (die Mittelburg zu der hohen Egisheim), les villages d'Oberherckeim, Oberensheim, Holtzwiller, et Wickerswiller, ainsi que ceux de Bilsheim et Zillisheim, qui, détenus en gage, étaient devenus des fiefs. Né à Vieux-Brisach le 3 décembre 1657, Jean-Baptiste épousa le 10 mai 1683 noble Dorothée, fille de noble Gaspard de Gunther et de Dorothée de Burgel. Il mourut le 7 juin 1725, âgé de 68 ans, et sa femme, qui était née à Schelestadt le 22 octobre 1656, mourut à Strasbourg le 2 février 1692. Ils eurent :

1° François-Joseph qui suit :

2° François-Christophe-Honoré, dont l'article précédera ci-dessous celui de son frère aîné ;

3° Marie-Anne, née le 13 mars 1684, mariée : 1° avant 1701 à Antoine d'Andlaw, lieutenant-colonel de cavalerie et président de la noblesse d'Alsace ; 2° par contrat du 20 octobre 1731, à Léonor-Marie du Maine, comte du Bourg, créé maréchal de France en 1725, gouverneur de la Haute-Alsace, etc., et déjà veuf de Marie de Gualès de Mézobran. Ledit maréchal mourut en 1739.

4° Marie-Ursule, mariée en 1704 au comte Ulrich de Lutzelbourg, suivant E. Muller dans son *Magistrat de la ville de Strasbourg*, à Walther de Lutzelbourg, seigneur de Saraltroff, d'après une notice généalogique de Lutzelbourg, signée *F. Hugot.*

V. François-Christophe-Honoré de Klinglin, baron d'Hadstatt (second fils de Jean-Baptiste), chevalier-conseiller d'État, premier président du conseil souverain d'Alsace, etc. Il naquit le 4 septembre 1690, et eut pour parrain et marraine Christophe Güntzer, conseiller du roi, syndic de Strasbourg, et Marie-Élisabeth Reich de Platz. Il épousa Marie-Anne-Joséphine, fille de François-Ignace comte de Montjoie-Hirsingen, et de Marie-Jeanne Reich de Reichenstein d'Intzlingen. Il mourut le 8 août 1769, et fut père de :

1° François-Jean-Romain ;

2° Philippe-Xavier, baptisé le 14 janvier 1731.

3° François-Christophe-Joseph, grand-vicaire de Bâle et chanoine de la collégiale de Saint-Pierre-le-Jeune de Strasbourg.

4° Armand-Ignace-Xavier, baptisé à Colmar le 12 février 1737, tenu sur les fonds par révérend Armand-Gaston-Félix d'Andlaw, aumônier du roi, et par dame Marie-Anne-Henriette, comtesse d'Andlaw.

5° Marie-Anne-Sophie-Alexis, née à Nancy le 26 décembre 1740, reçue le 7 août 1755 au chapitre noble de Lons-le-Saunier, puis mariée à Paul, marquis de Falletans, chevalier de Saint-Georges, fils de Jean-Prosper, seigneur de Falletans et de Marie de Loriol de Chandieu.

V. François-Joseph de Klinglin (fils aîné de Jean-Baptiste), nommé le 12 avril 1710 chevalier-conseiller d'honneur au conseil souverain d'Alsace, etc., etc., immatriculé au corps de la noblesse de la Basse-Alsace. En 1722, il succéda à son père dans la charge de préteur royal de Strasbourg, à titre de survivance. En 1735, d'accord avec le magistrat de Strasbourg, il échangea son fief d'Hœnheim contre ceux d'Illkirch et de Grafenstaden appartenant à la ville ; mais plus tard cet échange fut annulé comme désavantageux à la ville. A la suite des brillantes fêtes que comme préteur il donna à Louis XV, pendant le séjour de ce roi à

Strasbourg en octobre 1744, François-Joseph en obtint pour son fils François-Christophe-Honoré la survivance de sa charge de préteur royal de Strasbourg, et pour lui-même le titre de conseiller du roi en ses conseils d'État et Privé, par patente du 24 août 1748. Cette faveur éveilla l'envie, qui s'attaqua à son administration: et c'est pour la défendre que son fils écrivit un mémoire justificatif, imprimé à Grenoble en 1753.

Né le 3 septembre 1687, François-Joseph épousa le 9 mars 1714, demoiselle Marie-Françoise, née le 10 juin 1701, de feu Samuel, marquis de Seguin, seigneur des Hons, et de Marie-Sidonie baronne de Falkenstein. Il mourut à Hœnheim, le 6 février 1753, laissant les enfants suivants :

1° François-Christophe-Honoré, qui suit ;

2° Marie-Auguste, chanoine de Neuviller ;

3° Jean-Jacques de Klinglin, baron d'Hadstatt, etc. Maréchal de camps commandant à Strasbourg, désigné par Louis XVI pour commander à Montmédy en cas de réussite du voyage de Varennes; ayant émigré en 1791, il devint lieutenant-général au service de l'Autriche. Le 12 février 1765, il acheta de son oncle François-Christophe-Honoré de Klinglin la terre et le château d'Oberherckheim avec ses dépendances; il épousa sa nièce Marie-Amélie-Joséphine, fille aînée d'Antoine-Joseph, comte de Lutzelbourg et de Pauline de Klinglin : il testa le 15 octobre 1816, et mourut à Wienneustadt le 11 janvier 1818, sans avoir eu d'enfants. En 1820, sa veuve se remaria avec le chevalier Charles-Michel Cordier de Vallery, et mourut en février 1821.

4° Pauline, mariée le 31 août 1748 à Antoine-Joseph, comte de Lutzelbourg, seigneur d'Imling, Bühl, Brüdderdorff, etc., dont elle eut deux filles : Amélie et Henriette de Lützelbourg, toutes deux mariées à deux Klinglin, oncle et neveu. Le dit Antoine-Joseph, qui testa à Strasbourg, mourut avant mars 1792.

VI. François-Christophe-Honoré de Klinglin, seigneur d'Essert, préteur royal de Strasbourg, conseiller du roi, etc.... Il épousa Marie-Louise de Roppe, dernière fille de François-Conrad de Roppe de Roppach, mort avant 1750, qui apporta à son mari plusieurs biens, entre autres le château d'Essert, près Belfort; dès lors les Klinglin écartelèrent leurs armes des armes de Roppe. Les autres biens de Roppe allèrent aux Wessenberg et aux Reinach. François-Christophe-Honoré, qui avait débuté par être capitaine au régiment d'Alsace, mourut le 20 décembre 1772 ; sa femme était morte le 20 mai 1753. Il en eut un fils qui suit.

VII. François-Louis-Joseph de Klinglin, seigneur d'Essert, etc., capitaine dans la légion de Condé. Il naquit le 24 septembre 1740, et épousa par contrat du 15 janvier 1774 Marie-Françoise-Henriette, fille cadette desdits Antoine-Joseph, comte de Lutzelbourg, et Pauline de Kinglin, dont il eut deux fils qui suivent. Il mourut le 8 septembre 1792; et c'est indûment qu'il fut inscrit sur la liste des émigrés. Sa veuve, au retour de l'émigration, obtint en conséquence la restitution des biens non vendus. Née le 9 novembre 1752, elle mourut en 1835, au château de Saint-Loup-les-Gray, Haute-Saône.

VIII. Paul-Aimé de Kinglin, baron d'Hadstatt, né le 3 octobre 1779, chef d'escadron aux cuirassiers du prince Charles de Lorraine, épousa demoiselle Christine, baronne d'Horneck; mort à Gross-Wardein en Hongrie, vers la fin de 1842. Il n'eut qu'une fille,

Amélie de Kinglin, mariée au baron de Neitch, gentilhomme hongrois, dont elle eut plusieurs enfants, parmi lesquels trois fils tués en 1849, dans la guerre d'indépendance soutenue par la Hongrie contre l'Autriche.

VIII. Auguste-François-Éléonor, baron de Klinglin (frère cadet du précédent), naquit le 16 juillet 1785. D'abord élevé comme son frère à l'École militaire de Vienne, successivement capitaine d'état-major en Autriche, dont il quitta le service en 1811, officier des gardes de Monsieur frère du roi, en 1814, chef de bataillon au 2e régiment de la garde royale, par brevet du 24 décembre 1815, il se retira en 1820, avec le grade de lieutenant-colonel. Chevalier de Malte dès 1799, il fut nommé chevalier de Saint-Louis par brevet du 17 décembre 1816. Par contrat du 11 août 1812 il épousa demoiselle Arthémine, fille cadette de Jean-Léger-Charles-François Masson, baron d'Esclaus, et de dame Marie-Eugène Terrier de Santans. Devenu veuf en 1832, il créa en 1835, au milieu de ses forêts, la verrerie de Vallerysthal près Sarrebourg, appelant au prix d'énormes sacrifices l'activité et la richesse dans la vallée de Trois-Fontaines, où il construisit cette usine. Le 26 juin 1863, il mourut à l'âge de soixante-dix-huit ans, au château de Menthon, en Savoie, et fut inhumé le 29 à Saint-Loup-les-Gray. En lui finit le nom de Klinglin, car il n'eut que trois filles, savoir :

1o Valérie, qui, par contrat du 20 février 1832, épousa Bernard-Joseph-René, comte de Menthon, et mourut en couches de son troisième enfant, le 17 décembre 1839, âgée de vingt-cinq ans;

2o Éléonore, qui épousa en 1835 Louis, vicomte de Bertier de Sauvigny, dont elle a eu deux fils;

3° Arthémine, née le 9 octobre 1821, mariée le 14 octobre 1841 à Alexandre-Bernard-Simon, comte de Menthon, frère cadet du précédent, dont aucun enfant.

KLOPSTEIN. *Lorraine.*

D'or à la fasce d'azur surmontée de deux lionceaux issants, affrontés de sable et accompagnés en pointe de deux dextrochères affrontés de carnation, parés de gueules, tenant chacun un caillou qu'ils frappent et dont il sort des étincelles de gueules (armes parlantes).

On rencontre encore deux représentants de cette famille dans la contrée dont ils sont originaires : le baron de Klopstein, au château de Pot-de-Vin, par Petimont, département de la Meurthe; le baron de Klopstein, au château de Châtillon, par Vol-et-Châtillon, département de la Meurthe.

KOCK. *Flandre.*

D'argent à la bande de gueules, chargée de trois marmites d'or; au chef cousu d'or, chargée d'une aigle issante de sable.

Le romancier populaire, Paul de Kock, à Paris, était chef de nom et d'armes de cette famille.

KOPFF. *Alsace.*

Diapré de gueules au chevron poussé d'or, accompagné en pointe d'une tête d'homme d'argent, posée de profil.

L'unique représentant du nom de Kopff réside à Paris.

L

LAAGE. *Bourbonnais.*

D'argent au chevron de gueules ; à la bordure de sable.

Cette famille titrée a cinq représentants : le comte de Laage, au château de Roche-à-Gué, par Augles-Longlin, département de la Vienne ; de Laage, au château de Moléon, par la Motte-Beuvron, département de Loir-et-Cher; l'abbé de Laage, vicaire de Saint-Pierre-le-Puellier, à Orléans; de Laage, au château de Sazey, par Mauzé, département des Deux-Sèvres; de Laage de Saint-Germain, chanoine honoraire, à Saintes, département de la Charente-Inférieure.

LAAGE. *Poitou, Saintonge, Orléanais, Flandre française.*

Poitou. D'azur au croissant d'argent surmonté d'une étoile d'or.

Saintonge. D'azur au chevron d'or accompagné en chef de deux roses tigées et feuillées du même, et en pointe d'une main fermée soutenant un faucon aussi d'or.

Orléanais. D'azur au chevron d'or accompagné en chef de deux roses d'argent, tigées de sinople, et en pointe d'une main fermée d'argent, soutenant un faucon au naturel.

Flandre française. D'azur au chevron d'or accompagné en chef de deux roses du même, tigées et feuillées de sinople, et en pointe d'une main gantelée d'argent, posée en fasce, soutenant un faucon au naturel.

Cette famille ancienne, originaire du Poitou et qui remonte à Humbert de Laage, vivant en 1096, maintenue dans sa noblesse en Poitou et en Saintonge en 1667, s'est divisée en plusieurs branches : de Meux, de Bellefaye, de la Rocheterie, dont voici les représentants : Édouard de Laage de Meux, à Orléans; Albert de Laage de Meux, à Orléans; Alfred de Laage de Meux, à Orléans; de Laage de Meux, à Orléans; autre de Laage de Meux, à Orléans; de Laage de Bellefaye, inspecteur des douanes, à Rennes; Jean-François-Léon de Laage de la Rocheterie, au château de Bouchet, près Cléry, département du Loiret. Il a un fils, Léon-Pierre-Marie-François-de-Salles-Maxime de Laage de la Rocheterie et trois petits enfants : Henry, Élisabeth, et Félix de Laage de la Rocheterie.

LABADYE D'AYDREN. *Guyenne, Bretagne.*

D'argent au bâton de maréchal de France en pal; à deux épées de gueules passées en sautoir, brochant sur le tout.

De Labadye d'Aydren, unique représentant du nom, réside au château d'Harsarrieu, par Saint-Sever, département des Landes.

LA BAUME-PLUVINEL. *Dauphiné.*

D'or à la bande vivrée d'azur, avec une moucheture d'hermines.

Devise : *L'honneur guide mes pas.*

Cette famille, originaire du Dauphiné et dont les possessions seigneuriales furent érigées en marquisat en 1693, a pour représentants : le marquis de la Baume-Pluvinel et ses enfants, à Paris; Henry, comte de la Baume-Pluvinel, à Paris.

LABBÉ DE MONTAIS. *Berry.*

D'argent à trois fasces de gueules; au lion d'or armé et lampassé de gueules, couronné d'or, brochant sur le tout.

Cette famille, dont les armes sont mentionnées par la Chesnay-Desbois, a cinq représentants : le comte de Labbé de Montais, chef de nom et d'armes, et ses trois fils, René, Fernand, Roger de Labbé de Montais; de Labbé de Montais, au château de Montais, par Hérisson, département de l'Allier.

LABBÉ DU BOURGUET. *Bretagne.*

De gueules au chevron d'argent chargé de cinq tourteaux de sable, chacun surchargé de trois mouchetures de contre-hermines, accompagné de trois billettes d'or.

Cette famille est représentée par Julien et Claude de Labbé du Bourguet.

LABBEY. *Normandie, Bretagne.*

D'argent au sautoir de sinople. Heaume : un casque à cinq grilles, taré de profil, aux lambrequins et au bourrelet d'argent et de sinople. Cimier : un col de levrette paraissant sortir derrière la couronne de marquis. Supports : deux levrettes au naturel.

Devise : *Sine labe.*

Noble de race et d'extraction, distinguée dans les guerres, hautement alliée, citée dans l'*Histoire des grands officiers de la couronne.*

Cette famille a deux représentants : de Labbey, au château de Mesnil-Riant, par Falaise, département du Calvados ; de Labbey, au château de Villy, par Falaise.

Deux autres branches sont représentées par de Labbey de la Roque, receveur particulier à Mortain, et par un jeune orphelin, fils de Raoul de Labbey de Druval, au château de Creuilli par Creuilly (Calvados).

LABEL DE LAMBEL. *Duché de Bar.*

D'argent au lambel de gueules, supportant un pin de sinople accosté de deux tours crénelées de sable; à la bordure d'azur semée de violettes sans nombre.

Cette famille, dont les armes et les titres de noblesse ne nous sont point connus par des documents précis, mais qui dans les dix-huitième et dix-neuvième siècles a donné des hommes de guerre, des magistrats, des savants, un chevalier de Saint-Louis, etc., est représentée par Pierre-François et Pierre-Jean-Paul de Label de Lambel, à Fleville, par Nancy. Ils prennent le titre de comte et de vicomte.

LABESSE. *Guyenne.*

D'or à trois fasces ondées d'azur.

L'unique représentant du nom de Labesse, réside au château de Lantegout, par Uzerche, département de la Corrèze.

LABORDE-CAUMONT. *France.*

D'azur au chevron d'or, accompagné en chef de deux roses et en pointe d'une gerbe de blé, le tout d'or.

Cette famille, qui écartèle de Seytres-Caumont et

prend les titres de cette illustre maison en vertu d'un simple testament passé par le dernier hoir mâle, devant notaires, le 3 septembre 1845, à Avignon (voir tome II, p. 227 à 230), est représentée par Gustave-Hector, comte de Laborde-Caumont, à Avignon, qui a deux fils, Maurice et Albert, et deux frères, Saint-Clair, à Mas-Icard, département des Bouches-du-Rhône, et Léo, ancien représentant du département de Vaucluse, au château de Visargent, par Saint-Germain-sous-Bois, département de Saône-et-Loire.

Laborde, proprement dit, a quatre représentants : le comte de Laborde, au château de Caritat, par Orange, département de Vaucluse; de Laborde, receveur entreposeur des contributions indirectes, à Ambert, département du Puy-de-Dôme; de Laborde, au château de Beauregard, par Tourny, département de l'Eure; de Laborde, à Montgaillard, par Saint-Sever, département des Landes.

LABORIE. *Toulouse*, *Montauban.*

D'or à une charrue de gueules.

Cette famille a quatre représentants : de Laborie, conseiller général, à Castillonnès, département de Lot-et-Garonne; de Laborie, à Campagne, par le Bugne, département de la Dordogne; de Laborie, propriétaire à Eymet, département de la Dordogne; de Laborie de Rouzet, au château de Fure, par Lauzerte, département de Tarn-et-Garonne.

LABORIETTE. *Autriche.*

Parti : au 1 de gueules à l'épée d'argent garnie d'or; au 2 d'azur à la fasce d'or, chargée d'une fleur de lis du champ et accompagnée de deux croisettes pattées d'argent, une en chef et une en pointe.

Cette famille, dont les armes sont celles des comtes de Laboriette de Salsac, en Autriche, est représentée par de Laboriette, à Paris.

LA BOULLAYE DE THEVRAY. *Normandie.*

D'argent à la bande de gueules, accompagnée en chef d'une merlette de sable et en pointe de trois croix de même rangées en orle.

Cette famille a trois représentants : Robert-Marc-Jules-Niel de la Boullaye de Thevray, au château de Martainville, département de l'Eure; de la Boullaye, archiviste, à Langres, département de la Haute-Marne; La Boullaye d'Émianville, au château de Moult, par Vimont, département du Calvados.

LABRO. *Toulouse, Montauban.*

D'argent à deux balances de gueules posées l'une sur l'autre.

De Labro, unique représentant du nom, réside au château de Vareillettes, par Saint-Flour, département du Cantal.

LABROQUÈRE. *Toulousain.*

D'or burelé de gueules; au chef de gueules au lion issant d'or.

L'unique représentant du nom de Labroquère, réside à Toulouse.

LABRUNERIE. *Dauphiné.*

D'azur à trois colonnes d'or rangées en pal. Couronne : de baron.

Originaire du Dauphiné, représentée en mars 1789 à l'assemblée de la noblesse de la Basse-Marche, cette famille a pour chef de nom et d'armes, Armand de La Brunerie, chevalier de la Légion d'honneur, ancien payeur de la couronne, à Compiègne. Il a deux frères : Alfred et Eugène de la Brunerie.

LAC (du). *Languedoc.*

De gueules au lion d'argent. — D'argent à la bordure de gueules.

Cette famille dont était Lucrèce du Lac-de-Montvert, reçue à Saint-Cyr en 1686, sur preuves remontant à 1398, a deux représentants : le marquis du Lac, au château de Montledier, par Mazamet, département du Tarn; Ernest du Lac, conseiller, à Cazouer-les-Béziers, département de l'Hérault.

LAC DE FUGÈRES (du). *France.*

D'azur au chevron d'or accompagné en chef de deux roses d'argent et en pointe d'une fleur de lis au pied nourri du même. — D'argent à la fasce d'azur chargée d'une étoile d'or.

On trouve au nombre des chevaliers de la province d'Orléans un Bernard du Lac qui servait en 1283 avec deux chevaliers et deux écuyers. Sa descendance, qui signe du Lac de Fugères a trois représentants : du Lac de Fugères, officier de la Légion d'honneur, conseiller à la cour des comptes, à Paris; du Lac de Fugères, juge au tribunal civil, à Bernay, département de l'Eure.

LACARRE. *Languedoc.*

Ecartelé : au 1 de gueules au lion d'or, armé et lampassé du champ; au 2 de gueules, aux chaînes d'or posées en orle, en croix et en sautoir, qui est Navarre; au 3 parti : *A* de sable à trois coquilles d'argent, *B* d'azur à trois fasces d'or; au 4 d'or à deux vaches de gueules l'une sur l'autre, accornées, colletées et clarinées d'azur, qui est de Béarn.

Le baron de Lacarre, unique représentant du nom, réside à Auch.

LA CAUSELAYE. *Bretagne, Normandie.*

D'argent à la fasce d'or accompagnée de six merlettes de sable.

L'unique représentant du nom, marquis de Breuil de la Causelaye, réside à son château, à Corseult, département des Côtes-du-Nord.

LA CAZE. *France.*

D'azur au chevron d'or, accompagné en chef de deux losanges, et en pointe d'un lion, le tout d'or.

Cette famille a deux représentants : Pèdre de La Caze, chevalier de la Légion d'honneur, ancien pair de France, à Paris ; de La Caze, officier de la Légion d'honneur, colonel en retraite, à Paris.

LACHAUD DE LOCQUEYSSIE. *Limousin.*

D'argent au mouton de sable paissant ; au chef d'azur, chargé de trois étoiles d'or.

On rencontre encore deux représentants de cette famille : Lachaud de Locqueyssie, ancien chef de bataillon du génie ; Lachaud de Locqueyssie, payeur, à Marseille.

LACHAUMETTE. *Poitou.*

De sable à la maison d'argent, couverte de chaume d'or.

Cette famille a deux représentants : de Lachaumette, chevalier de la Légion d'honneur, à Paris ; de Lachaumette, au château de Boux, par Moulins-Engilbert, département de la Nièvre.

LA COMBE. *Montpellier.*

Ecartelé : au 1 de sinople à la levrette courante d'argent, surmontée d'un croissant du même ; au 2 d'azur à une couronne à l'antique d'or ; au 3 d'azur à un croissant d'argent ; au 4 d'azur à un sautoir d'or; sur le tout d'argent à une rose de gueules tigée et feuillée de sinople.

Cette famille a sept représentants : le chevalier de La Combe, à Paris ; de La Combe, à Paris ; de La Combe-Laroque ; de La Combe, chevalier de la Légion d'honneur, à Gaillac, département du Tarn ; de La Combe, architecte, à Gaillac ; de La Combe de Villers, à Saint-Malo, département d'Ille-et-Vilaine ; de La Combe de Trieux, au château de Maurel, par Montflanquin, département de Lot-et-Garonne.

LACOSTE. *Flandre, Provence.*

FLANDRE. D'azur à la bande d'argent. — De gueules à la tour d'or, ouverte de sinople et posée sur une terrasse isolée du même ; au chef d'argent chargé d'une aigle issante de sable, languée de gueules.

PROVENCE. D'azur à une demi-croix de Malte d'argent ; au chef de gueules, chargé de trois étoiles d'or.

Ce nom, très-répandu en France, compte, en noblesse, quatre représentants : le comte Félix de Lacoste, trésorier-payeur général du département du Lot; de Lacoste, au château de Pointe, par Malausse, département de Tarn-et-Garonne ; de Lacoste de l'Isle, au château de Pralong, par Yssengeaux, département de la Haute-Loire ; de Lacoste de Laval, sous-lieutenant au 45e régiment d'infanterie.

LACOUR. *Paris.*

D'azur au chevron accompagné en chef de deux étoiles et en pointe d'un croissant, le tout d'or.

On compte onze représentants de cette famille : le colonel baron de Lacour, commandeur de la Légion d'honneur, à Paris ; Victor de Lacour, colonel en retraite, à Ille, département des Pyrénées-Orientales ; de Lacour, officier de la Légion d'honneur, colonel au 4e régiment de cuirassiers ; de Lacour, au château de Condé, par Vouziers, département des Ardennes ; de Lacour, au château de Baronnais, par Saint-Sauveur, département de l'Yonne ; de Lacour, au château de Monthairons, par Souilly, département de la Meuse ; de Lacour, au château d'Amenou, par le Lude, département de la Sarthe ; de Lacour, à Nice ; de Lacour de Montluzin ; de Lacour de Ratelet, conseiller général, à Courtenay, département du Loiret.

LA COUR (DE). *Lorraine.*

D'argent à la fleur de lys de gueules, accostée à dextre d'une étoile d'azur et à senestre d'un croissant de même ; le tout sommé d'un lambel à trois pendants de gueules.

L'unique représentant mâle du nom, officier de marine, a son domicile patrimonial à Vigneulles, département de la Meuse. Son père, Nicolas de Lacour, mort le 16 mars 1867, maire de Vigneulles pendant cinquante ans, chevalier de la Légion d'honneur, commandeur de l'ordre de Saint-Sylvestre, était maître des requêtes au Conseil d'Etat, sous-directeur de l'administration au ministère des cultes. Il laisse aussi une fille.

LACUÉE DE CESSAC. *Languedoc.*

De gueules à l'autruche d'argent prise par un lacet d'or vers le milieu de la patte dextre.

Cette famille a trois représentants : le comte de Lacuée de Cessac, chef de nom et d'armes, qui a sa résidence d'été au château de Fresne, par Château-Laval, département d'Indre-et-Loir, et sa résidence d'hiver à Paris ; le vicomte de Lacuée de Cessac, à Paris ; le baron de Lacuée de Cessac, au château d'Helfedang, par Faulquemont, département de la Moselle.

LADEVÈZE. *Languedoc.*

D'argent à six tourteaux de gueules ; au chef d'azur chargé d'une aigle d'or.

Cette ancienne famille a cinq représentants : de Ladevèze, conseiller général, à Aramont, département du Gard ; de Ladevèze, à Besançon ; de Ladevèze, à la Plume, département de Lot-et-Garonne ; de Ladevèze, à Lombez, département du Gers ; de Ladevèze, conservateur des hypothèques, à Brioude, département de la Haute-Loire.

LADOUCETTE. *France.*

Coupé : au 1 d'azur à la montagne d'or, sénestrée d'un soleil levant de même ; au 2 d'or au coq chantant de sable, barbé et membré de gueules.

Cette famille est représentée par le baron Charles de Ladoucette, commandeur de la Légion d'honneur, ancien sénateur, à Paris, et par le baron Eugène de

Ladoucette, chevalier de la Légion d'honneur, ancien député des Ardennes, à Paris.

LAFABRIE DE CASSAGNES DE PEYRONNENQ. *Quercy.*

De gueules au chevron d'or accompagné en pointe d'une tour de même ; au chef d'azur chargé de trois étoiles à cinq raies d'or.

Cette famille, qui figure dans les listes de la noblesse convoquée pour les élections aux Etats-Généraux en 1789, et qui a exercé des fonctions dans l'armée comme dans la magistrature, est représentée par Henri de Lafabrie de Cassagnes de Peyronnenq, ancien magistrat, à Cahors, département du Lot.

LAFITTE ou LAFFITTE. *Champagne, Gascogne.*

Champagne. D'azur au lion couronné d'argent, armé et lampassé de gueules ; à la bordure d'or chargée de onze merlettes de sable affrontées. Couronne : cintrée de sept merlettes en orle affrontées de sable, et une soutenant celle du milieu.

Gascogne. Coupé : au 1 parti *A* d'or à trois hiboux de sable perchés sur une branche de sinople ; *B* de gueules à l'épée haute en pal d'argent ; au 2 d'azur au palmier terrassé d'or, fruité de gueules.

Lafitte, en Champagne, produisit, le 29 août 1664, dans les *Recherches de la Noblesse*, la preuve de douze générations depuis 1225, sans remonter à l'origine.

On compte aujourd'hui trois représentants du nom : Ferdinand de Lafitte, à Toulouse ; Elzéar de Lafitte, à Nérac, département de Lot-et-Garonne ; de Lafitte-Perron, juge de paix, à Francescas, département de Lot-et-Garonne.

LA FOLIE. *Champagne.*

D'azur à trois roseaux d'or rangés en pal, chargés d'une merlette de sable.

De La Folie, unique représentant du nom, réside à Paris.

LAFOLLYE ou **FOLLYE.** *Touraine.*

D'azur au chevron d'argent, accompagné de trois roseaux d'or chargés chacun d'une merlette de sable.

Le représentant de la seule branche subsistante aujourd'hui, Charles-Jules de La Follye, chevalier de la Légion d'honneur, est inspecteur, chef du service des lignes télégraphiques du département d'Indre-et-Loire, à Tours.

LAFON. *Toulouse, Touraine.*

Toulouse. D'azur à la bande d'or; au chef cousu de gueules, chargé d'un soleil rayonnant d'or, accosté de deux molettes d'éperon d'argent.

Touraine. Bandé de sable et d'or; chargé de deux anguilles de sable.

Lafon, proprement dit, appartient au Toulousain, où cette famille est représentée par de Lafon, au château de Bel-Air, par Créon, département de la Gironde.

On compte encore d'autres représentants du nom: Frédéric Lafon de la Duye, directeur des postes, à Blois; Alfred Lafond de la Duye, conseiller à la Cour des Comptes, à Paris; Louis Lafon de la Duye, à l'administration de la poste, à Tours; Jean-Baptiste Lafon de Fongaufier, chevalier de la Légion d'honneur, lieutenant de vaisseau; Lafon de la Geneste, maire de Bassignac-le-Haut, conseiller général, à Saint-Privat, département de la Corrèze.

LAFOND. *France.*

D'or au chevron de sable, accompagné d'un arbre de sinople issant de la pointe de l'écu.

L'unique représentant du nom, de Lafond, réside à Saint-Amand, département de la Nièvre.

LAFONS. *Picardie.*

D'argent à trois hures de sanglier arrachées de sable, posées 2 et 1.

Cette famille a trois représentants : le comte de Lafons des Essarts, au château de la Rochère, par Mulsanne, département de la Sarthe ; le baron de Lafons de Melicocq, à Raimes, par la Bassée, département du Nord ; Lafons de Carmassac, à Paris.

LAFONT. *Toulouse.*

Écartelé : aux 1 et 4 de gueules, au lion rampant d'or, couronné du même ; à douze besants d'or rangés en orle ; aux 2 et 3 de gueules, au paon rouant d'argent ; au chef d'azur, chargé de trois molettes d'argent. — Fascé d'argent et de gueules de six pièces.

Distincte de la précédente, cette famille est représentée par le docteur de Lafont, médecin-major au 70e régiment d'infanterie ; de Lafont, médecin à Blanzac, département de la Charente, et de Lafont, à son château d'Aizy-le-Château, département de l'Aisne.

LAFONT. *Toulouse, Dauphiné.*

Écartelé : aux 1 et 4 fascé d'argent et de gueules de six pièces ; aux 2 et 3 d'azur à neuf losanges d'or, 3, 3, 3.

Cette famille est représentée par de Lafont, ancien élève de l'École polytechnique, ingénieur des ponts et chaussées, chevalier de la Légion d'honneur, à Poitiers.

LAFONTAN. *Languedoc.*

D'or à la fontaine à trois bassins de sable.

Cette famille a pour unique représentant, de Lafontan, au château de Gots, par Puymirol, département de Lot-et-Garonne.

LAFOREST DE MINOTTY. *Beaujolais.*

Parti : au 1 de gueules à trois coquilles d'or, posées deux et une ; 2 d'azur, au château flanqué de deux tours d'argent, surmonté de trois étoiles d'or fleurdelisées, et par-dessus une colombe d'argent portant son vol aux cieux, de gauche à droite. Couronne de comte. Supports : Deux aigles s'observant.

Devise : *Nec ardua tardant.*

Laforest de Minotty (Jean-Baptiste-Théodore de), avocat, ancien consul de France, ancien membre titulaire de l'Institut d'Afrique. Domicile : Saint-Laurent-du-Var. Résidence : Monaco, principauté, villa Carvoto. Province d'origine : Beaujolais, 1642.

Alliances : par ascendants décédés : Du Plessis ; de Roqueville, chevalier de Saint-Louis ; de la Tour, ingénieur, au service des princes Antoine Ier et Honoré III, de Monaco ; de Villarey, au même service ; Pierre de Berti, noble toscan, avocat général d'Honoré III, prince de Monaco, puis conseiller et vice-président de la Cour impériale de Florence ; de Rey, dont un contre-amiral, un général, sardes ; un comte, chambellan d'Autriche, etc.

Par descendants vivants : Charles-Antoine-Guillaume,

comptable, chevalier de la Légion d'honneur, décoré de quatre médailles, marié à Marie-Élisabeth-Joséphine Bisson des Rotois, veuve Duranty de la Rivière, fille de feu Bisson des Rotois, chef d'escadrons des dragons, officier de la Légion d'honneur, dont un fils en bas âge : Edmond; Antoinette-Françoise, directrice d'institution franco-italienne ; Jean-Baptiste-Marie-Édouard-Fabien, capitaine au 2e lanciers, en retraite, chevalier de la Légion d'honneur, marié à Amélie Caboche d'Etilly, fille de feu Victor Caboche d'Etilly, inspecteur des postes sous le premier Empire, officier de l'ordre de Charles III d'Espagne, dont trois filles en bas âge : Marie, Antoinette et Berthe. — Adèle-Marie-Françoise, mariée à feu Étienne de Sigaldi, capitaine-adjudant-major de cavalerie en retraite, chevalier de la Légion d'honneur, frère de ce nom.

Par son frère : André-Benjamin-Édouard, chef de bataillon en retraite, chevalier de la Légion d'honneur, marié à Delphine-Napoléon de Castex, fille du général de ce nom.

Honneurs : un trésorier général; un aumônier ; un président du tribunal civil; deux officiers du génie; un chef de bataillon, chevalier de Saint-Louis et officier de la Légion d'honneur ; un sous-commissaire de guerre.

LAGACHE DE BOURGIES. *Flandre.*

D'or à trois pies au naturel.

Louis Lagache de Bourgies, unique représentant du nom, est avocat, à Douai.

LAGARDE. *Vivarais.*

D'argent au cerf élancé, au naturel; au chef d'azur chargé de trois étoiles d'argent.

Cette famille, qui a pour chef de nom et d'armes Philippe-Joachim-Scipion de Lagarde, avocat au barreau de Poitiers, marié à Marie-Sabine de Boissieu de Tiret, dont il a deux filles, est également représentée par son frère, Henri-Auguste-Marie de Lagarde, à Paris.

LAGARDELLE. *Montpellier*, *Montauban.*

D'azur à la tour maçonnée de sable, accostée de deux rameaux d'or naissants de la pointe de la tour; au chef d'or chargé d'un cœur de gueules accosté de quatre étoiles en pal, deux à dextre, deux à sénestre.

Cette famille a deux représentants : de La Gardelle, conseiller général, à Bretenoux, département du Lot; de La Gardelle de Malherbe, au château de Malherbe, par Beauville, département de Lot-et-Garonne.

LAGARRIGUE. *Béarn.*

De gueules à trois têtes de lion d'or posées 2 et 1.

Originaire de Thèse, en Béarn, cette famille, qui a donné Jean de Lagarrigue, distingué par les services qu'il rendit en 1550, dans la guerre contre la Hollande, services que Henri IV récompensa par un brevet de capitaine, a cinq représentants : de Lagarrigue, au château de Saint-Jacques, par Lembeye, département des Basses-Pyrénées; de Lagarrigue, à Toulouse; de Lagarrigue, maire à Saint-Aubin, par Mugron, département des Landes; de Lagarrigue, maire à Carbonne, département de la Haute-Garonne ; l'abbé de Lagarrigue, ancien aumônier de l'hôpital des Quinze-Vingts, à Saint-Flour.

LAGÉ. *Angoumois. Poitou.*

D'argent à l'épervier essorant d'azur, armé et couronné d'or, tenant de la serre dextre un poisson du même.

Le baron de Lagé, commandeur de la Légion d'honneur, unique représentant du nom, est intendant général inspecteur, à la section de réserve.

LAGEARD. *Guyenne.*

D'argent au lion d'or armé et lampassé de gueules, et au croissant d'argent posé au canton dextre du chef. — D'azur au lion contourné d'or, la queue surmontée d'un croissant d'argent.

Cette famille a deux représentants : de Lageard, au château de Seussans, par Margaux, département de la Gironde ; de Lageard, au château de Pierrière, par Castillon, même département.

LA GORGUE DE ROSNY. *Flandre, Picardie.*

D'argent à trois merlettes de sable, posées 2 et 1.

Cette famille a trois représentants : Hector de La Gorgue de Rosny, au château de Billeauville, près Boulogne-sur-Mer, département du Pas-de-Calais ; Eugène de La Gorgue de Rosny, au château de Lozembrune, près Boulogne-sur-Mer ; Léon de La Gorgue de Rosny, au château de Quéhen, près Boulogne-sur-Mer.

LAGUIONIE (Gaultier de). *Périgord.*

D'argent à trois fers de lance de gueules.

La famille qui porte ces armes est représentée par Alfred de Gaultier de Laguionie, à Paris.

LA HAUSSE. *France.*

Coupé de gueules et d'argent ; le gueules à la fleur de lys d'or et d'argent à deux fleurs de lys d'azur.

De La Hausse, chevalier de la Légion d'honneur, unique représentant du nom, ancien président du tribunal civil à Toul, est conseiller à la cour d'appel, à Nancy.

LA HURE. *Normandie.*

D'argent à trois hures de sanglier de sable.

L'unique représentant du nom, baron de La Hure, réside à Wavrechain-sous-Faulx, département du Nord.

LAILLAULT-WACQUANT. *France.*

Écartelé : aux 1 et 4 d'argent au lion d'azur, armé et lampassé de gueules, posé sur un mont de sable ; aux 2 et 3 d'argent plein.

Cette famille a pour unique représentant de Laillault-Wacquant, colonel de cavalerie en retraite, à Vendôme.

LAINCEL. *Provence.*

De gueules au fer de lance d'argent, la pointe en haut, posé en bande.

Très-ancienne en Provence, cette famille qui a donné deux évêques de Gap et un capitaine des vaisseaux du roi, est représentée par le marquis de Laincel, à Suze-la-Rousse, département de la Drôme, et le comte de Laincel, à Arles.

LAINÉ. *Poitou.*

D'azur à la fasce d'or, chargée de trois croix pattées de sable et trois fleurs de lys d'argent, garnies et accostées d'un bâton du même.

L'unique représentant du nom, Gustave de Lainé,

réside à l'Houmeau-Pontrouve, département de la Charente.

LAIRE. *Vivarais, Dauphiné, Forez, Auvergne et Bourbonnais.*

D'argent au lion de gueules.

Les branches auvergnates de Lavort et d'Anteyrat portaient d'azur à la bande d'or, le plus souvent chargée de trois étoiles de gueules. Le motif de cette substitution d'armoirie, fréquente d'ailleurs au moyen âge, n'est pas parvenu jusqu'à nous. La branche du Bourbonnais porte : écartelé aux 1 et 4 d'argent au lion de gueules, qui est Laire ancien, aux 2 et 3, d'azur à la bande d'or chargée de trois étoiles de gueules qui est Laire de Lavort.

Devise : *Tout droit.*

Cri : *Layre!*

Famille fort ancienne et fort distinguée, dont le berceau paraît avoir été la terre baroniale de Laire (actuellement Lhère ou Lers, par suite des variations d'orthographe si fréquentes autrefois), située sur le Rhône, en face de Roquemaure. Cette maison a été très-puissante jusqu'au commencement des seizième et dix-septième siècles. Elle est connue depuis Jean de Laire, qui fut témoin, en 1192, de la vente de Chamalières consentie à Robert, comte et évêque de Clermont, par Huga, femme de Guillaume, dauphin d'Auvergne. Son chef, Dracon de Lère, figura parmi les hauts barons de la sénéchaussée de Beaucaire convoqués par Philippe le-Bel, pour la guerre contre les Flandres, en 1304.

Éteinte avant 1450, la branche aînée avait donné naissance à plusieurs branches établies successivement dans les provinces avoisinantes, savoir :

En Dauphiné. Les seigneurs de Glandage, barons de Luc, Miscon, Montolieu, etc, éteints, en 1618, par le mariage de Marie de Laire, dame de Glandage, avec Antoine, baron de la Beaume de Transit.

En Forez. Les barons de Cornillon, seigneurs de Donzieu et de Grigny en Lyonnais. Éteints en 1538, par le mariage de Suzanne de Laire, dame de Cornillon, avec Gilbert de Lévis-Ventadour, et les seigneurs de Cuzien, Changnon, etc., éteints par le mariage de Jeanne ou Anne de Laire, dame de Cuzieu, avec Jean Mitte, troisième du nom, seigneur de Chevrière, vicomte de Tallard, baron de Saint-André, etc. Vers 1500.

En Auvergne. Les seigneurs de Layre près Mauriac, d'Auteroche, près Murat; d'Auteyrat ou Aulheyrac; de près Gondole, la Tour-Goyon, la Fayette, etc.; de Laire, Vertaizon, actuellement représentés par M. Édouard de Laire, percepteur des finances à Arfeuilles (Allier), par M. Maurice de Laire de Ris et son fils, Roger de Laire, habitant à Laire, commune de Vertaizon.

Cette famille compte un gentilhomme de la maison du roi, en 1601, des hommes d'armes, des chanoines-comtes de Brioude, plusieurs officiers de cavalerie, deux chevaliers de Saint-Louis : Jean de Laire, lieutenant dans le régiment de Royal-Piémont (1734), et Guillaume de Laire, capitaine du corps royal du génie, porté sur la liste des émigrés.

Elle s'est alliée aux maisons du Lac, de Saint-Pardoux, d'Oradour, de Drudy, de Pellinière, etc.

Elle a été maintenue dans son ancienne extraction, l'an 1666, par M. de Fortia, intendant d'Auvergne. Armoiries : d'azur à la bande d'or chargée de trois étoiles de gueules.

Cri : *Layre.*

Devise : *Tout droit.*

En Bourbonnais. Les seigneurs de la Jarronsse et de la Maisonneuve, issus de la branche qui précède, par Jean de Laire, fils de Jean, seigneur de Laire, homme d'armes, et de Gabrielle de Saint-Pardoux, marié à Suzanne du Cléroy, dame de la Jarronsse, vers 1600. Éteints par le mariage d'Hélène de Laire, en 1764, avec Athanase du Puy, seigneur de Châteauvert, officier au régiment de Béarn, chevalier de Saint-Louis.

Des sieurs de la Jarronsse proviennent les trois branches aujourd'hui subsistantes et représentées, savoir :

Branche de la Boulaise. Par le baron Maurice de Laire de la Boulaise, à Montaigu-le-Blin (Allier), fils de Léopold et de demoiselle Marthe du Boys-d'Angers.

Branche des Pérards et de Saint-Gérand. Par M. Jules de Laire qui, par son mariage avec demoiselle Emma Bouquet d'Espagny, a eu quatre fils :

Ernest de Laire, de la Clavière, marié à demoiselle Berthe Duhameil, dont un fils, Edgard ;

Abel de Laire, préfet de l'empire, marié à demoiselle Marie Lallier, dont un fils, Raoul ;

Henri de Laire, vicomte d'Espagny, par adoption de son oncle, M. le comte d'Espagny, trésorier-payeur général du Rhône ;

Georges de Laire.

LAISNÉ-DE-SAINTE-MARIE. *Orléanais.*

De gueules au château d'argent ; au chef d'or chargé de trois demi-vols de sable.

L'unique représentant du nom, de Laisné-de-Sainte-Marie, officier de la Légion d'honneur, est président honoraire de chambre à la cour d'appel d'Orléans.

LAIZER DE SIONGEAT. *Auvergne, Artois.*

De sable à la bande d'or accostée en chef d'une étoile à cinq rais et d'une rose d'argent et en pointe d'une étoile du même.

Devise : *Atavis et Armis.*

Cette famille a deux représentants : le marquis de Laizer de Siongeat, ancien auditeur au conseil d'État, à Paris, et le comte Casimir de Laizer de Siongeat.

LAJAILLE. *Bretagne, Provence.*

Bretagne, Provence. D'or au léopard lionné de gueules ; à cinq coquilles d'azur mises en orle.

Bretagne. D'argent à la bande fuselée de gueules.

Cette famille a pour unique représentant, de Lajaille, officier de la Légion d'honneur, général de brigade commandant l'artillerie du 6e corps et de la 8e division militaire.

LAJUGIE. *Toulouse.*

D'azur à deux lions rampants et affrontés d'or, se tenant par les pattes de devant.

Cette famille a pour unique représentant de Lajugie, qui vit dans ses terres au château de Seguin, par Lignan, département de la Gironde.

LALAIN. *Champagne.*

D'azur au lion d'or, armé et lampassé de gueules, supportant un écusson de gueules chargé d'un cygne d'argent.

L'unique représentant du nom, de Lalain, est conseiller à la Cour d'appel, à Paris.

LALANE. *Toulouse.*

Ecartelé : aux 1 et 4 d'azur à une tête de lion arrachée d'or, lampassée de même; aux 2 et 3 de gueules plein.

De Lalane, unique représentant du nom, réside au château de Génébral, par Saint-Lys, département de la Haute-Garonne.

LA LAURENCIE. *Angoumois, Saintonge, Poitou.*

D'azur à l'aigle éployée d'argent, le vol abaissé.

Cette famille a trois représentants : de La Laurencie, médecin, à Paris ; de La Laurencie, au château de Beaulieu, par Courtrai, département de la Gironde ; de La Laurencie de Charras, au château de Charras, par Montbron, département de la Charente.

LALIN. *Paris.*

D'azur au lion d'or couronné de même, surmonté de deux étoiles d'argent.

La Chesnaye-Desbois donne les armes de cette famille qui est représentée par de Lalin, à Marseille.

LALLART. *Artois.*

D'or au chevron de gueules accompagné en chef de trois étoiles de sable, et en pointe d'un croissant de même.

Cette famille a deux représentants : le baron Adelbert Lallart de Gommecourt, au château de Gommecourt, par Pas, département du Pas-de-Calais ; Lallart de Lebucquière, au château de Gezaincourt, par Doullens, département de la Somme.

LALLEMAND. *Franche-Comté, Flandre.*

Parti : au 1 d'argent à la fasce de sable, accompagnée de trois trèfles de gueules, qui est de Lallemand-Vaitte ; au 2 d'azur à trois roses d'argent.

Cette ancienne maison du comté de Bourgogne, qui remonte à Hugues de Lallemand, chevalier, nommé dans une charte de l'abbaye de Bellevaux de l'an 1222, n'a qu'un seul représentant, le comte Albert de Lallemand, au château de Malans, département de la Haute-Saône, ministre de France en Chine.

Le personnage le plus connu qu'elle ait fourni à l'histoire est Jean de Lallemand, baron de Bouclans, d'abord page de l'archiduchesse Marguerite, sœur de l'empereur Charles-Quint, puis ministre du même empereur et chargé par lui de fonctions diplomatiques importantes, dont la principale fut de prendre part à la négociation du traité de Madrid qui mit fin à la captivité de François Ier.

LALLEMAND. *Lorraine, Allemagne, Orléanais.*

D'azur à la fasce d'or, accompagnée en chef d'une croix rayonnante du second, accostée de deux étoiles à cinq rais d'argent et en pointe d'une tour inachevée d'argent, maçonnée de sable. Tenants : deux anges.

Cimier : un dextrochère d'argent tenant une épée de même portant la légende : *Alleman.*

Devise : *Chacun sa pierre.*

Cette famille qui a donné un capitaine d'artillerie, chevalier de Saint-Louis, sous Louis XIV, a deux représentants : Auguste-Ernest, baron de Lallemand, maire de Braize, au château de la Pacaudière, par Ainay-le-Château, département de l'Allier ; de Lallemand du Marais, au château de Romainville, par Cloys.

LALLEMANT DE LIOCOURT. *Lorraine.*

D'azur à la fasce d'argent, accompagnée en chef de deux étoiles du même, et en pointe, d'une hure de sanglier aussi d'argent.

Cette famille descend d'Albert Lallemant, seigneur de Liocourt, anobli comme colonel, propriétaire du régiment de son nom, par lettres de Louis XIV, délivrées à Versailles (novembre 1682) et entérinées au parlement de Metz le 4 mai 1683. Elle n'a pas cessé d'habiter la Lorraine, elle est encore aujourd'hui en possession de son ancienne seigneurie de Liocourt; elle a trois représentants : Charles de Lallemant de Liocourt; Ferdinand de Lallemant de Liocourt; Gabriel-Ernest de Lallemant de Liocourt, à Nancy.

LALLIER DU COUDRAY. *Orléanais.*

D'azur au lion d'or lampassé de gueules.

L'unique représentant du nom, de Lallier du Coudray, réside à Orléans.

LALONDE (LE CORDIER DE BIGARS DE). *France.*

Ecartelé : aux 1 et 4 d'azur à la bande d'argent, chargées de cinq losanges de gueules, accostées de deux molettes d'éperon ; aux 2 et 3 d'argent à deux fasces de gueules.

On retrouve aujourd'hui deux représentants de cette famille : le marquis de Lalonde, à Paris; le comte Paul de Lalonde, à Amiens.

LALONDE DU THIL. *France.*

D'azur à trois têtes d'aigle posées 2 et 1.

Cette famille n'a qu'un représentant : de Lalonde du Thil, secrétaire de la Chambre consultative d'agriculture, au Havre, département de la Seine-Inférieure.

LALOT. *Berry, Ile-de-France.*

D'azur à une fasce d'argent, accompagnée en chef

de deux étoiles d'or, et en pointe d'un lac d'amour de même.

En 1679, Denys de Lalot se faisait remarquer par son érudition; il a laissé, datés de cette époque, des manuscrits qui en sont un témoignage précieux.

Charles-Louis-Ferdinand de Lalot joua un rôle des plus remarquables, tant comme président de la section Lepelletier, au 13 vendémiaire, que comme député sous la Restauration.

Le vicomte de Lalot, chef de nom et d'armes, propriétaire, à Dormans, département de la Marne, a trois enfants : un fils et deux filles.

LALOUE DE SOURDEVAL. *Flandre.*

D'argent à trois alouettes de gueules posées 2 et 1.

Cette famille a deux représentants : de Laloue de Sourdeval, chevalier de la Légion d'honneur, au château de Beauvoir, par Livarot, département du Calvados; de Laloue de Sourdeval, au château de la Verdine, par Villequier, département du Cher.

LAMAMIE DE CLAIRAC. *France.*

De gueules au lévrier d'argent; au chef cousu d'azur chargé de trois étoiles d'or.

Paul-Frédéric de Lamamie de Clairac, unique représentant du nom, réside à Lombez, département du Gers.

LAMANDE. *Bretagne.*

D'azur à la fasce d'argent, accompagnée en chef

d'un compas ouvert d'or, et en pointe, d'une ancre de même. Heaume : taré de profil, orné de ses lambrequins aux émeaux et couleur de l'écu.

L'unique représentant du nom, Louis-Jules, chevalier de Lamande de Vaubernier, réside au château du Doussay, par la Flèche, département de la Sarthe.

LAMARE. *Verdun.*

D'azur à la croix d'or cantonnée au 1 d'une licorne contournée d'argent; au 2 d'une aigle d'or becquée et membrée de gueules ; aux 3 et 4 de deux lions affrontés d'or, armés et lampassés de gueules, les queues passées en sautoir.

Cette famille a trois représentants: de Lamare, chevalier de la Légion d'honneur, médecin, à Paris ; de Lamare, à Paris ; autre de Lamare, à Paris.

LAMARQUE, *Gascogne.*

Coupé : au 1, parti : *A* d'or à la tête de cheval de sable et à la bordure dentelée d'azur; *B* de gueules à l'épée d'argent; au 2 d'or à l'arc bandé avec sa flèche de sable.

Distincte de la précédente, cette famille a deux représentants : Lamarque de Plaisance, chevalier de la Légion d'honneur, maire d'Arcachon, département de la Gironde ; de Lamarque d'Arrouzat, substitut du procureur, à Saint-Michel, département de la Meuse.

LAMARTINE. *Bourgogne.*

De gueules à deux bandes d'or accompagnées d'un trèfle de même en abîme.

Cette famille, dont le chef était naguère une des illustrations de France, est représentée par un modeste fonctionnaire de l'État, de Lamartine, receveur du timbre, à Blois.

LAMBERT. *Ile-de-France, Angoumois, Bourgogne, Périgord, Dauphiné, Savoie, Bretagne.*

ILE-DE-FRANCE. De gueules à la bande échiquetée d'argent et de sable de deux traits, accompagnée en chef d'une épée d'argent montée d'or et en pointe d'un caducée de même.—De gueules au levrier d'argent assis sur une terrasse de sinople. — De gueules au chevron d'or accompagné en chef de deux croissants d'argent et en pointe d'un arbre d'or.

ANGOUMOIS, BOURGOGNE, PÉRIGORD. D'azur au lion d'or armé et lampassé de gueules; au chef d'argent chargé de trois étoiles du même.

DAUPHINÉ, SAVOIE. D'azur à deux chevrons d'argent, accompagnés de trois étoiles du même.

BRETAGNE. D'argent au chevron de gueules. — De gueules au griffon volant d'or.

De Lambert, en Ile-de-France, a donné Jean-Pierre-Lambert; contrôleur de la Chambre des Comptes de Paris, en 1728. Lambert en Angoumois, Bourgogne et Périgord, souche des seigneurs de Bonnes, en Angoumois, du marquis de Saint-Bris, en Bourgogne, et de Mazardin, en Périgord, établit sa filiation par titres originaux depuis l'an 1276.

Le nom de Lambert a de nombreux représentants : le baron de Lambert, à Paris; de Lambert, au château de Craon, par Maure-de-Bretagne; de Lambert, au château de Virtre, par Sohéac, département d'Ille-et-Vilaine; de Lambert, au château de Labarrière, par Barrans, département du Gers; de Lambert des Cilleuls, juge d'instruction, à Paris; de Lambert de Sainte-

Croix, à Paris; de Lambert-Deschamps de Morel, capitaine-adjudant-major, aux Invalides, à Paris.

LAMBERT DE BEAULIEU. *France.*

D'argent au chevron de gueules, accompagné de trois étoiles du même.

Cette famille est représentée par deux frères : de Lambert de Beaulieu, docteur en droit, à Douai; de Lambert de Baulieu, capitaine d'artillerie.

LAMBERT DE CAMBRAI. *Ile-de-France, Orléanais.*

D'azur au chevron d'or, accompagné en chef de deux étoiles et en pointe d'un lion, le tout d'or.

De Lambert de Cambray, unique représentant du nom, réside au château de Cambray, par Voves, département d'Eure-et-Loir.

LAMBERT D'HAUTEFARE. *Dauphiné.*

D'argent à la branche de rosier de sinople en barre, fleurie de trois roses de gueules; au chef d'azur chargé de trois étoiles d'or.

Cette famille a plusieurs représentants : Paul, baron de Lambert-d'Hautefare à Grenoble; Claude de Lambert-d'Hautefare, près Voiron, département de l'Isère, Henri de Lambert d'Hautefare, autre représentant du nom, est conservateur des hypothèques à Tarascon.

LAMBERTERIE. *Périgord, Limousin.*

D'azur au lion d'argent, armé et lampassé de gueules. Tenants : Deux sauvages. Couronne : de comte.

Citée dans la *Recherche de la Noblesse pour Limoges,* par d'Aguesseau.

Cette famille a pour chef de nom et d'armes Armand-Pierre, baron de Lamberterie, à Brives-la-Gaillarde, département de la Corrèze. Il a deux fils : Adhémar de Lamberterie et Albéric de Lamberterie. Il a aussi deux frères : Jean-Paul-Louis de Lamberterie, avocat à Paris, père d'une fille mariée et d'un fils, Paul de Lamberterie, membre du conseil de préfecture des Vosges. Son autre frère, Charles de Lamberterie, réside à Cressensac, département du Lot.

LAMBERTYE. *Périgord, Poitou.*

Écartelé : aux 1 et 4 d'or à l'aigle impérial, à deux têtes de sable, couronné et accosté de deux massues, qui est de Gerbevillers ; aux 3 et 4 de gueules à deux bras d'argent accompagnés d'un semé de croix recroisettées de même, qui est de Torneille et de Brionne ; sur le tout d'azur à deux chevrons d'or, qui est de Lambertye. Tenants : deux sauvages armés de leur massue. Couronne : de marquis.

Devise : *Fay que dois arrive que porra.*

Cette ancienne et illustre famille, une des premières de la province du Périgord, dont elle est originaire, remonte à Roger de Lamberti, établi dans un plaids, tenu en Bas-Languedoc, avec Bernard d'Anduze et Ponce de Premorel, en 1119. Elle a quatre représentants : le marquis de Lambertye-la-Granville, au château de Cons-la-Granville, département de la Moselle ; le marquis de Lambertye-Gerbevillers ; au château de Gerbevillers, département de la Meurthe ; le comte de Lamberty-Tancarville, au château de Tancarville, département de la Seine-Inférieure ; le comte de Lambertye-Romont, au château de Romont, par Rambervillers, département des Vosges.

LAMBILLY. *Bretagne.*

D'azur à six quintefeuilles d'argent posées 3, 2 et 1.

Devise : *Point gesné point gesnant.*

Cette famille, dont l'ancienne chevalerie a été reconnue par arrêt de la réformation de Bretagne du 17 novembre 1668, remonte à Payen de Lambilly, cité dans une charte du douzième siècle (vers 1180). Elle a donné un chevalier croisé en 1248 et prouve sa filiation suivie depuis Guillaume de Lambilly, seigneur du lieu, qualifié *Monseigneur* en 1379 (V. d'Hozier, Registre II). Elle a actuellement pour chef de nom et d'armes Thomas-Hippolyte, marquis de Lambilly, officier démissionnaire de la garde royale, au château de Lambilly, par Ploërmel, département du Morbihan. Il a trois fils, Humbert-Henri, comte de Lambilly, capitaine d'état-major, attaché à l'état-major du général Canrobert; Jean-Gabriel, comte de Lambilly, lieutenant de chasseurs à pied démissionnaire, et Pierre-Rogatien, vicomte de Lambilly.

La famille a d'autres représentants : Louis-Georges, comte de Lambilly; Philippe-Auguste de Lambilly, à Argentan; Charles-Ferdinand de Lambilly, ancien chef de bataillon aux zouaves pontificaux; Henri-Adolphe de Lambilly, chef de station des lignes télégraphiques, à Saint-Malo, département d'Ille-et-Vilaine, tous quatre frères et appartenant à une branche cadette.

LAMBOT DE FOUGÈRES. *Provence.*

De gueules à la colombe essorante d'argent portant en son bec un rameau d'olivier de sinople; au chef cousu d'azur, chargé de trois étoiles d'or.

De Lambot de Fougères, unique représentant du nom, est conseiller à la Cour des comptes, à Paris.

LAMBRECHT. *Flandre.*

D'azur à l'agneau passant d'argent.

L'unique représentant du nom, de Lambrecht, est député du Nord au Corps législatif.

LAMBRON. *Auvergne, Touraine, Berry.*

D'azur au chevron d'or accompagné de trois étoiles d'argent.

Divisée en deux branches, cette famille est représentée par Philippe-Ernest de Lambron de Lafeusellière, officier de l'ordre de la Légion d'honneur, médecin-inspecteur des eaux minérales de Bagnères-de-Luchon, à Levroux, département de l'Indre; veuf, sans enfants. Elle est aussi représentée par de Lambron des Piltiers, directeur des contributions directes, à Laval, département de la Mayenne; — un fils unique, Albert.

LAMER. *Paris.*

D'azur à un poisson d'argent bordé d'or.

Cette famille est représentée par Jules de Lamer, à Perpignan.

LAMETH. *France.*

De gueules à la bande d'argent accompagnée de six croix recroisettées au pied fiché de même, mises en orle et posres 3 et 3.

D'ancienne et haute noblesse, une des plus illustres de Picardie, et remontant à Robert, seigneur de Lameth, écuyer de Baudouin de Constantinople en 1212.

Cette famille a deux représentants : le marquis de Lameth, au château de Henencourt, département de la Somme; le marquis de Lameth, à Paris.

LAMEZAN. *Toulouse.*

De gueules à trois pals d'or; écartelé d'azur à trois loups ravissants de sable.

Le comte de Lamezan, unique représentant du nom, réside au château de Miramont, par Mirande, département du Gers.

LAMI DE NOZAN. *Touraine.*

D'azur à une harpe d'or; la tête de carnation.

La famille des Lami de Nozzano est originaire de Bologne. Lami de Nazzano, gentilhomme florentin, vint en France à la suite de Marie de Médicis, en qualité de trésorier de son épargne. Sa descendance a trois représentants : Claude-Ernest Lami de Nozan, ancien garde du corps du roi Charles X, ancien fonctionnaire des lignes télégraphiques; Louis-Eugène Lami de Nozan, peintre du roi Louis-Philippe; Arthur-Eugène Lami de Nozan, fils de Claude-Ernest, inspecteur des lignes télégraphiques.

LAMIRAULT. *Orléanais, Soissonnais.*

D'or à la rase de gueules au chef de même.

Maintenue dans sa noblesse par arrêt du conseil d'État du 14 décembre 1671, cette famille, qui s'est divisée en plusieurs branches, est représentée par de Lamirault, sous-inspecteur des forêts, à Chambéry.

LAMOIGNON. *Nivernais.*

Losangé d'argent et de sable; au franc-canton d'hermine.

Une des plus anciennes du Nivernais, distinguée depuis plus de trois siècles dans la magistrature et dans les conseils de la Couronne, cette maison illustre a deux représentants : le vicomte de Lamoignon, au château de Méry, par l'Isle-Adam, département de Seine-et-Oise ; le vicomte de Lamoignon, à Paris.

LAMOTE-BARACE. *Bretagne, Anjou.*

D'argent au lion de sable, cantonné de quatre merlettes de même, qui est de Jougerolle ; chargé en cœur d'un écusson d'argent, à la fasce de gueules, fleurdelisée de six pièces, qui est de Lamote.

Cette famille a six représentants : Gutien de Lamote-Barace, marquis de Sénonnes, à Angers ; Raoul, à Angers : Alexandre-Auguste, comte de Lamote-Barace, au château de Coudray-Montpensier ; par Chinon, département d'Indre-et-Loire, qui n'a que des filles ; Édouard, vicomte de Lamote-Barace, au château de la Graffinière, par Beaugé, département de Maine-et-Loire ; Alexandre de Lamote-Barace, au château des Loges de Barace, par Durtal, même département.

LAMOUROUS DE LA ROQUE. *Languedoc.*

De gueules à trois fers de lame d'argent.

L'unique représentant du nom, de Lamourous de Laroque, réside au château de la Salle, par Port-Sainte-Marie, département de Lot-et-Garonne.

LAMY. *Pays Messin, Lorraine.*

D'argent au chef d'azur chargé d'un croissant du premier.

Charles-Louis-Marie de Lamy de Laroque, unique représentant du nom, réside au château de Mouzai, près de Stenay, département de la Meuse.

LAMY DE LA CHAPELLE. *France.*

D'azur à trois lézards d'argent.

L'unique représentant du nom, de Lamy de Condat, réside à Condat, département de la Haute-Vienne.

LANCELIN. *Dauphiné, Bretagne.*

DAUPHINÉ. De gueules à trois croissants d'argent.

BRETAGNE. D'argent à une quintefeuille de gueules.

L'unique représentant du nom de Lancelin réside à Paris.

LANÇON DE LOSTIÈRE. *Provence.*

De gueules à une lance d'or.

Cette famille n'a qu'un représentant : de Lançon de Lastière, maire de Samazan, par Mas-d'Agenais, département de Lot-et-Garonne.

LANCRAU. *Maine, Anjou.*

D'argent au chevron de sable, accompagné de trois roses de gueules, boutonnées d'or, posées 2 et 1.

Cette famille a pour chef de nom et d'armes, Marc-Jean-Alphonse de Lancrau, comte de Brion, à Paris. De son mariage avec dame Marie-Claire-Thérèse-Camille de la Bourdonnaye, il a quatre enfants : Henri-Guillaume de Lancrau de Brion, ecclésiastique; Arthur-Étienne de Lancrau de Brion, capitaine au 9e régiment d'artillerie; François-Régis-Charles, lieutenant en premier, au 7e régiment d'artillerie; Charlotte-Mathilde-Camille-Marie.

LANDAL (DE FRANCE DE). *Bretagne.*

D'argent à trois fleurs de lis de gueules.

Cette famille a trois représentants : le comte de France de Landal, à Paris; le comte de France de Landal, au château de Landal, par Pleine-Fougère, département d'Ille-et-Vilaine; le comte de France de

Landal, au château de Feu, par Ernée, département de la Mayenne.

LANDE (DE LA). *Guyenne, Poitou.*

GUYENNE. D'argent à l'arbre de sinople accosté de deux lions affrontés de gueules; au chef de même chargé de trois étoiles d'argent.

POITOU. Écartelé d'or (ou d'argent) et d'azur. — D'argent à un chêne sur un tertre de sinople; au chef d'azur chargé d'un croissant d'argent.

De la Lande en Poitou et en Basse-Marche justifie sa noblesse par titres depuis l'an 1404, époque à laquelle vivait Perrot de la Lande, seigneur de la Vaux, qui épousa Hélène du Plessis.

On compte aujourd'hui trois représentants du nom : de la Lande, chevalier de la Légion d'honneur, ancien chef d'escadron au 11e d'artillerie; de la Lande, à Versailles; Jules de la Lande, à Poitiers, département de la Vienne.

LANDE DE SAINTE-CROIX (DE LA). *Normandie.*

D'argent au sautoir de gueules.

L'unique représentant du nom de la Lande de Sainte-Croix, réside au château de Minières, à Pont-d'Ouilly, département du Calvados.

LANDELLE. *Paris.*

D'azur à un chevron d'or, accompagné de trois demi-vols d'argent posés 2 et 1; au chef cousu de gueules, chargé de trois étoiles d'or.

Cette famille est représentée par Landelle, à Paris.

LANDRIAN. *France.*

D'or à un château de sinople maçonné de sable,

sommé de deux tours crénelées de même, le tout surmonté d'une aigle de sable, becquée et couronnée de gueules, tenant ses ailes étendues sur l'une et l'autre tour.

L'unique représentant du nom de Landrian, réside au château de Montet, par Nancy, département de la Meurthe.

LANDRU. *Picardie.*

D'azur à un lion d'argent soutenu d'une massue de même.

Cette famille n'est plus représentée que par de Landru, au château de Gruyères, par Signy-l'Abbaye, département des Ardennes.

LANET. *Poitou.*

De gueules au bœuf passant d'argent.

On retrouve encore deux représentauts du nom : le comte de Lanet, chef de nom et d'armes, au château de la Garde, par Prissac, département de l'Indre ; le comte de Lanet, au château de Champray, par Saint-Florent, département du Cher.

LANGALLERIE (Gentils de). *Limousin, Angoumois.*

D'azur à un chevron d'or accompagné de trois roues de Sainte-Catherine de même, et une épée d'argent garnie d'or, posée en pal, brochant sur le chevron et sur la roue en pal.

Cette famille a quatre représentants : Sa Grandeur monseigneur de Gentils de Langallerie, évêque à Belley, département de l'Ain; de Gentils de Langallerie, directeur du musée, à Orléans; de Gentils de Langallerie, percepteur à Orléans; l'abbé de Gentils de Langallerie, curé de Saint-Louis, à Bordeaux.

LANGE. *Poitou, Lorraine.*

Poitou. De gueules à six losanges d'argent, trois en chef, deux en fasce, une en pointe.

Lorraine. D'argent au chevron d'azur, chargé de deux épées appointées d'argent, garnies d'or, et accompagné de trois étoiles de gueules, posées 2 et 1.

Le nom de Lange est porté par de Lange-Commines, à Versailles; de Lange, à Orléans; de Lange de Sandrey, à Orléans.

LANGERON. *Nivernais.*

D'azur à trois étoiles d'argent posées 2 et 1; écartelé de gueules à quatre fasces endentées d'argent et une bande d'azur chargée de fleurs de lis sans nombre.

L'unique représentant du nom de Langeron réside à Paris.

LANGEVIN DE LA RONCHÈRE. *Picardie.*

D'argent à deux chevrons engrelés de gueules.

La Chesnaye-Desbois mentionne une famille de Langevin, en Normandie, portant de gueules à la croix d'or cantonnée de huit molettes d'argent. Celle qui nous occupe n'a plus d'hoir mâle. Elle est représentée par une dame, la douairière de Langevin de la Ronchère, à Orléans.

LANGLADE. *Guyenne.*

D'azur à deux barbeaux nageant l'un sur l'autre.

De Langlade, unique représentant du nom, réside au château de Greusses, par Lavaur, département du Tarn.

LANGLE. *Bretagne.*

D'azur au sautoir d'or, cantonné de quatre billettes du même.

Ces armes figurent dans la salle des Croisades du château de Versailles avec la date de 1190.

La branche de Beaumanoir a adopté pour orthographe et écrit son nom « de L'Angle. »

Cette famille a plusieurs représentants : le marquis de L'Angle-Beaumanoir, ancien sous-préfet, au château de Beaumanoir, commune d'Evran, Côtes-du-Nord; le comte Théophile de L'Angle-Beaumanoir, à Paris; le comte Ferdinand de Langle, au château des Tesnières, par Vitré; le vicomte Augustin de Langle, à Vitré; le vicomte Alphonse de Langle, au château de Tesnières, par Vitré; le marquis de Langle, au château du Plessis, commune de la Couyère, Ille-et-Vilaine. La terre du Plessis a été érigée en majorat, avec titre de marquis, en 1827.

LANGLE DE CARY. *Bretagne, Normandie.*

Cette famille a pour chef de nom et d'armes Augustin de Langle de Cary, au château de Perprat, département du Morbihan. Il a un fils unique, Charles de Langle de Carry, juge d'instruction de l'arrondissement de Sancerre, département du Cher.

D'azur, à la fasce d'or, accompagnée en chef de deux glands du même, tigés et feuillés d'une seule pièce de sinople, et en pointe d'une rose d'or.

LANGLOIS DE SEPTENVILLE. *Normandie.*

D'azur à l'aigle naissante d'or, coupé d'argent à quatre pointes de gueules. Cimier : une tête de loup de sable dans un vol aux émeaux de l'écu.

Devise : *Soli fas cernere solem.*

Cette famille a pour unique représentant Charles-Édouard, baron de Langlois de Septenville, qui a sa résidence d'été au château de Lignières, département de la Somme, et celle d'hiver à Paris.

LANGLOIS D'ESTAINTOT. *Normandie.*

D'azur à deux croix d'or rangées en fasce, accompagnées de trois molettes d'éperon d'argent, posées deux en chef et une en pointe.

Cette famille, qui a possédé des fiefs en Normandie, a trois représentants : Robert-Edmond Langlois, comte d'Estaintot, chef de nom et d'armes, membre de l'institut des provinces, inspecteur de l'Association normande, à Fultot, département de la Seine-Inférieure; Robert-Charles-René-Hippolyte Langlois, vicomte d'Estaintot, à Rouen; Louis-Ferdinand Langlois d'Ancerville, officier de la Légion d'honneur, capitaine de gendarmerie, à Bayeux.

LANGLOIS. *Paris, Ile-de-France, Normandie.*

Paris. Tranché de sable et d'or, au pal d'argent sur sable et de gueules sur or. — D'or à l'aigle de sable au vol abaissé ; au chef d'azur chargé de trois croissants d'argent.

Ile-de-France. D'azur au chevron d'argent accompagné de trois molettes de même, posées 2 et 1.

Normandie. De gueules à trois épines d'argent.

On compte en France deux représentants de cette famille : de Langlois d'Amilly, maire de Saint-Aignan-sous-Eire, par le Theil, département de l'Orne ; de Langlois de Neufville, chef de bureau au ministère des travaux publics, à Paris.

LANGLOIS. *Touraine.*

D'argent au chevron de gueules, accompagné en chef

de deux étoiles de même, et en pointe d'une tourterelle de sable.

Langlois, proprement dit, est représenté par Michel de Langlois, qui, de son mariage avec Marie-Thérèse de Maussion, de Condé, a un fils : Amédée de Langlois, à la Source, commune de Nazelles, département d'Indre-et-Loire, et une fille, Mathilde, mariée à Paul-Michel-Marie-Joseph Moreau de Bellaing.

LANGLOIS DE CHEVRY. *Gâtinais.*

Écartelé : aux 1 et 4 d'azur au chevron d'or, accompagné de trois étoiles à cinq rais du même, deux en chef, une en pointe; aux 2 et 3 d'azur à l'aigle à deux têtes d'argent.

Couronne : de comte. Supports : deux lions.

Cette famille compte aujourd'hui deux représentants : Joseph-Pierre-Urbain, comte Langlois de Chevry, et Victor-Adolphe Hermanfroy Langlois de Chevry, marquis du Roure, son frère.

Leur père, Pierre-Edgard Langlois de Chevry, frère utérin du comte Hermanfroy de Jouffroy-Gonsans, mourut en 1867.

Parmi ses ancêtres, cette famille compte, sous Louis VII le Jeune, un échevin à la ville de Paris. — Sa résidence est au château de Chevry-en-Sereine (Seine-et-Marne), dont elle fut autorisée à porter le nom vers le milieu du dix-huitième siècle. Cette terre fut apportée à la famille par l'arrière-trisaïeul des représentants actuels, le baron Rousselot, conseiller du roi en son châtelet, et présidial de Paris.

Parmi les plus célèbres alliances des Langlois de Chevry est une des familles les plus illustres de la haute magistrature : les Brisson, marquis de Montalin :

« Maison noble et ancienne, dit Mézerai, distinguée dans l'épée et dans la robe, et particulièrement par les actions mémorables et les malheurs de Barnabé Brisson, président à mortier au Parlement de Paris et ambassadeur de France en Angleterre. Son bisaïeul, Jean Brisson, était, en l'année 1450, conseiller assesseur au siége royal de Fontenay-le-Comte. »

Il faut citer encore, parmi les alliances de la famille, celle de Grimoard Beauvoir du Roure de Beaumont-Brison, dont l'écusson est peint dans la salle des Croisades, au château de Versailles. Cette maison compte parmi ses membres plusieurs papes et cardinaux, deux comtes de Lyon, huit officiers généraux, neuf barons des États du Languedoc.

Le dernier marquis du Roure, étant mort sans enfant mâle, a laissé son nom, ses titres et sa terre du Roure (Lozère) à son petit-fils, Hermanfroy Langlois de Chevry. Son frère aîné a reçu de Pie IX les lettres et priviléges de comte romain, à l'occasion de la canonisation du pape Urbain V, né de Grimoard.

LANGSDORF. *France.*

D'azur à un lion d'or.

Cette famille est représentée par le baron de Langsdorf, grand-officier de la Légion d'honneur, ancien ministre plénipotentiaire, à Paris, et par de Langsdorf, chevalier de la Légion d'honneur, à Agen, département de Lot-et-Garonne.

LANJAMET (Vaucouleurs de). *Bretagne.*

D'argent à l'aigle éployée de sable. — D'argent à l'aigle éployée de sable, chargée sur la poitrine des armes de Vaucouleurs, qui sont d'azur à la croix d'argent.

Gaston de Vaucouleurs, marquis de Lanjamet, mort en 1844, eut deux fils, qui sont aujourd'hui les représentants de la famille : Alfred de Vaucouleurs, marquis de Lanjamet, au château de la Fosse-aux-Loups, par Tuténiac, département d'Ille-et-Vilaine ; Edouard de Vaucouleurs, comte de Lanjamet, à Rennes. Ce dernier a un fils, Emile de Vaucouleurs de Lanjamet.

Mme la marquise de Lanjamet, au château de Villeroy, près Mancey (Seine-et-Oise), est veuve d'Alfred de Vaucouleurs de Lanjamet, mort en 1870, seul fils du susdit marquis de Lanjamet. Elle réside à son château de la Fosse-aux-Loups et elle a un fils, encore enfant, qui héritera un jour du titre de son grand-père.

LANJUINAIS. *Bretagne.*

Coupé : au 1 d'argent, à la croix potencée et alésée de sinople ; au 2 parti : A d'argent à deux mains appaumées de carnation couchées; B d'azur au lion d'or, tenant de sa patte sénestre une balance d'argent, et de la dextre un frein de même. L'écu bordé de même.

Le nom de Lanjuinais, notoire dans les fastes parlementaires de la France, est représenté par le vicomte de Lanjuinais, chevalier de la Légion d'honneur, député de la Loire-Inférieure, à Paris, et par de Lanjuinais, au château de Villemain, par Brie-Comte-Robert, département de Seine-et-Marne.

LANNEAU. *Bourgogne.*

D'azur au barbeau nageant d'argent; au chef cousu d'azur chargé de trois besants d'or.

Cette famille a pour chef Adolphe de Lanneau, à Paris, qui a deux fils, dont le second, capitaine de frégate, est officier de la Légion d'honneur et propriétaire du château de Bard, par Époisses, département de la Côte-d'Or.

LANNES DE MONTEBELLO. *France.*

De sinople à l'épée d'or.

Illustrée par le maréchal de France, l'une des gloires du premier empire, la descendance de ce grand homme de guerre est représentée par deux frères, chefs des deux branches de la famille. La première se compose de Napoléon Lannes, duc de Montebello, grand'croix de la Légion d'honneur, sénateur, ancien ambassadeur de France près la cour de Russie et ancien ministre de la marine, qui a cinq fils : Napoléon Lannes de Montebello, chevalier de la Légion d'honneur, lieutenant de vaisseau; Charles Lannes de Montebello, ancien capitaine au 3e régiment de tirailleurs algériens; Gustave Lannes de Montebello, secrétaire d'ambassade; Fernand et Adrien Lannes de Montebello.

Le duc de Montebello, chef de la famille, a deux frères. L'aîné, Ernest-Eugène Lannes de Montebello, a trois fils au service : Jean-Gaston Lannes de Montebello, chevalier de la Légion d'honneur, capitaine commandant la première batterie du 12e régiment d'artillerie; Roger et René, lieutenants, l'un au 72e, l'autre au 85e d'infanterie; Lannes, comte de Montebello, grand'croix de la Légion d'honneur, général de division, second frère du chef de la famille, a un fils, Jean Lannes de Montebello, chevalier de la Légion d'honneur.

LANNOY (Parent de). *Normandie.*

De gueules à deux bâtons écôtés passés en sautoir, accompagnées en chef d'un croissant d'argent et de trois étoiles d'or posées deux en flancs, une en pointe. Supports : deux levriers.

Le premier du nom, qui vint se fixer en Normandie, est Robert Parent, échanson du roï et bailli de Dieppe, en 1437.

Cette famille a trois représentants : Parent de Lannoy, ancien garde du corps, chef de nom et d'armes ; Parent de Lannoy, au château d'Etalleville, par Doudeville, département de la Seine-Inférieure ; Parent de Lannoy, au château de Cailleville, par Saint-Valéry, même département.

LANSAC. *Poitou. Quercy, Bigorre.*

LANSAC DE SAINT-GELAIS. Ecartelé : aux 1 et 4 d'azur, à la croix alésée d'argent ; au 2 et 3 fascé d'argent et d'azur de dix pièces ; au lion issant de gueules, couronné, armé et lampassé du même. Couronne : de marquis. Supports : deux lions.

LANSAC DE ROQUETAILLADE. D'azur à un poirier de sinople, fruité de gueules et d'or. Couronne de marquis. Supports : deux lions.

La famille de Lansac, dont les historiens écrivent le nom *Lansac*, *Lanssac*, *Lanzac*, est originaire du Bigorre, où elle tenait un rang distingué dès le quatorzième siècle.

Les archives de la ville de Bagnères-de-Bigorre, en mentionnant une peste qui faisait de grands ravages dans la ville et les environs vers 1450, parlent du dévouement que montra, en ces circonstances douloureuses, le consul de la ville, qui était un Lansac.

Les Lansac étaient très nombreux dans les siècles derniers : une branche était établie en Périgord, une en Poitou, une dans le Béarn, une encore dans le

Quercy ; et, quoique toutes ces branches soient issues de la même souche, elles ont varié leurs armes, sans autre motif que celui de se distinguer entre elles.

On retrouve, en effet, à la section des manuscrits de la Bibliothèque nationale, dans le fond de d'Hozier, aux pages 52, 369, 516, 718, 806 et 972 du registre du Périgord, les désignations différentes qui suivent :

Alexandre de Lansac, marquis de Roquetaillade, baron des Angles, premier baron du Bazadois, grand sénéchal et gouverneur d'Albret, colonel d'un régiment d'infanterie, qui porte : de gueules au lion d'or, écartelé, vairé d'or et d'azur (page 52).

N...., abbé de Lansac, chanoine de Bayonne, portait : d'azur à un lion de gueules, écartelé, vairé d'or et d'azur (page 369).

Jean de Lansac, seigneur de Chaunac, écuyer, portait : d'argent au lion de sable, couronné, lampassé et armé de gueules (page 516).

Jean de Lansac, seigneur de Chaunac, de Sibeaucourt et d'Aunac, portait : d'azur au lion d'or, couronné, armé et lampassé de gueules (page 718).

N.... de Lansac, marquis de Roquetaillade, portait : d'argent à un poirier de sinople, fruité de gueules et d'or (page 806).

N.... de Lansac, dame douairière de Banios, portait : d'or au laurier de sinople (page 972).

N.... de Lansac, seigneur de Gaulejac, en Quercy, portait : parti d'argent et d'azur ; au lion de gueules.

Les Lansac, du Bigorre, ont pris les armes pleines des Saint-Gelais, à partir du mariage d'Alexandre de Saint-Gelais, cadet de cette maison, avec Jacquette de Lansac, fille unique et héritière de Thomas, seigneur de Lansac, et de Françoise d'Escars.

Mais quelques changements que chaque branche ait apportés dans ses armes, ce qui les rattache toutes à la même origine, c'est le lion qui fait le fond de l'écu de chacune d'elles.

Preuves de Noblesse. Louis XIV voulant mettre un terme aux usurpations nobiliaires qui se multipliaient sous son règne, ordonna une révision sévère de tous les titres. — Barthélemy, marquis de Lansac, fut assigné à Gaulejac pour qu'il eût à faire ses preuves. Il déclara être âgé de quarante ans, avoir pour frère Jean de Gontaut Saint-Geniès, seigneur de Gaulejac, employé au service du Roi, et reconnaître M. de Biron pour son parent, comme sortant de la même maison. Il fut maintenu dans sa noblesse par jugement de M. Pellot, intendant en Guyenne, à Agen, le 26 mars 1668.

Et plus tard, en 1787, sous Louis XVI, les honneurs de la cour ont été faits par le vicomte de Lansac, seigneur de Chaunac. (Voir les mémoires de la marquise de Créquy, tome x[e], page 115.)

Les Lansac, avons-nous dit, étaient très considérés; aussi comptent-ils des alliances avec les familles les plus importantes du Périgord, du Poitou, de la Guyenne, de la Navarre et du Bigorre: nous pouvons citer entre autres les familles de Torné, d'Arcisac, de Saint-Pastou, de Benque, de Couret, de Pontac, de Grammont-d'Asté, de Sobiac, de Jaulas, d'Astorg, de Rochechouart-Mortemart, de Créquy, d'Hautpoul, de Courtarvel, de Saint-Priest, de Gontaut-Biron, d'Aure, de Cambotte, de Darrabiat, etc.

La considération qui s'attachait au nom de Lansac ressort suffisamment de ce fait qu'à deux époques de son histoire la famille devant s'éteindre, faute de descendant mâle, des personnages considérables par leur naissance n'ont pas hésité à renoncer à leur nom propre, pour prendre celui de Lansac, en épousant les héritières de cette famille.

C'est ainsi qu'en 1568, Alexandre de Saint-Gelais épousa Jacquette de Lansac, fille unique du marquis de Lansac, chef de la première branche de cette maison, et prit le nom et les armes de sa femme que ses descendants n'ont pas cessé de porter.

C'est ainsi encore que la branche des Lansac du Quercy, devant s'éteindre faute d'héritier mâle, Armand de Gontaut, de la famille des Gontaut-Biron, maison considérable du Bigorre, prit le nom et le titre de marquis de Lansac, en épousant Antoinette de Lansac, fille et héritière de Jean, marquis de Lansac, seigneur de Gaulejac et autres lieux.

Il n'entre pas dans le cadre de ce travail de faire la généalogie de toutes les branches de la maison de Lansac, nous parlerons seulement de celles qui ont le plus marqué.

Gontaut de Lansac. — La branche des Gontaut de Lansac, s'est perpétuée dans le Bigorre pendant de longues années, et y a joui d'une grande considération.

Armand de Gontaut, seigneur d'Andau, de Gaulejac, de Loupiac, et marquis de Lansac, fils d'Armand de Gontaut, le premier qui prit le nom de Lansac, est mentionné dans le testament de son père, du 28 septembre 1591. Henry IV, en considération des services que son père lui avait rendus et de sa belle conduite à la bataille d'Arques, le prit parmi ses pages. Le 8 juin 1605, il fit une transaction relative aux biens de la famille de sa femme avec sa belle-sœur. Il vivait encore en 1645 (1).

Son fils Jean de Gontaut, marquis de Lansac, fit son testament le 25 septembre 1649. Il avait épousé en 1628 Françoise Galiote de Lostange, dont il eut : 1 Barthélemy de Gontaut, marquis de Lansac; 2° Jean de Gontaut Saint-Geniès, seigneur de Gaulejac, qui fut garde de la manche du Roi, et qui se trouve mentionné dans les preuves de noblesse que son frère aîné, Barthélemy, fit en 1668, comme nous l'avons dit plus haut; 3° Dominique de Gontaut, seigneur de Lansac, qui épousa N... d'Estrelles, fille du seigneur de Pontac.

Barthélemy de Gontaut Saint-Geniès, marquis de Lansac, fut assigné à Gaulejac, lors de la révision des titres nobiliaires ordonnée par Louis XIV.

Il fut maintenu dans sa noblesse par jugement de M. Pellot, intendant en Guyenne, en date, à Agen, le 26 mars 1668. Il vivait encore en 1702. Il avait épousé Guyonne-Romaine de Turenne, fille de Flotard de Turenne, baron d'Aunac, et de Claude Gourdon-Genouillac-Vaillac, dont le frère, Jean-Paul de Genouillac, était chevalier des ordres du Roi.

Saint-Gelais de Lansac. — Pierre Saint-Gelais, selon Lachenay-des-Bois, premier du nom, prit pour cimier de ses armes la figure de la célèbre Mélusine. Il ajouta à son nom celui de Lésignan; il vivait dans le quinzième siècle. — Il eut plusieurs enfants, et entre autres Alexandre de Saint-Gelais, qui fut chambellan du roi Louis XII. — Il épousa, en 1522, Jacquette de Lansac, fille unique et héritière

(1) Voir Lachenaye-des-Bois, t. vii, page 301.

de Thomas, marquis de Lansac, dont lui et ses descendants ont pris le nom et les titres.

Son fils, Louis de Lésignan, baron de Lamothe, seigueur de Pressy, marquis de Lansac, fut conseiller d'État, chevalier de la reine Catherine de Médicis et surintendant de sa maison. — Il parut avec réputation à la cour de Henri II et de ses trois enfants. — Sa haute expérience et son habileté comme diplomate lui firent confier par la reine Catherine de Médicis plusieurs missions difficiles en Espagne et en Allemagne.

C'est surtout au Concile de *Trente* qu'il se rendit réellement célèbre ; car c'est à lui que l'on doit toutes les réformes importantes qui sortirent de ce concile.

Il lutta énergiquement contre les prétentions du Vatican, qui tendaient à ce que l'initiative des propositions appartînt exclusivement aux légats du Pape, et que les décisions de l'assemblée fussent soumises à la révision du Saint-Père, ce qui fit dire spirituellement à M. de Lansac, ambassadeur français, rapporte M. Henri Martin (1), que « les légats faisaient venir le Saint-Esprit par la valise du courrier de Rome. »

M. Henri Martin dit (2) « que le marquis de Saint-Gelais de Lansac était un des hommes les plus aimables et les plus spirituels de son temps, et l'un de ceux qui favorisèrent le plus la renaissance des lettres, des sciences et des arts. »

Le roi Henri III le fit chevalier du Saint-Esprit en récompense de ses grands services. — Le brevet qualifie M. de Lansac *de homme fort sage*, *de grand esprit*

(1) *Histoire de France*, par Henri Martin, t. IX, page 170 (4e édition).

(2) *Id.*, t. IX, page 9 (4e édition).

et vaillant. — Son portrait figure à la galerie de Versailles.

Il avait épousé : 1° Jeanne, fille de Philippe de Rochechaudry, et 2° Gabrielle de Rochechouart-Mortemart ; il eut du premier lit Guy de Saint-Gelais, marquis de Lansac, qui suit, et Claude de Saint-Gelais, mariée à Charles de Rossy, comte souverain de Sus en Béarn. — Du deuxième lit vinrent Charles de Saint-Gelais, seigneur de Pressy, mort en 1586, sans laisser de postérité, et François de Saint-Gelais, seigneur de Vernon, protonotaire du Saint-Siége, qui fut évêque d'Uzès.

Louis de Saint-Gelais avait eu encore un fils naturel, nommé Urbain, qui fut évêque de Comminges.

Guy de Saint-Gelais, de Lésignan, seigneur de Lansac, connu sous le nom de jeune Lansac, parce que la reine Catherine de Médicis l'employa fort jeune dans les affaires de cabinet, en même temps que son père, se rendit surtout célèbre par l'ambassade de Pologne, où il contribua beaucoup à faire donner la couronne de ce pays au duc d'Anjou, fils de Catherine de Médicis, qui régna ensuite en France sous le nom de Henri III. Le jeune Lansac accompagna le duc d'Anjou à Varsovie, et ne rentra en France qu'après l'avoir affermi sur le trône. — En quittant le roi, il lui remit un long mémoire contenant les conseils les plus sages sur la manière de gouverner son nouveau royaume (1).

Cet habile diplomate avait épousé Antoinette Rassin, fille de François Rassin, seigneur d'Azay-le-Rideau, capitaine des gardes du corps du Roi, sénéchal d'Age-

(1) Voir l'*Histoire de Henri de Valois et de la Pologne en* 1572, par le marquis de Noailles, tout le t. III et notamment les pages 329, 453, 519 et suivantes.

nais et de Nicole Leroy-Chavigny, dame de Balon, dont il eut : 1° Arthur, qui suit ; 2° Alexandre, tué à l'âge de vingt-deux ans, au siége de La Fère, en 1596 ; 3° Jeanne, morte sans alliance.

Arthur de Saint-Gelais de Lésignan, seigneur de Lansac, marquis de Balon, épousa Louise-Françoise de Souvré (1), fille aînée de Gilles de Souvré, marquis de Courtenvaux, maréchal de France, dont il eut quatre enfants, savoir :

1° Gilles qui suit ;
2° François, ci-après ;
3° Marie, qui épousa Réné de Courtarvel ;
4° Françoise, mariée à Louis de Piré, marquis de Toncy.

Gilles de Saint-Gelais, dit de Lésignan, seigneur de Lansac, marquis de Balon, fut tué au siége de Dôle, le 30 juillet 1636. — Il avait épousé : 1° Françoise Fouquet, de Croissy ; 2° Marie de Vallée-Fossez, marquise d'Everly. Du premier lit, il eut Marie-Madeleine de Saint-Gelais, dite de Lésignan, mariée à Henri-François, marquis de Vassé ; et du second lit, Anne-Armande de Saint-Gelais, de Lansac, mariée à Charles, duc de Créquy, pair de France, chevalier des ordres du roi. Elle mourut le 10 avril 1707.

Lansac de Roquetaillade. — La branche des Lansac de Roquetaillade, qui se fondit plus tard dans la maison de Saint-Gelais, par le mariage de Jac-

(1) La marquise de Lansac jouissait d'une grande considération à la cour de Louis XIII. Anne d'Autriche la nomma gouvernante des enfants de France et confia à ses soins celui qui devait être Louis XIV. Le portrait de Mme de Lansac avec les jeunes princes fait partie de la galerie de Versailles.

quette de Lansac, fille de Thomas de Lansac, avec Alexandre de Saint-Gelais, a donné des hommes distingués dans la magistrature, dans l'armée, dans la diplomatie.

Le premier des Lansac, qui prit le nom de Roquetaillade, était Jean de Lansac, cadet de sa maison, qui épousa Catherine du Bédat, héritière du nom et des titres de la famille de Roquetaillade.

Il eut un fils, Michel de Lansac, seigneur et baron de Roquetaillade, premier baron du Bazadois, qui épousa Louise de la Mothe de Montferrand, dont il eut un fils, Pierre, et deux filles. — Isabeau de Lansac, qui entra dans la maison de Latour, et Marie, qui fut supérieure des Ursulines du couvent de Bazas, et qui plus tard entra dans la maison de Noailles.

Pierre de Lansac fut chevalier de l'Ordre du Roi, grand sénéchal au gouvernement d'Albret, baron de Roquetaillade, premier baron du Bazadois, sénéchal des Landes au siége de Tartas, grand chambellan du duc d'Anjou, premier écuyer du duc d'Alençon, frère du roi Charles IX, et plus tard capitaine des Suisses de Henri IV, roi de France et de Navarre.

Il épousa Jacquette de Carlier, fille de Messire de Carlier, président et garde des sceaux au parlement de Bordeaux.

Il laissa de ce mariage Réné de Lansac, seigneur, baron de Roquetaillade, grand sénéchal et gouverneur d'Albret, premier baron du Bazadois, garde des sceaux au parlement de Bordeaux, qui épousa Jeanne de Bouillé, veuve de Messire de Guigné, seigneur du Plessis et autres lieux, ainsi que le constate son contrat de mariage du 29 octobre 1572.

De ce mariage naquirent Louis de Lansac et Thobie.

Louis de Lansac, seigneur et baron de Roquetaillade, grand sénéchal et gouverneur d'Albret, premier baron du Bazadois, épousa Marie, fille de Jean de Lescar, écuyer et seigneur dudit lieu et de la Loubère, et de dame Jeanne Guilloche, comme cela résulte de leur contrat de mariage du 22 décembre 1608, reçu par Ducorrois, notaire royal. Il mourut sans enfants.

D'Hozier, en parlant de Louis de Lansac, dans son grand ouvrage sur la noblesse de France, s'exprime ainsi :

« L'on peut dire, à l'avantage de Louis de Lansac, « qu'il était un des zélés serviteurs du roi Louis XIII, « comme il témoigna si bien du tems de la ligue de « Monsieur du Maine contre le roi. — Lorsque toute « la Guyenne s'était soulevée, il n'y eut que lui seul « et M. de Gondrin qui tinsent son parti. — Si grand « zèle qu'il témoigna dans cette occasion pour le ser- « vice du Roy, paru encore beaucoup à la prise de « Véliane, lorsque cette ville ayant soutenu plusieurs « attaques, et M. de Schomberg qui y commandait, déses- « pérant de la prendre, jeta les yeux sur M. de « Roquetaillade pour lui donner le commandement de « la première attaque, dont il s'acquitta sy dignement « qu'enfin il emporta la ville et la citadelle, dont la « prise lui fut entièrement attribuée, comme M. de « Schomberg en escrivit au Roy, et comme les gazettes « et les historiens en parlent. »

Louis XIII, en récompense de ses services, érigea en marquisat la baronnie de Roquetaillade, le 13 juillet 1621.

Thobie de Lansac, seigneur de Roquetaillade, hérita des noms, titres et honneurs de son frère Louis qui précède. — Il fut marquis de Roquetaillade, seigneur de Lescar, de la Loubère, premier baron du Bazadois, mestre de camp du roi Louis XIII, grand sénéchal et gouverneur d'Albret. — Il épousa dame Diane de Lalanne, fille de Messire Lancelot de Lalanne, conseiller du roi et second président au parlement de Bordeaux, vicomte de Pommères et autres lieux, et de Finette de Pontac, ainsi qu'il appert de son contrat de mariage du 24 mars 1615, reçu par Riquard, notaire à Bordeaux.

De ce mariage il eut un fils nommé François, marquis de Roquetaillade, grand sénéchal et gouverneur d'Albret, premier baron du Bazadois, seigneur de Saint-Philippe et autres lieux. Il donna dès son jeune âge des preuves d'une grande valeur; il se fit beaucoup distinguer au siége de la Rochelle, et ensuite dans la guerre de Flandre et de Hollande, sous messire le maréchal de la Meilleray et de Grammont-d'Asté, son parent. Il épousa dame Catherine du Perrier, fille de noble Jean du Perrier, seigneur de la Solargue et du Fournier, et de dame Suzanne Hagla, issue d'une famille d'Écosse, réfugiée en France, ainsi que cela résulte de leur contrat de mariage, reçu par Brisson, notaire royal à Bordeaux, le 19 juin 1644.

François de Lansac, marquis de Roquetaillade, fils du précédent, sénéchal d'Albret, baron du Bazadois, etc., fut page à la cour du roi Louis XIV, en 1668. Trois ans après, il entra dans les gardes du corps, fut aide de camp du duc d'Alençon, fit quatre campagnes, où il donna des preuves de courage et de valeur, et fut tué à l'âge de vingt-deux ans.

Il avait deux frères, dont l'aîné fit le voyage des Grandes-Indes; il se signala par plusieurs actions d'éclat et reçut de graves blessures qui le forcèrent à quitter le métier des armes.

Le troisième frère, qu'on appelait le chevalier de Lansac, et qui hérita des noms, titres et armes de son frère aîné, entra de bonne heure dans les gardes du corps en qualité d'aide de camp de M. de Quincy. Plus tard, il entra dans la marine, fit plusieurs campagnes sous les ordres de l'amiral d'Estrées, et se distingua notamment à la prise de Gorée.

La branche à laquelle appartient M. de Lansac, aujourd'hui établi à Paris, est originaire du Bigorre, berceau de sa famille.

Son arrière-grand-père, Mathias de Lansac, portait les armes des marquis de Lansac de Roquetaillade, qui sont : d'azur à un poirier de sinople, fruité de gueules et d'or. Couronne: de marquis, et deux lions pour supports.

Mathias avait un frère cadet conseiller au Parlement de Navarre, dont le fils, N... de Lansac, était, en 1789, directeur de la régie générale de la Navarre, fonction considérable. Ce directeur, grand-oncle de M. de Lansac actuel, portait aussi les armes de la branche des Lansac de Roquetaillade, écartelées, toutefois, d'azur à trois besants d'or. Couronne: de comte, supports, deux lions, dont le dextre tient dans la gueule une branche de laurier.

Mathias avait également une sœur, Jacqueline de Lansac, qui mourut religieuse au couvent de Momères.

Il avait épousé, en 1735, mademoiselle de Torné, fille de M. de Torné, d'une ancienne famille du Bigorre, dont il eut :

1° Pierre de Lansac, marquis de Roquetaillade, grand mathématicien et astronome fort distingué, qui publia un ouvrage d'astronomie intitulé : *Le mécanisme de l'univers.* Il est mort sans postérité.

2° François de Lansac, qui hérita du titre de marquis par la mort de son frère aîné ci-dessus.

3° N... de Lansac, chanoine du diocèse de Tarbes, qui fut arrêté chez son frère François, au moment où il disait la messe, dans une chambre retirée de la maison, et envoyé sur les pontons.

4° N... de Lansac, qui épousa le chevalier de Jaulas, dont la famille existe encore à Bagnères, et dont le fils, Dominique de Jaulas, est allé fonder un établissement à la Guadeloupe, où il s'est marié.

François de Lansac, marquis de Roquetaillade, dénoncé comme aristocrate, fut décrété d'arrestation avec son beau-frère Darrabiat, et mandés tous deux à Tarbes, pour y être jugés. Ils furent sauvés par l'intervention de Féraud, de Guchan et de Barrère, membres de la Convention, et mis en liberté. Mais, après l'arrestation du chanoine de Lansac, son frère, la populace de la ville, excitée par quelques démagogues, fit le siége de sa maison; un coup de fusil fut tiré par une fenêtre sur lui et ses enfants; il comprit dès lors que ses jours étaient en danger; dans la nuit, il sortit à l'aide d'un déguisement, et accompagné de deux de ses parents, il traversa les Pyrénées et se réfugia en Espagne, emmenant avec lui son fils Bernard.

Le marquis de Lansac s'était occupé d'économie politique. Il adressa au pape un mémoire dans lequel il exposait les réformes qui lui paraissaient être la conséquence des idées modernes. Il soumit au ministre Turgot un nouveau système d'impôts, qui, tout en soulageant les classes moyennes, assurait au Trésor des revenus plus considérables.

Il avait épousé Mlle Darrabiat, de Campan, d'une des plus riches et des plus considérables familles du pays.

Il en eut six enfants :

1° Dominique, à qui appartenaient le nom et le titre de marquis de Lansac, mort sans postérité ;

2° Bernard, prêtre, qui émigra en Espagne, avec son père, et qui est mort, à Bagnères, en 1845, étant chanoine de Bordeaux.

Il a publié, en 1833, un ouvrage intitulé : *Discours contre l'esprit du siècle, ou Essai sur l'obéissance*, dans lequel il démontre que les malheurs qui se sont appesantis sur la France proviennent uniquement de l'absence du respect et de l'obéissance qui sont dus à tous les pouvoirs légalement établis.

Il a laissé, en outre, divers écrits, entre autres un poëme en vers, intitulé : *La Vérité*.

3° Jacques, qui a hérité des titres et du nom, par la mort sans postérité de ses frères, Dominique et Bernard.

4° Catherine.

5° Antoinette.

6° Domingette, qui épousa Jean Cardeilhac, avoué à Bagnères-de-Bigorre.

Jacques de Lansac, héritier du titre et du nom de marquis de Lansac de Roquetaillade, épousa Jeanne-Marie Bourdettes; il a laissé deux fils, François et Dominique, et deux filles, Gratienne et Antoinette.

François de Lansac, l'aîné, est entré dans les ordres. —Il a été chapelain de Saint-Louis-des-Français, à Rome, et depuis directeur des hautes études, à l'école supérieure des Carmes de Paris.— Il a publié plusieurs ouvrages.

Dominique, héritier et représentant actuel du nom et des titres de la famille, marquis de Lansac de Roquetaillade, s'est adonné aux études philologiques et historiques; à vingt-cinq ans, en 1838, il fut nommé secrétaire général de la Société littéraire et grammaticale de Paris. En 1842, la Société royale des sciences, lettres et arts d'Anvers, l'admettait au nombre de ses membres honoraires, et en 1845, il reçut le brevet de membre correspondant de l'Académie d'archéologie de Belgique.

En 1840, il publia une Vie illustrée de Jésus-Christ, plus tard un Tableau synoptique de l'histoire de France et un Alphabet en vers français.

De 1840 à 1848, M. de Lansac a été le principal collaborateur de l'*Encyclopédie biographique du dix-neuvième siècle.*

Aujourd'hui, il est directeur-administrateur du *Journal des Chemins de fer, des Mines et des Travaux publics.*

Il a épousé Julie-Antoinette Villebœuf, dont il a eu cinq enfants, savoir :

1° Jacques-François-Arthur de Lansac, ingénieur des mines, gérant du *Journal des Chemins de fer*, décoré de la médaille militaire pour sa belle conduite pendant les deux siéges de Paris, en 1870 et 1871;

2° Marie de Lansac, morte en bas âge;

3° Gaston de Lansac, mort à 22 ans.

En souvenir de sa conduite exemplaire au collége Stanislas, où il avait fait ses études, son portrait et ses armes ont été peints sur un des vitraux de la chapelle du collége.

4° Marie-Marguerite-Françoise de Lansac, non encore mariée.

5° Jean-Marie-François-Robert de Lansac, enseigne de vaisseau.

LANSADE. *Languedoc.*

D'azur à deux lances croisées d'or avec une étoile du même en chef.

Cette famille a deux représentants : de Lansade, au château de Junquières, par Clermont-l'Hérault, département de l'Hérault; de Lansade, au château de Plagne, par la Nouville, département de la Dordogne.

LANTIVY. *Bretagne.*

De gueules à l'épée d'argent en pal, la pointe en bas. *Alias*, d'azur à huit billettes d'or posées 3, 2, 2 et 1 ; au franc-canton de gueules chargé d'une épée d'argent.

Renommée en Bretagne, cette famille a cinq représentants : le comte de Lantivy, au château de Meudon, par Elven, département du Morbihan; de Lantivy de Zerveno-Gillot, au château de Croyal, par Rennes; de Lantivy, à Rennes; de Lantivy, attaché à l'administration des lignes télégraphiques, à Paris; de Lantivy-Gillot, au château de Croyal, par Rennes.

LANUSSE DE BOULEMONT. *Toulouse, Montauban.*

D'or au cœur de sable.

L'unique représentant du nom, comte de Lanusse de Boulemont, réside à Versailles.

LAPARRE DE SAINT-SERNIN. *Languedoc.*

D'or à l'arbre de sinople, terrassé du même, le tronc chargé d'une corneille de sable et une autre corneille de même posée à dextre et affrontée avec celle de l'arbre; au chef de gueules chargé d'un croissant d'argent et accosté de deux étoiles du même.

Cette famille a deux représentants : Laparre de Saint-Sernin, à Toulouse; Laparre de Saint-Sernin, ancien officier dans l'armée pontificale, chevalier de Saint-Grégoire le Grand, à Dieupentale, département de Tarn-et-Garonne.

LAPASSE. *Toulouse.*

D'azur au pin fruité de gueules, affronté à dextre d'un lion d'argent et à sénestre d'un lévrier aussi d'argent, colleté de gueules, chargé de trois étoiles d'or.

Lapasse est représentée par de Lapasse, chevalier de la Légion d'honneur, secrétaire général de la préfecture de la Haute-Garonne, à Toulouse.

LAPEYRIE. *Auvergne, Toulouse.*

Auvergne. D'azur au lévrier d'argent.

Toulouse. D'azur au chevron d'argent; au lévrier passant en pointe du même.

Cette famille a trois représentants : de Lapeyrie, chevalier de la Légion d'honneur, chef de bureau au ministère de l'intérieur, à Paris; de Lapeyrie, au château de Rouzines, par Delpech, département de l'Aude; de Lapeyrie, au château de Lasalle, par Mauvezin, département du Gers.

LAPEYROUSSE (Bonfils de Rochon de). *France.*

Ecartelé : aux 1 et 4 de gueules à trois besants d'or; aux 2 et 3 d'azur à la bande d'argent, chargée de trois étoiles de gueules et accompagnée de deux chevrons alésés, qui est de Lapeyrousse; sur le tout de gueules à une patte d'ours d'or onglée de sable; au chef d'azur, chargé de trois fleurs de lis d'or.

Le nom de Lapeyrousse, qui évoque de si glorieux souvenirs, a quatre représentants : le comte Bonfils de Rochon de Lapeyrousse, à Paris; le comte Bonfils de Rochon de Lapeyrousse, au château de Farges; de Bonfils de Rochon de Lapeyrousse, médecin, à Cruzy, département de l'Hérault; de Bonfils de Rochon de Lapeyrousse, notaire dans le même département.

LAPLACE. *Normandie.*

D'azur à deux planètes de Jupiter et de Saturne avec leurs satellites et anneaux placés dans l'ordre naturel, posés en fasce d'argent, et une fleur à cinq branches d'or en chef.

Le marquis de Laplace, grand'croix de l'ordre de la Légion d'honneur, général de division, ancien sénateur, réside à Paris.

LARCHER. *Normandie, Bretagne.*

Normandie. De gueules au porc-épic d'argent; au chef d'azur chargé de trois arcs armés de leurs flèches d'or.

Bretagne. De gueules à trois flèches d'argent, les pointes en bas.

Autrefois L'Archier, Larcher, en Bretagne, est une famille dont les membres ont, dans tous les temps, servi avec distinction les ducs, leurs souverains; et, depuis la réunion de ce duché à la France, plusieurs sont morts à son service et en commandant les troupes françaises.

C'est encore en Bretagne qu'on retrouve les deux représentants du nom : de Larcher, à Orbec, département du Calvados; de Larchér, au château de Beauchêne, par le Louroux, département de la Loire-Inférieure.

LARCHET. *Bretagne.*

Coupé d'or et de gueules à deux arcs tendus et encochés de l'un dans l'autre.

De Larchet, unique représentant du nom, réside au château de Ter, par Lorient, département du Morbihan.

LARD. *Guyenne.*

Parti : au 1 d'azur à trois pals d'argent; au 2 de gueules à cinq cotices d'or; écartelé d'argent au lion de sable armé et lampassé de gueules.

On retrouve en France deux représentants de cette famille : de Lard, proprement dit, au château de Bergerac, par Cussac, département de la Dordogne; de Lard de Rigoulières, percepteur, à Castelmoron, département de Lot-et-Garonne.

LARCÉ DE SAINT-GUIRAUD. *Toulouse, Montauban.*

D'argent à un trèfle de sable.

Cette famille n'est plus représentée que par de Larcé de Saint-Guiraud, sans fonctions et sans titres, à Toulouse.

LARCY. *Toulouse, Montauban.*

D'argent à un trèfle de sable.

Le baron de Larcy, autre représentant de la famille, réside au château de la Tour, par Saint-Chapt, département du Gard.

LARGUE D'ERVAU. *Touraine.*

D'azur à deux fasces d'argent chargées de trois annelets de gueules posés 2 et 1.

Cette famille a plusieurs représentants : Le Largue d'Ervau, au château de la Charmois, par Chaumont-sur-Tharonne, département du Loir-et-Cher; Joseph Le Largue d'Ervau, à Tours; Le Largue d'Ervau, maire de Bourre, par Montrichard, département du Loir-et-Cher; le baron Le Largue d'Ervau, à Château-Gontier.

LARMANDIE. *Guyenne.*

D'azur à un homme armé de toutes pièces d'argent, la visière levée et tenant une épée de même à la garde d'or.

De Larmandie, unique représentant du nom, réside à Vergt, département de la Dordogne.

LARMINAT. *Espagne, Lorraine.*

D'azur au pal d'argent chargé d'un tourteau du champ.

Louis Larminat, officier espagnol de la garnison de Thionville, lors de la prise de cette ville par le prince de Condé en 1643, passa au service de France, se fixa dans la contrée et y a fait souche. Sa descendance très nombreuse a pour chef de nom et d'armes, Pierre-Louis-Édouard, baron de Larminat, à Beaurieux, département de l'Aisne.

LAROCQUE-LATOUR. *Guyenne, Gironde, la Rochelle.*

Écartelé : aux 1 et 4 de gueules à la tour carrée, crénelée de trois pièces d'argent, maçonnée de sable; aux 2 et 3 d'azur à la bande d'or.

Hauts barons, puis marquis par lettres patentes de Louis XIII, en récompense de services de guerre rendus lors de l'élévation au trône de Portugal du duc de Bragance, les représentants actuels de cette famille résident en Guyenne, dans la Gironde et au château de Cramahé, près la Rochelle.

LARRALDE. *Guyenne.*

D'azur à trois coquilles d'or, deux en chef et une en pointe; parti d'azur à deux têtes de loup arrachées d'or, deux en chef et une en pointe; à la bordure d'argent chargée de dix chiens passants de sable, posés 3, 2, 2 et 3.

De Larralde a trois représentants : de Larralde, au château d'Urtubie, par Béhobie, département des Basses-Pyrénées; de Larralde, maire à Urrugue, même département; de Larralde-Dinsteguy, chevalier de la Légion d'honneur, président du tribunal civil, à Bayonne.

LARREY. *France.*

Écartelé : au 1 d'or, au palmier de sinople posé à dextre, soutenu du même, chargé d'un dromadaire d'azur; au 2 de gueules, au signe des barons, officiers de santé attachés aux armées, qui est une épée en barre d'argent, la pointe basse; au 3 d'azur à trois chevrons superposés d'or; au 4 coupé : *A* d'argent, à la barre ondée de gueules, chargée d'une raie nageant du champ; *B* d'or, à la pyramide de sable.

Le chef de cette famille est Félix-Hippolyte, baron Larrey, membre de l'Institut, aucien médecin ordinaire de l'Empereur, membre du conseil supérieur de la guerre, président du conseil de santé des armées, inspecteur du service de santé militaire, membre de l'académie de médecine, du conseil d'hygiène publique de la Seine, et du conseil général des Hautes-Pyrénées; grand-officier des ordres de la Légion d'honneur, des Saints-Maurice et Lazare, de Saint-Stanislas, du Lion et du Soleil de Perse; commandeur des ordres de François-Joseph d'Autriche, de l'Aigle-Rouge de Prusse, de la Couronne de Chêne et du Médjidié ; officier de l'ordre de Léopold de Belgique, du corps de santé de médecine militaire du Mexique, etc.

Fils de l'illustre baron Larrey, mort en 1842 épuisé de fatigues, Félix-Hippolyte, né à Paris le 18 septembre 1808, s'efforça par de précoces, brillantes et rapides études de marcher sur les traces de son père, le célèbre chirurgien du premier Empire. Élève des professeurs Dupuytren, Roux, Cloquet, Velpeau, chirurgien sous-aide en 1829, lauréat du Val-de-Grâce et docteur en médecine de la Faculté de Paris en 1832, il fut chargé du service de l'hôpital militaire de Picpus, à l'époque de l'épidémie du choléra.

Pour son début, après avoir été attaché à l'hopital militaire de Strasbourg en 1829, il avait été attaché à l'hôpital du Gros-Caillou et il fut l'un des aides de son père auprès des blessés de l'armée et des blessés du peuple, pendant la révolution de juillet.

Chirurgien aide-major au siége de la citadelle d'Anvers, spécialement attaché sur sa demande à l'ambulance de la tranchée, chargé après la prise de la place d'assurer des secours aux blessés hollandais, il fut nommé chevalier de l'ordre de Léopold, à la création de cet ordre, et s'il n'obtint pas alors la Légion d'honneur sur la proposition du commandant en chef, c'est que le ministre de la guerre, le maréchal Soult, le trouva trop jeune.

M. le baron Larrey cumula les obligations de sa carrière militaire avec les devoirs de l'enseignement.

En 1838, chargé des cours de clinique chirurgicale à l'hôpital des Cliniques, à Paris, il eut l'honneur de suppléer pendant trois ans, de 1839 à 1842, son habile maître, le professeur Jules Cloquet.

Promu successivement aux grades supérieurs, il se voua entièrement à l'enseignement qu'il n'interrompit que pour des voyages scientifiques, des missions spéciales, des services actifs. Pendant la campagne d'Italie, il fut médecin en chef de l'armée, et l'on sait qu'il sut prévenir les redoutables conséquences de l'encombrement si fatal aux blessés et aux malades des armées, qu'il paya de sa personne en surveillant au feu le service des ambulances et qu'il eut un cheval tué sous lui, à la bataille de Solférino.

Élu en janvier 1860, à l'unanimité des suffrages, membre du conseil général des Hautes-Pyrénées, pour le canton de Campan, près de Baudéan, pays natal de son père, M. le baron Larrey, a écrit de nombreux ouvrages scientifiques.

LARROQUE. *Toulouse.*

D'azur au lion d'or.

On retrouve encore deux représentants de cette famille : de Larroque, au château de Castillon, par Arengosse, département des Landes; de Larroque, docteur en médecine, officier de la Légion d'honneur, à Paris.

LARTIGUE. *Béarn, Toulouse, Montpellier, Montauban.*

BÉARN. De gueules au lion d'or.

TOULOUSE, MONTPELLIER, MONTAUBAN. Parti : au 1 de gueules au lion d'or, armé et lampassé de sable ; au 2 de sable à trois besants d'argent. — D'azur à trois fleurs à sept feuilles, tigées et feuillées d'argent, posées en fasce sur une terrasse du même ; en chef, un nuage d'argent chargé d'un soleil rayonnant d'or adextré.

Lartigue en Béarn est une grande famille. Son nom est connu depuis l'an 1174, suivant les chroniques ecclésiastiques du diocèse d'Auch, imprimées à Toulouse en 1746. L'histoire fait mention de plusieurs personnes de ce nom, illustres par leur rang, les terres et les fiefs qu'elles possédaient, ainsi que par des alliances considérables, indices irrécusables d'ancienne noblesse.

Le nom de Lartigue compte aujourd'hui six représentants : de Lartigue, chevalier de la Légion d'honneur, au château de Lassalle, par Mezin, département de Lot-et-Garonne ; de Lartigue, commandeur de la Légion d'honneur, général de brigade, à Paris ; de Lartigue, à Montesquieu-Volvestre, département de la Haute-Garonne ; de Lartigue, à Toulouse ; l'abbé de Lartigue, curé à Toulouse ; Paul de Lartigue, attaché à l'administration des lignes télégraphiques, à Avignon.

LAS CASES. *France.*

D'or à la bande d'azur ; à la bordure de gueules ; au franc quartier de comte.

Passée en Espagne avec Henri de Bourgogne, en 1089, une branche s'y établit au XIIe siècle. En 1250 Bertrand de Las Cases accompagne saint Louis aux croisades.

Cette famille a trois représentants : le marquis de Las Cases, comte de l'Empire, officier de la Légion d'honneur, ancien député à Paris ; le marquis de Las Cases, chevalier de Saint-Louis, au château de Léoville, par Saint-Julien de Reignac (Gironde) ; Mgr de Las Cases, évêque de Constantine, de Hyponas et de Montpellier.

LASCOURS. *Languedoc.*

Écartelé : au 1 d'azur au soleil d'or; au 2 de gueules à la branche de chêne d'argent posée en bande; au 3 de sable à trois merlettes d'argent, les deux en chef affrontées; au 4 d'azur au lion d'or.

Le baron de Lascours, unique représentant du nom, réside au château de Lascours, par Anduze, département du Gard.

LASNIER DE LAVALETTE. *Languedoc.*

D'argent au pin de sinople soutenu de deux lions et deux croissants d'azur en chef; écartelé d'azur à trois chevrons d'or.

La Chesnaye-Desbois mentionne une famille Lasnier, originaire d'Angers, qui a fondé le prieuré de la Papillaye, proche de cette ville. Celle qui nous occupe est représentée par Lasnier de Lavalette, à Villac, par Terrasson, département de la Dordogne.

LASSANSAA. *Béarn.*

De gueules au chevron d'or, accompagné de trois rencontres de bœuf d'argent, bouclés et accornés d'or.

Henri de Lassansaa, unique représentant du nom, réside à Pau, département des Basses-Pyrénées.

LASSEUR DE RANSAY. *Bretagne.*

De gueules au chevron d'argent, accompagné de trois coqs d'or, ceux du chef affrontés.

De Lasseur de Ransay, unique représentant du nom, est avocat, à Nantes.

LASSUS. *Toulouse, Artois.*

TOULOUSE. D'or à la bande engrelée de gueules,

accompagnée en chef de deux grenades tigées et feuillées du même.

Artois. De sable au chevron d'or chargé de trois bandes d'azur.

Lassus est un beau nom de noblesse qui a sa place dans l'histoire. Il compte cinq représentants : Marc, baron de Lassus de Bizoux, qui a sa résidence d'été au château de Nestier, département des Basses-Pyrénées et celle d'hiver, à Paris; le baron de Lassus de Saint-Geniès, officier de la Légion d'honneur, ancien préfet du département de Seine-et-Marne, à Melun; de Lassus, chevalier de la Légion d'honneur, conseiller général, à Soulaines, département de l'Aube; de Lassus, au château d'Arrentières, par Bar-sur-Aube, département de l'Aube; de Lassus, sans fonctions et sans titre, à Toulouse.

LASTEYRIE. *Limousin.*

Lasteyrie. De sable à l'aigle d'or, le vol abaissé.

Lasteyrie du Saillant. Écartelé : aux 1 et 4 de sable à l'aigle d'or; aux 2 et 3 d'argent au lambel de gueules.

Divisée en trois branches aujourd'hui, elles ont pour représentants : le comte de Lasteyrie du Saillant, membre de l'Institut, à Paris; le marquis de Lasteyrie, au château de Grange-Bleneau, par Rozoy-en-Brie, département de Seine-et-Marne; le marquis de Lasteyrie du Saillant, à Lasteyrie, près la Roche-Beaucourt, département de la Dordogne.

LASTIC. *Auvergne, Limousin, Poitou.*

De gueules à la fasce d'argent.

Cette famille qui remonte à Henry, seigneur de

Lastic, époux d'Aldéarde de Mercœur, vers 1040 se divise aujourd'hui en deux branches : celle de Lastic, proprement dit, et de Lastic Saint-Jal dont voici les représentants : Philippe-Ursule-Charles, comte de Lastic Saint-Jal, officier de la Légion d'honneur, inspecteur général des haras nationaux, à Châtellerault, département de la Vienne. Il a deux fils : Henri-Charles-Marie-Dieudonné, comte de Lastic Saint-Jal, au château de la Boutière, près Lencloître, département de la Vienne, dont le fils Charles-Almire, marquis de Lastic Saint-Jal, continuera la descendance; Gaston-Charles, vicomte de Lastic Saint-Jal, second fils, est officier des Haras nationaux.

Albert-Marie-Joseph-Henri, comte de Lastic Saint-Jal, au château de Montauban, est l'unique représentant de la seconde branche des seigneurs de Saint-Jal.

Annet-François-Antoine, marquis de Lastic, proprement dit, réside au château de Parentignat, près Issoire, département du Puy-de-Dôme; Il a eu un fils, Annet-François-Alphonse, comte de Lastic, mort en 1867, laissant trois fils, Annet-François-Joseph, héritier du titre de marquis; Annet-Louis-Philibert; Annet-Chantal-Alphonse.

Philippe de Lastic, baron du Vigouroux, consul de France, à Naxos, a huit enfants, entre autres Gaspard de Lastic, qul épousa en 1850, Marie de Barozzi, sa cousine.

LATHENAI OU **LATHENAY**. *Languedoc.*

D'azur à la tour accostée d'une épée et d'un lion d'or, armé et lampassé de gueules.

Originaire de la Grèce, établie en France depuis plusieurs siècles et divisée en différentes branches cette famille a deux représentants : de Lathenai, au château de Massignes, près Ginestas, département de l'Aude; de Lathenai, à Toulouse.

LATTAIGNANT. *Picardie.*

D'azur à trois coqs d'or.

Cette famille noble, qui descend de Jean de Lattaignant, servant en qualité d'homme d'armes des ordonnances du roi, en 1342, a deux représentants : de Lattaignant, à Pont, département de l'Oise; de Lattaignant de Ledinghen, officier de la Légion d'honneur, ancien chef de bataillon du génie.

LAU. *Béarn.*

De sinople fretté d'argent; à une fasce de même.

Jules de Lau, unique représentant du nom, réside à son château de Lanjuzan, par Nogaro, département du Gers.

LAU D'ALLEMANS (DU). *Périgord.*

D'or au laurier de sinople et au lion léopardé de gueules, brochant sur le fût de l'arbre; à la bordure d'azur chargée de quinze besants d'or.

D'ancienne et illustre noblesse, cette famille, qui a pris ses alliances dans les maisons de Pons, de Foix, La Rochefoucauld, Montesquiou, Pardailhan, Lamoy, La Roche-Aymon, Polignac, Jaubert de Saint-Gelais-Durfort-Moustier, Montalembert, Beaupoil Saint-Aulaire, Lambertye, etc., a quatre représentants : le marquis du Lau d'Allemans, à Paris, et au château de Montardy par Saint-Apre, (Dordogne); le comte du Lau d'Allemans, à Paris; le vicomte du Lau, au château de l'Ago-Bâton, par Larochefoucauld, département de la Charente; le comte du Lau, colonel en retraite à Angoulême.

LAUBESPIN. *Franche-Comté.*

D'azur au sautoir d'or cantonné de quatre billettes du même.

Devises : *Qui s'y frotte s'y pique; Far bene lascia dire.*

Branche de la maison de Coligny dont le nom a été donné, depuis près de trois siècles, aux Mouchet-Battefort par un de Laubespin, en 1580.

Les généalogies de cette maison existent dans Moréri, le père Anselme, Gollut, Dubouchet, Dunod, Chevalier, Rougebief, Corneille Saint-Marc, etc.

Ces auteurs parlent des services et des alliances des Laubespin avec les Harlay, La Chambre, Nettancourt, Saint-Mauris, Scorailles, Choiseul, Durfort, Montmorency, Uzès, Lafayette, Tracy, Mirepoix, Noailles, La Trémoïlle, Damas, La Tour-Maubourg, Reculot, Moustier, Grammont, Pardaillan, d'Antin, Penthièvre, Rennepont,. Raincourt, Froissard, Merode, Marenches, Vaulchier, Mortemart, Épernon, Montalembert, Wignacourt, Clermont-Tonnerre, Du Vigean, Du Vigneau, Beauveau, Granvelle, Montboissier, Gouth.

La filiation s'arrête vers 1740, au marquis de Laubespin, qui épousa Charlotte de Scoraille, sœur de la marquise de Grammont. Il eut deux fils, savoir :

A. Charles, qui suit, I.

B. Emmanuel, qui suit, II.

I. Charles, marquis de Laubespin,qui épousa N. de Lévis, sœur du duc de Mirepoix, dont trois enfants, savoir :

A. Roger, marié à N. de Clermont;

B. Ulrich, marié à N. de la Moussaye;

C. Camille, marié à N. de Beaufort.

II. Emmanuel, comte de Laubespin, qui épousa Augustine de Tracy, fille du comte de Tracy, pair de France, sœur de Mme de Lafayette et du marquis de Tracy, ministre de la marine, dont un fils, Léonel, qui suit, III :

III. Léonel, comte de Laubespin, élève à l'École polytechnique en 1829, décoré, en Afrique, en 1840, aide de camp du maréchal Vallée, conseiller-général du département de la Nièvre pendant plus de trente ans. Il épousa Juliette de Sieyès, de la famille du célèbre homme d'État, dont il a un fils, Antoine de Laubespin, né le 21 juillet 1862.

LAUBIER. *Poitou.*

De gueules à l'étoile de huit rais d'or posée en franc-quartier.

Cette famille a trois représentants : de Laubier, au château de Vougerolles, par Lussac; de Laubier, juge, à Châtellerault; de Laubier de Grandfief, juge de paix, à Civray, tous trois dans le département de la Vienne.

LAUDUN. *Languedoc.*

D'azur au sautoir d'or surmonté d'un lambel de gueules.

La Chesnaye-Desbois mentionne les armoiries de cette famille, qui est représentée par de Laudun, au château de Maudine, par Saint-Martin-de-Crau, département des Bouches-du-Rhône.

LAUGIER DE VILLARS. *Provence, Lorraine, Comtat-Venaissin.*

D'argent au lion de gueules.

Cette maison ancienne et illustre remonte à Raimond, baron de Laugier, chevalier, mentionné au nombre des barons et seigneurs provençaux qui, en 1114, suivirent le parti de Bérenger, comte de Provence, dans la guerre qu'il fit à la maison des Baux. Elle est représentée par le comte de Laugier de Villars, au château de Châteauredon, par Mezel, département des Basses-Alpes.

LAUGIER DE CHARTROUSE. *Provence.*

D'azur au château d'or, accompagné de trois oiseaux d'argent, posés 2 et 1.

Cette famille est représentée par le baron de Laugier de Chartrouse, ancien député, qui a sa résidence d'été au château de Chartrouse, par Arles, et sa résidence d'hiver à Paris.

LAULANIER. *Provence.*

De gueules à trois besants d'or posés en bande.

L'unique représentant du nom, de Laulanier, réside au château de Bouties, par Puy-l'Évêque, département du Lot.

LAUNAY. *Bretagne.*

D'argent à l'aigle éployée d'azur, becquée, membrée et onglée de gueules.

Cette famille descend d'Yves de Launay, écuyer, sieur de La Salle, évêché de Cornouailles, ressort de Crahaix, déclaré noble d'extraction par arrêt de maintenue de la Chambre de Rennes, en date du 26 novembre 1670.

Elle a pour chef de nom et d'armes Louis de Launay, ancien maire de Guéménée-sur-Scorff, département du

Morbihan. Il a un fils, Alexandre de Launay, à Lamballe. Elle a d'autres représentants : Frédéric de Launay; Ludovic de Launay, directeur des postes à Paris; Ernest de Launay, chevalier de la Légion d'honneur, capitaine d'infanterie.

LAUNAY. *Poitou.*

De sable à une tête de lion d'argent arrochée de gueules.

Originaire du Poitou, où elle a habité depuis plus de deux cents ans, cette famille est représentée par de Launay, au château de l'Archette, par Olivet, département du Loiret, époux d'une demoiselle de Pauzelles, fille du premier président à la cour d'appel d'Orléans.

LAUNAY. *Bretagne*, *Touraine*, *Normandie.*

Bretagne. D'argent, à sept macles de gueules. — D'argent au chevron engrelé de sable. — De gueules à six champignons d'argent. — Écartelé d'or et d'azur, au filet de gueules en bande brochant sur le tout.

Touraine. Emmanché en pal d'argent et de sable de six pièces.

Normandie. D'hermines à trois pals de gueules.

Le nom de Launay est très-répandu en France. On distingue parmi ses représentants : le comte de Launay, maire à Clérey et le comte de Launay, au château de Courcelles, par Saint-Pierre-les-Vaudes, département de l'Aube; le baron de Launay, à Paris.

LAUNAY DE LA MOTHAYE. *Maine*, *Touraine*, *Bretagne*.

D'or à l'arbre de sinople déraciné, accosté de deux aiglons de sable becqués et membrés de gueules.

Devise : *Pour Dieu et l'honneur*.

Branche principale. Cette famille est représentée par

Paul de Launay de La Mothaye, officier de cavalerie, au château de La Mothaye, par Beaufort, département de Maine-et-Loire. Il a un oncle, Aimé de Launay de La Mothaye, au château d'Isore, par Chinon, département d'Indre-et-Loire.

LAURANS. *Toulouse, Montauban.*

D'or à deux palmes de sinople posées en pal et un chef cousu d'argent chargé de trois molettes de sable.

L'unique représentant du nom de Laurans, est juge à Saint-Sever, par Tartras, département des Landes.

LAURENCEAU. *Poitou.*

Burelé d'or et de gueules, à la tour d'argent maçonnée de sable, sommée d'une étoile d'or et accompagnée en pointe de deux étoiles d'azur. Couronne : de baron.

Etienne-Hyacinthe, baron de Laurenceau, a été maire de Poitiers sous les règnes de Louis XVIII et de Charles X.

Jacques-Etienne-Adolphe, baron de Laurenceau, son fils, mort en 1873, élu, par le département de la Vienne, membre de l'Assemblée nationale législative, en 1849, a siégé dans cette assemblée jusqu'à la révolution du 2 décembre 1851.

Alors, repoussé du Palais législatif par la force armée, il fut arrêté avec ses collègues à la mairie du dixième arrondissement, conduit à la caserne du quai d'Orsay et ensuite à la forteresse du Mont-Valérien.

Élu conseiller général de la Vienne en 1848, il a, en cette qualité, fait partie de la Haute-Cour de Bourges en 1849, et a siégé au Conseil général jusqu'en 1867.

Élu membre de l'Assemblée nationale le 8 février 1871, il a fait partie de plusieurs commissions parlementaires, et, entr'autres, de la Commission des Quinze, chargée d'accompagner MM. Thiers et Jules Favre dans la négociation importante des préliminaires de la paix entre le Gouvernement Prussien et la France.

LAURENCIE (LA). *Angoumois, Saintonge, Poitou.*

D'argent à l'aigle à deux têtes de sable, le vol éployé. — D'azur à l'aigle à deux têtes d'argent, le vol abaissé.

Titrée de marquis, comte et baron, cette famille a trois représentants : de La Laurencie, à Paris, et à Charbonièras, par Périgueux (Dordogne); de La Laurencie, au château de Beaulieu, par Coutras (Gironde); de La Laurencie-Charras, au château de Charras, par Montbron (Charente).

LAURENS. *Languedoc.*

De gueules à trois coquilles d'argent rayées de sable.

Une des plus anciennes du Languedoc et ayant illustré le capitoulat dès le treizième siècle, époque où elle possédait déjà la terre de Soupets et le fief de Castelet-lès-Puginier, cette belle famille a deux représentants : de Laurens, au château de Castelet, par Castelnaudary, département de l'Aude, et à Toulouse ; de Laurens, au château de Doux et à Toulouse.

LAURENS (DU). *Provence, Comtat-Venaissin.*

Parti : au 1 d'or à la croix pattée de gueules ; au 2 d'or à trois bandes de gueules.

Originaire de Toscane, venue en Provence au quatorzième siècle, cette famille s'est divisée en plusieurs branches qui ont modifié leurs armes. Elle compte aujourd'hui deux représentants : Alfred, baron du Laurens d'Oiselay, chef de la famille, au château d'Oiselay, par Sorgues, département de Vaucluse, et à Avignon; Louis, baron du Laurens d'Oiselay, à Avignon.

LAURENT. *Limousin, Poitou.*

D'argent au chevron de gueules accompagné en chef de deux étoiles d'azur et en pointe d'un croissant du même.

Cette famille a deux représentants: de Laurent, juge de paix, à Dax, département des Landes; madame la douairière de Laurent de Saint-Aignan, à Orléans.

LAURÈS. *Lyonnais, Guyenne.*

D'or à trois branches de laurier de sinople en pal; au chef de gueules chargé de trois foudres d'argent.

Devise : *Frigora non timent nec Jovis fulmina lauri.*

Cette famille, dont la filiation suivie et justifiée devant le juge d'armes de France, remonte à Antoine, qui suit :

I. Antoine de Laurès qui épousa Marguerite de Sellier, est le premier du nom dont fait mention la généalogie de sa famille.

II. Antoine de Laurès, fils du précédent, conseiller du Roi, trésorier des Mortespaies en Languedoc, épousa le 23 octobre 1614, Jeanne de Bourguignon, fille de Jean, capitaine, et de Claude de Gerin.

III. Jacques de Laurès, fils du précédent, d'abord secrétaire de l'intendant de Bourgogne, Bugey et Valromey (M. de Bouchu), puis conseiller du Roi, et pour

S. M. viguier en la ville et en la viguerie de Gignac. Il épousa le 28 novembre 1665, Antoinette d'Hugues, fille de Mathieu d'Hugues et de Brigitte de Massauve. L'oncle de Mathieu d'Hugues, Guillaume d'Hugues, fut archevêque-prince d'Embrun. La famille conserve dans ses archives les bulles d'investiture de cet archevêque, ainsi que son portrait qui porte la date de 1640. — La famille d'Hugues était alliée aux comtes de Toulouse. Le grand armorial de d'Hozier renferme une longue notice biographique de Guillaume d'Hugues.

Les enfants de Jacques de Laurès furent : 1° Claude-Joseph, qui suit; 2° Hugues, capitaine au régiment de Normandie ; 3° Louis, vicaire-général de l'évêque d'Agde ; 4° Henry, docteur en théologie de l'université de Toulouse ; 5° Brigitte-Rose, qui épousa M. de Themines Lauzières ; 6° Antoinette, qui épousa M. de Massauve-Castillon, capitaine au régiment de Laonois, etc.

IV. Claude-Joseph de Laurès, conseiller en la cour des aydes de Montpellier, épousa, le 1er février 1669, Elisabeth de Pujol, fille de Guillaume de Pujol, trésorier-général de France, à Toulouse, et de Claire de Melet; les enfants furent : 1° Claude-Daniel, qui suit ; 2° Antoine, qui mérite une mention spéciale. Il fut l'ami et le secrétaire du duc du Maine; il est connu sous le titre de chevalier de Laurès. C'était un poëte distingué. L'abbé Sabatier, connu par des querelles avec Voltaire, cite avec éloge, dans ses *Trois siècles de la littérature française*, sa traduction en vers de la *Pharsale*. Nous avons d'autres poésies d'Antoine de Laurès. Il naquit en 1708.

V. Claude-Daniel de Laurès, conseiller en la cour des aydes de Montpellier, épousa, en 1738, Catherine-Charlotte de la Sablière, fille de Philippe-François de la Sablière, chevalier de Saint-Louis, ancien lieutenant-colonel d'infanterie et de Marie-Anne d'Arbois.

VI. Claude-Joseph Laurès, fils de Claude-Daniel, épousa, le 7 avril 1766, Angélique de la Sablière, fille de Louis de la Sablière, chevalier de Saint-Louis, capitaine d'infanterie et de Marie-Thérèse le Court.

VII. Claude-Joseph de Laurès, fils du précédent, était en 1791, en garnison au Quesnoy, sous-lieutenant au régiment de Berry (appelé aussi régiment de Vintimille). Pour obtenir son brevet, il lui fallut faire les preuves de quatre quartiers de noblesse, qui furent reçus et vérifiés par Cherin. Du Quesnoy, il émigra en Allemagne, et fit campagne à l'armée des princes. Au retour de l'émigration, il épousa Henriette de Vissec Latude Saint-Martin, fille de Pierre, comte de Vissec, seigneur de Saint-Martin, baron d'Arboras et de dame de Béranger Caladon.

Il fut, à la rentrée des Bourbons, sous-préfet de Lodève, pendant quelques mois, puis maire de Gignac, jusqu'en 1830; il est mort en 1844.

Par son mariage avec Henriette de Vissec, il s'était allié à une des plus anciennes et des plus illustres familles du Languedoc, qui forma plusieurs branches, telles que celle des marquis de Ganges, des barons de Pontès, etc.

Henriette de Vissec avait un frère page du roi; il émigra en Angleterre avec les princes. Elle avait aussi deux sœurs : Charlotte et Bernardine. Bernardine de Vissec Latude Saint-Martin, dernière représentante du nom, est morte en 1865, instituant pour son légataire universel Élie, qui suit, en lui donnant entre autres le château d'Arboras (Hérault).

VIII. Henry de Laurès, fils du précédent, a épousé

Alexandrine Rouaud, fille de feu Guillaume Rouaud, chevalier de la Légion d'honneur manufacturier, maire de Lodève sous la Restauration. De ce mariage, sont issus deux fils, Hélie et Raoul, et deux filles, Marie et Blanche.

Joséphine de Laurès, sœur de Henry ci-dessus, a épousé M. Édouard Delpont, de Clermont-l'Hérault. De ses trois fils, l'aîné, Charles Delpont, licencié en droit, est préfet à Rennes. Précédemment, il était préfet du Morbihan.

Il n'existe point d'autres représentants de cette famille.

Résidences des Laurès : à Gignac, au château de Pelican, près Gignac et au château d'Arboras (Hérault).

LAURIÈRE. *Limousin*, *Guyenne.*

D'azur au lion d'or, armé, lampassé et couronné de même. Supports : deux lions.

Une des plus anciennes noblesses de la province du Limousin, dont sont issus les seigneurs et barons de Moncaut, en Gascogne, cette famille a deux représentants : de Laurière, au château de Saint-Mamet, par Douville, département de la Dordogne ; de Laurière, à Paris.

LAUTARD. *Montpellier*, *Montauban.*

De gueules à une rivière d'argent courante en bande.

Cette famille, dont nous ne connaissons que les armes, a deux représentants : Louis de Lautard, ancien magistrat, à Toulouse ; de Lautard, avocat, à Toulouse.

LAUTHONNYE. *Limousin.*

Ecartelé : aux 1 et 4 d'azur à deux épis effeuillés d'or réunis en pointe ; aux 2 et 3 d'or à trois molettes d'azur.

Le comte de Lauthonnye, unique représentant du nom, réside au château de Chaunac, par Tulle, département de la Corrèze.

LAUVERGEAT. *Berry.*

D'azur à la fasce d'argent chargée de trois roses de gueules et accompagnée de trois bâtons noueux d'or, posés 2 et 1.

De Lauvergeat, unique représentant du nom, réside à Paris.

LAUZANNE. *Berry*, *Bretagne*, *Auvergne.*

D'azur au croissant d'argent accompagné de deux étoiles d'or, l'une en chef et l'autre en pointe.

Divisée en trois branches établies dans la Marche, en Auvergne et en Bretagne, la seule qui subsiste, cette maison, d'ancienne noblesse, dont l'origine se perd dans la nuit des temps, et qui a perdu ses premiers titres par les ravages des guerres et les incendies, établit sur preuves authentiques, sa filiation suivie depuis Pierre de Lauzanne, écuyer, seigneur de Lestang, qui fut déchargé du payement des francs fiefs et nouveaux acquits, par sentence du 27 septembre 1473, en conséquence des preuves de noblesse qu'il fit à cette époque. Elle est représentée aujourd'hui par le comte de Lauzanne, au château de Chazet, par Aigueperse, département du Puy-de-Dôme.

LAUZE. *Toulouse, Montauban.*

D'or au chevron de gueules accompagné de trois alouettes de sable, deux en chef et une en pointe.

Cette famille a deux représentants : de Lauze de Perret, au château de Ruquette, par Saint-Germain-de-Calberte, département de la Lozère ; de Lauze de Ladevèze, à Bône, Algérie.

LAVAL. *Bretagne, Normandie, Lorraine, Touraine.*

BRETAGNE. D'azur au rocher d'or surmonté d'un croissant d'argent. — De gueules au léopard d'or.

NORMANDIE. De contre-hermine plein.

LORRAINE, TOURAINE. D'or semé de flammes de gueules ; à la croix ancrée d'azur, chargée de cinq flammes d'or.

Laval, en Lorraine, fixé ensuite en Touraine, famille de noblesse d'épée, remonte à Claude-Hector de Laval, qui suivit à la guerre le duc de Lorraine, son prince, en bon équipage, avec son frère et ses vassaux, et se signala par ses services.

Cette famille a quatre représentants : le baron de Laval, au château de Bergerat, par Montaigut, département du Puy-de-Dôme ; de Laval, vicaire général, à Nevers, département de la Nièvre ; Léon de Laval, à Lyon ; de Laval, professeur au séminaire, à Carcassonne, département de l'Aude.

LAVAU. *Bourbonnais.*

D'argent au chevron de gueules, accompagné en chef de deux molettes de gueules, et en pointe d'un chêne de sinople.

Cette famille a eu plusieurs charges à la Cour des Comptes de Bretagne. Plusieurs de ses membres furent conseillers-maîtres ; l'un d'eux fut président de cette cour souveraine.

La famille de Lavau habite maintenant le département de Loir-et-Cher, où elle est représentée par MM. Guy de Lavau, ancien préfet de police, ancien conseiller d'État, et Adrien de Lavau, son fils, au château de Meslay, près Vendôme ; et par M. Gaston de Lavau, au château de Moncé, commune de Saint-Firmin-des-Prés.

Une autre branche de la famille habite le Saumurois.

LAVAUD. *Limousin.*

D'azur à trois fasces d'or.

Cette famille a deux représentants : de Lavaud de Saint-Colomb par Lauzun, département de Lot-et-Garonne ; de Lavaud, juge, à Rochechouart, département de la Haute-Vienne.

LA VAULX. *Lorraine.*

Écartelé : aux 1 et 4 d'azur, à deux truites adossées d'argent, écaillées de gueules, cantonnées de quatre croisettes recroisettées d'argent, au pied fiché d'or, qui est de Chiny ; aux 2 et 3 de sable, à trois herses d'argent, qui est de La Vaulx ; sur le tout de sable à trois tours d'argent. Tenants : deux sauvages de carnation, armés de leur massue et portant chacun une bannière, à dextre de Chiny, à senestre de Luxembourg.

D'ancienne noblesse en Lorraine et en Barrois, cette famille, qui occupait les premières places aux assises du duché de Luxembourg, a pour chef de nom et d'armes Erard, comte de La Vaulx, au château de Rosoy, par Viels-Maisons, département de l'Aisne. Il a deux fils : Paul, comte de La Vaulx, ancien officier aux zouaves pontificaux ; Roger, comte de Lavaulx, ancien officier aux zouaves pontificaux. Il a un frère : Louis-Ernest, comte de La Vaulx, au château de Villers-Agron, près de Château-Thierry et qui a deux fils, Raoul, Erard, et huit filles. Il a deux frères consanguins : Amédée, comte de La Vaulx, au château de Chamant, près Senlis, et Louis-René, comte de La Vaulx, à Béthisy-Saint-Pierre, département de l'Oise.

LAVAUR. *Quercy, Périgord, Limousin.*

D'argent au lion de gueules ; au chef d'azur chargé de trois étoiles d'or. Couronne : de comte. Supports : deux lions.

Le nom de Lavaur a cinq représentants : le comte de Lavaur de Sainte-Fortunade, au château de Sainte-Fortunade, par Tulle, département de la Corrèze ; de Lavaur, conseiller à la cour d'appel de Bordeaux ; de Lavaur, à Montfaucon-du-Lot, chef de nom et d'armes des branches du Quercy ; de Lavaur de Charry, au château de Charry, par Montcuq, département du Lot ; de Lavaur de Charry, chanoine, à Agen, département de Lot-et-Garonne.

La branche de Lavaur de la Boïsse remonte à Guillaume de Lavaur, écuyer, écrivain distingué, cité dans les ouvrages spéciaux, notamment dans le *Mercure de France*, de novembre 1731, fils de Paul de Lavaur, descendant d'un cadet des seigneurs de Lavaur, maison considérable et des plus anciennes du Quercy. Cette branche a plusieurs représentants : de Lavaur de la Boisse, au château de la Boisse, par Saint-Céré, département du Lot ; de Lavaur de la Boisse, chevalier de la Légion d'honneur, maire de Saint-Laurent-les-Tours, département du Lot, depuis plus de quarante ans, membre du conseil général du département pendant plus de vingt-huit ans, qui a deux fils : Léon de Lavaur de la Boisse, officier de cavalerie, sans alliance ; Ernest de Lavaur de la Boisse, licencié en droit, agronome distingué.

LAVAUX. *Limousin.*

D'argent à trois bandes de gueules.

Cette famille a deux représentants : de Lavaux, à Libourne, département de la Gironde ; de Lavaux, au château de Carqueiranne, à Hyères, département du Var.

LAVERGNE. *Languedoc.*

D'argent au chef de gueules, chargé de trois coquilles aussi d'argent. — D'azur à la croix recroisettée d'or ; au chef cousu de gueules, chargé de trois étoiles du second.

Connue dans les anciens titres sous les noms de Vernie, Lavernie, Vergne ou Lavergne, cette maison a eu des comtes de Lyon de son nom, et les cartulaires de ce chapitre montrent, par les différentes preuves qui y sont admises, qu'elle tient, par les filiations maternelles et par les alliances, aux plus anciennes maisons du Dauphiné, du Languedoc et de la Provence.

Elle a quatre représentants : de Lavergne, au château du Puy, par Oradour, département de la Haute-Vienne ; Léonce de Lavergne, officier de la Légion d'honneur, membre de l'Institut, à Paris ; de Lavergne de Cerval, officier de la Légion d'honneur, directeur de l'enregistrement et des domaines à Troyes, département de l'Aube ; et autre Lavergne de Cerval.

LAVIT. *Montpellier, Montauban.*

D'or au cep de vigne de sable, feuillé de sinople ; au fruit de pourpre.

Cette famille a trois représentants : de Lavit, à Marseille ; Paul de Lavit de Clausel, lieutenant au 2e régiment de dragons ; Alfred de Lavit de Clausel.

LAW DE LAURISTON. *Écosse, France.*

D'hermines à la bande de gueules accompagnée de deux coqs hardis d'azur, l'un en chef et l'autre en pointe.

Cette famille, très-ancienne et très-illustre en Écosse, a donné Jean-François Law, comte de Tancarville, chevalier de Saint-Louis, major-général et commandant des troupes du roi dans l'Inde. Elle a quatre représentants : le marquis Law de Lauriston, à Paris ; Paul-Napoléon Law de Lauriston, à Paris ; le comte Charles-Louis-Alexandre Law de Lauriston, au château de l'Enfant, par Aix, département des Bouches-du-Rhône ; Law de Lauriston, au château de Coët-Couron, par la Roche-Bernard, département du Morbihan.

LAY DE LABORDE. *France.*

D'argent au chevron d'azur chargé de cinq billettes d'or ; au chef d'argent chargé de cinq tourteaux de sable.

Lay de Laborde, unique représentant du nom, est

juge de paix, à la Barthe-de-Neste, département des Hautes-Pyrénées.

LAYAC. *Auvergne.*

De gueules à deux pals d'argent ; à la bande de sable brochant sur le tout et chargé de trois rocs d'échiquier d'argent.

Le baron de Layac, unique représentant du nom, réside au château de Vendœuvre, par Coulans, département de la Sarthe.

LAYE. *France.*

D'or à trois roues de Sainte-Catherine de sable.

Cette famille, qui se rattache peut-être à l'ancienne maison de Laye, en Beaujolais, qui portait d'argent à la croix de sable, et qu'au siècle dernier on présumait éteinte, nous est connue par son unique représentant, le comte de Laye, au château de Barberet, par Troyes, département de l'Aube.

LEAUMONT. *Guyenne.*

D'azur au faucon d'argent, le vol étendu, perché, guilleté et longé du même.

L'unique représentant du nom, de Leaumont, réside au château de Castille, par Castel-Moron, département de Lot-et-Garonne.

LÉAUTAUD. *Tarascon, Provence.*

D'azur à l'anneau d'or, accroché ou cramponné de quatre croix recroisettées ou patriarcales de même.

Cette famille, qui jouissait des priviléges accordés à la noblesse vers le milieu du quinzième siècle, est représentée par le colonel en retraite de Léautaud, à Versailles.

LE BAILLY D'INGHUEM. *Flandre.*

D'azur à trois croissants d'or.

Renom le Bailly d'Inghuem, chef de nom et d'armes de sa famille, à Aire-sur-la-Lys, département du Pas-de-Calais, ancien garde du corps de Louis XVIII, a un fils, Arthur Le Bailly d'Inghuem. Il a aussi un frère, Le Bailly d'Inghuem, au château de Heulette, même département, qui a trois enfants : Renom Charles et Mathilde Le Bailly d'Inghuem.

LE BARBEY DE BEAUMONT. *Vosges, Lorraine.*

De gueules à trois jumelles d'argent ; l'écu bordé de même.

Le Barbey de Beaumont, unique représentant du nom, est avoué à Mirecourt, département des Vosges.

LE BARBIER DE TINANT. *Bretagne.*

D'argent à deux fasces de sable.

Cette famille a deux représentants : Le Barbier de Tinant, grand-officier de la Légion d'honneur, vice-amiral, à Paris ; Le Barbier de Pradun, syndic de la marine, au Croisic, département de la Loire-Inférieure.

LE BAS. *Berry, Franche-Comté, Ile-de-France.*

D'or au lion de gueules, accompagné de trois arbres de sinople, deux en chef et un en pointe.

On retrouve en France trois représentants du nom : le comte Henri Le Bas du Plessis, au château du Plessis, par Sergine, département de l'Yonne, qui a un fils, Gontran Le Bas du Plessis; Le Bas de Courmont, officier de la Légion d'honneur, conseiller référendaire à la Cour des comptes, à Paris; Le Bas de Girangy, au château de Courbouzoun, près Lons-le-Saulnier, département du Jura.

LE BEL. *Picardie.*

D'azur au chevron d'or recompagné de trois roses de gueules boutonnées du second, et accompagné de trois molettes aussi d'or.

Suivant le *Nobiliaire de Picardie*, Jacques Le Bel, seigneur de Huchenneville, lieutenant-général en la sénéchaussée de Ponthieu, fils de Nicolas, seigneur du même lieu, ancien conseiller de la même sénéchaussée, et de N. du Bos de Tasserville, fut déclaré noble par arrêt du conseil et eut des enfants de N. Feulques, sa femme. Sa descendance est représentée par le baron Le Bel, ancien juge d'instruction à Strasbourg et par Le Bel de Sarnez, chevalier de la Légion d'honneur, ancien lieutenant-colonel au 7e régiment de hussards.

LEBELIN DE DIONNÉ. *France.*

De sinople à trois béliers d'argent, les deux chefs affrontés.

Cette famille a deux représentants : Lebelin de Dionné, chevalier de la Légion d'honneur, ingénieur, à Paris ; Lebelin de Dionné, chevalier de la Légion d'honneur, sous-ingénieur de marine, à Rochefort.

LE BESCOND DE COATPONT. *Bretagne.*

D'azur au pélican d'or en sa piété du même.

Cette famille a cinq représentants : Le Bescond de Coatpont, inspecteur des eaux et forêts à Nantes; Le Bescond de Coatpont, officier de la Légion d'honneur, à Nice; Ernest Le Bescond de Coatpont, capitaine de frégate; Le Bescond de Coaptpont, officier de la Légion d'honneur, lieutenant-colonel au 7e régiment d'artillerie; Le Bescond de Coatpont, officier de la Légion d'honneur, ancien chef de bataillon du génie.

LE BEUF DE MONGERMONT. *Ile-de-France.*

D'azur au chevron d'or, accompagné en chef de deux étoiles et en pointe d'une canette, le tout d'or.

L'unique représentant du nom, Le Beuf de Montgermont, est conseiller général, maire à Montereau, département de Seine-et-Marne.

LE BIHANNIC DE TROMENEC. *Bretagne.*

De gueules à deux dauphins affrontés d'or.

Devise : *Plus fais, plus veux faire.*

Cette famille a plusieurs représentants : Charles de Bihannic de Tromenec, propriétaire à Paris; Georges Le Bihannic de Tromenec, chevalier de la Légion d'honneur, lieutenant de vaisseau. Son frère cadet, Le Bihannic de Tromanec, est capitaine-commandant au 20e régiment d'artillerie, à Rennes.

LEBLANC DE MAUVESIN. *Guyenne.*

Écartelé : aux 1 et 4 d'azur au cygne d'argent, becqué et patté d'or; aux 2 et 3 d'or au chevron de gueules accompagné de trois roses du même, deux en chef et une en pointe.

Originaire d'Irlande, fixée en Guyenne, depuis le quinzième siècle, cette famille a pour unique représentant mâle, Louis-François Le Blanc de Mauvesin, qui a sa résidence d'été au château de Roquetaillade, canton de Langon, département de la Gironde, possession séculaire de sa famille et sa résidence d'hiver à Bordeaux.

LE BLANC. *Touraine, Ile-de-France, Artois, Normandie, Languedoc.*

TOURAINE. D'or à l'aigle éployée de gueules et une bordure de même, portant ces mots de sable : *Bellicæ virtutis præmium.*

ILE-DE-FRANCE. D'azur au demi-vol d'argent.

ARTOIS, NORMANDIE. D'azur au chevron d'or, accompagné de trois quintefeuilles du même; au chef du second chargé d'une aigle de sable, couronnée d'or ; burelé d'or et d'azur.

LANGUEDOC. D'azur au soleil d'or, cantonné de quatre roses d'argent.

Le Blanc a six représentants : le comte Le Blanc, conseiller général, à Quillebœuf, département de l'Eure; Le Blanc d'Avau, ancien ingénieur en chef des ponts et chaussées, à Auxerre, département de l'Yonne; Le Blanc de Bois-Richeux, membre de la Chambre de commerce, à Laval, département de la Mayenne; Le Blanc de Ferrière, à Paris; Le Blanc du Vernet, à Toulouse.

LE BŒUF D'OSMOY. *Normandie.*

D'or au bœuf passant de gueules.

Cette famille se divise en deux branches. La première a deux représentants : Charles-François Le Bœuf d'Osmoy, au château d'Auzenville, par Darnetal, département de la Seine-Inférieure, et Alfred-Henri Le Bœuf d'Osmoy.

La second branche est représentée par Alphonse Le Bœuf, vicomte d'Osmoy.

LE BORGNE. *Picardie*, *Bretagne*.

Picardie. D'or à l'aigle de sable.

Bretagne. D'azur à trois huchets d'or, liés, virolés, et enguichés du même. — D'argent au chef denché de gueules.

Cette famille a six représentants : le comte Le Borgne de Boigne, chevalier de la Légion d'honneur, conseiller général, député de la Savoie, à Paris et au château de Luzay, par Yenne, département de la Savoie ; le baron Charles Le Borgne de Boigne, à Paris; le comte Octave Le Borgne de Boigne, conseiller général, au château de Boisy, par Douvaine, département de la Haute-Savoie ; le comte Le Borgne de Boisriou, au château de Boisriou, département de la Côte-d'Or ; le comte Le Borgne de la Tour, député, vice-président du Conseil général des Côtes-du-Nord, à Paris; le vicomte Le Borgne de la Tour et Armand Le Borgne de la Tour, à Tréguier, même département; le vicomte Le Borgne de la Tour et Armand Le Borgne de la Tour, à Saint-Brieuc, département des Côtes-du-Nord; le comte Le Borgne de Keruzoret, au château de Keruzoret, département du Finistère ; Auguste Le Borgne de Keramhosquer, lieutenant de vaïsseau.

LE BOUCQ. *Flandre*.

D'azur à trois ruches d'or.

Devise : *Maintenir fault*.

Connue à Cambrai dès l'an 1236, passée ensuite dans le Hainaut français, cette famille qui a donné à la ville de Valenciennes un grand nombre d'échevins aux seizième, dix-septième et dix-huitième siècles, plusieurs prevôts et à l'armée des officiers distingués, a été reçue dans l'ordre de Malte en 1792. Elle a sept représentants mâles : Charles, chevalier Le Boucq de Ternas, à Saint-Omer; Amédée, chevalier Le Boucq de Ternas, à Douai; Albert, chevalier Le Boucq de Ternas, à Douai; Alfred-Henri-Joseph Le Boucq de Rupilly, à Templeuve en Pevèle, département du Nord; Alphonse-Joseph, chevalier Le Boucq de Rupilly, maire de Mérignies, même département; Émile-François-Marie, chevalier Le Boucq de Rupilly, au château de Rupilly.

LE BOUETOUX DE BRÉGERAC. *Bretagne.*

D'argent à l'aigle éployée de sable.

Le Bouetoux de Brégerac, unique représentant du nom, réside au château de Beaussais, par Ploubalay, département des Côtes-du-Nord.

LE BOZEC DE QUILIO. *Bretagne.*

De sable à l'aigle éployée d'argent; au bâton de gueules, posé en bande, brochant sur le tout.

L'unique représentant du nom, Le Bozec de Quilio, réside au château de Quilio, par Quimper, département du Finistère.

LE BRUN. *Ile-de-France, Paris.*

Ile-de-France. De gueules à trois chevrons fleuris d'or.

Paris. De gueules à la fasce d'argent accompagnée de trois ciboires d'or.

Cette famille, distinguée par ses titres, a pour chef de nom et d'armes le prince Le Brun, officier de la Légion d'honneur, au château de Laulne, par Lessay, département de la Manche.

LEBRUN. *Normandie.*

De sable à une louve arrêtée d'or, surmontée de deux billettes d'argent ; au chef d'azur semé d'abeilles d'or.

L'unique représentant du nom, Alexandre Lebrun, duc de Plaisance, réside à Paris.

LE COURT DE BÉRU. *Bretagne, Bourgogne.*

D'azur à l'aigle d'or au vol abaissé.

Cette famille est représentée par le comte Le Court de Béru, au château de Béru, par Tonnerre, département de l'Yonne.

LÉCUYER. *Perche, Ile-de-France, Picardie, Soissonnais.*

PERCHE. D'argent à la fasce d'azur, chargée de trois coquilles du champ et accompagnée de six merlettes de sable.

ILE-DE-FRANCE, PICARDIE, SOISSONNAIS. D'azur au chevron d'argent, chargé de cinq roses de gueules et accompagné de trois roses d'or.

Cette famille a deux représentants: de Lécuyer de Villers, à Paris ; de Lécuyer, à Versailles.

LE DANOYS DE TOURVILLE. *Normandie.*

D'argent, au chevron de gueules, accompagné de trois noyers arrachés de sinople, fruités d'or, et au chef d'azur chargé d'une croisette d'or, accostée de deux étoiles d'argent.

Cette famille a pour unique représentant Le Danoys de Tourville, officier de cavalerie.

LÉDO (Puissant du). *Brabant.*

D'azur au chevron d'or accompagné en chef de deux étoiles et en pointe d'un croissant d'argent.

Cette famille a deux représentants.

LEEMPOEL DE NIEUWMUNSTER ET DE VOOGHT. *Artois.*

D'or à la fasce vivrée de gueules accompagnée de trois aigles éployées de sable.

Cette famille a deux représentants : le vicomte van Leempoel de Nieuwmunster et de Vooght, au château de Quiquengrogne, département de l'Aisne ; Oscar, vicomte van Leempoel de Nieuwmunster, attaché d'ambassade, au château de Neuvemaison, même département.

LE FEBVRE. *Picardie.*

D'azur à la fasce d'argent, accompagnée de deux étoiles du même ; au chef d'or, à deux pals de gueules, *alias* de sable, accompagné de trois merlettes de sable, *alias* de gueules.

Cette famille a plusieurs représentants : Charles-Nicolas Le Febvre des Fontaines, chef de nom et d'armes, maire de Saint-Blimond, département de la Somme ; Charles-François-Henri Le Febvre de Grosriez, au château d'Argenvillers, par Mouvion, même département ; Claude-Maurice-Ferdinand Le Febvre de Grosriez, à Abbeville, qui a un fils : Charles-Fernand.

LEFEBVRE. *Ile-de-France, Maine, Picardie, Flandre, Artois.*

Ile-de-France, Maine. D'argent à la tour de sable

posée sur une terrasse de sinople ; au chef d'azur, chargé de trois roses du champ.

PICARDIE. Ecartelé : aux 1 et 4 d'azur au chevron d'or accompagné de trois étoiles du même, deux en chef, une en pointe ; aux 2 et 3 d'or à trois fasces d'azur surmontées de trois rencontres de bœuf de gueules et en pointe d'une fleur de lis du même ; sur le tout de sable au chevron d'argent chargé de trois étoiles de sable.

Cette famille a six représentants : Lefebvre de la Boulaye, juge de première instance, à Paris ; Lefebvre de la Boulaye, membre de l'Institut, à Paris ; Charles Lefebvre de Gouy, ancien capitaine d'artillerie, maire de Wamin, département du Pas-de-Calais ; Ferdinand-Séraphin Lefebvre de Lattre d'Hailly, à Loos, département du Nord ; Alexandre-François-Joseph Lefebvre de Lattre d'Hailly, à Haubourdin, département du Nord.

LEFEBVRE D'ARGENCÉ DES PROVOTIÈRES. *Maine.*

D'argent à une louve de sable passant sur une terrasse de sinople ; au chef d'azur chargé de deux roses d'argent.

Cette famille, qui a pour chef de nom et d'armes Lefebvre d'Argencé des Provotières, chevalier de la Légion d'honneur, président honoraire du tribunal civil, à Blois, compte d'autres représentants : un à Blois, un à Redon et deux dans la Mayenne.

LEFER. *Bretagne.*

Echiqueté d'or et de gueules. — Echiqueté d'argent et d'azur.

Cette famille a deux représentants : Lefer de Bonaban, au château de Picaudais, par Châteauneuf, département d'Ille-et-Vilaine ; Lefer de la Motte, chevalier de la Légion d'honneur, sous-commissaire de la marine, à Dinan, département des Côtes-du-Nord.

LEFEVRE DE PLINVAL. *Picardie.*

Ecartelé en sautoir : aux 1 et 4 d'azur à une étoile d'argent ; aux 2 et 3 d'or à une rose de gueules, tigée et feuillée de sinople ; sur le tout de gueules au chérubin d'or.

Le comte de Lefebvre de Plinval, unique représentant du nom, réside au château de Bergère-sur-Montmirail, département de la Marne.

LE FEVRE. *Alsace, Ile-de-France.*

ALSACE. D'or à trois bandes d'azur.

ILE-DE-FRANCE. D'azur à trois lys de jardin tigés et feuillés de sinople.

Cette famille a deux représentants : Le Fevre de Luxemont, au château de Châtillon, par Cirey-sur-Verouze, département de la Meurthe ; Le Fevre de Belleperche, à Versailles.

LE GAC DE LANSALUT (BIZIEN DU LÉZARD). *Bretagne.*

D'or au lion de sable armé et lampassé de gueules.

Devise : *Semper fidelis.*

Originaire de Bretagne, cette famille qui porte le nom de Lansalut depuis 1690, est représentée par la comtesse Bizien du Lézard Le Gac de Lansalut, à Morlaix, département du Morbihan.

LE GAL DE MIRANDE. *Montpellier. Montauban.*

D'azur au coq d'argent posé sur un croissant du

même ; au chef d'or chargé de trois étoiles de gueules.

Le Gal de Mirande, unique représentant du nom, est maire à Alègre, département de la Haute-Loire.

LE GALL DE KERLINOU. *Bretagne.*

D'argent à cinq fusées de gueules en fasce, surmontées de quatre tourteaux du même.

L'unique représentant du nom, Le Gall de Kerlinou, est juge au tribunal civil de Ploërmel, département du Morbihan.

LE GARDEUR. *Normandie, Angoumois.*

NORMANDIE. De gueules au lion d'argent tenant une croix latine recroisettée d'or.

ANGOUMOIS. De gueules à trois cloches d'or bataillées d'azur ; au chef cousu du même chargé d'un lion d'or entre deux étoiles aussi d'azur.

On retrouve en France trois représentants du nom : Le Gardeur de Croisille, au château de Brillevast, par Saint-Pierre-Église, département de la Manche; le comte Le Gardeur de Tilly, au château de Bristière, par Saint-Agnan, département de la Charente-Inférieure ; Le Gardeur de Tilly, à la Grange, par Villebois-la-Valette, département de la Charente.

LE GENDRE DE LUÇAY. *Lyonnais*, *Champagne*, *Blaisois*, *Ile-de-France.*

D'azur au chevron d'or accompagné en chef de deux étoiles du même et en pointe, d'un lévrier courant d'argent accolé de sable.

Napoléon-Joseph-Charles, comte Le Gendre de Lucay, chevalier de la Légion d'honneur, ancien maître des requêtes et préfet, au château de Saint-Agnan, départ de l'Oise, a un fils, Charles-Hélon-Marie, vicomte de Luçay, chevalier de la Légion d'honneur, maître des requêtes, à Paris. Il a aussi une fille, Chantel-Marie-Félicie, religieuse au Sacré-Cœur, et une sœur, Lucie, qui épousa le général comte de Ségur, membre de l'Académie française.

LEGGE. *Bretagne.*

Partie d'azur et d'argent au chevron de l'un en l'autre, accompagné de trois leçons de l'un à l'autre mantelés d'argent.

De Legge, unique représentant du nom, réside au château de Lanhurons, par Quimper, département du Finistère.

LEGIER. *Alençon.*

D'argent au chevron de gueules accompagné de trois roses du même.

Cette famille est représentée par Legier de Lagarde, conseiller de préfecture, à Epinal, département des Vosges.

LE GOARANT DE TROMELIN. *Bretagne.*

D'argent à la fasce de sable, accompagnée de trois trèfles du même, deux en chef, un en pointe.

Le Goarant de Tromelin a trois représentants : Benjamin, officier de la Légion d'honneur, à Lorient; Alfred-Mathieu, à Paris; Gustave-Louis-Olivier, ancien officier de marine, au château de Rosalien, près Quimper.

LE GOAZRE DE TOULGOUET-TRÉANNA. *Ecosse, Bretagne.*

Ecartelé : aux 1 et 4 d'argent un macle d'azur; aux

2 et 3 d'azur au chevron d'or, accompagné en chef de deux étoiles et en pointe d'un dauphin couronné de même; sur le tout d'argent à une croix-pattée de sinople, cantonnée de quatre molettes de sable ; au chef de Saint-Jean-de-Jérusalem.

Convoqué dans les monstres ou revues militaires de la noblesse et dans les rôles du ban et de l'arrière-ban depuis son installation en Bretagne, cette famille est représentée par Emile-Marie Le Goazre de Toulgouët Tréanna, au château de Villieu-Chassy, département du Cher.

LEGOUX. *Bourgogne.*

Tiercé en pal : d'hermines, de gueules à une étoile à dix rais d'argent et de contre-hermine.

Anoblie par lettres-patentes des rois Louis XVIII, cette famille qui se divise en deux branches a quatre représentants : Félix, baron Legoux, officier de la Légion d'honneur, président de la Cour d'appel à Dijon, chef de nom et d'armes et unique représentant de la branche aînée.

La seconde branche est représentée par Julien-Camille Legoux, ancien préfet qui a un fils, Emile-Bernard-Jules Legoux, chevalier de plusieurs ordres, substitut du procureur de la République à Epernay, département de la Marne, et par Hippolyte-Eugène Legoux, à Dijon.

LEGOUZ DE SAINT-SEINE. *Bourgogne.*

De gueules à la croix endenchée d'or, cantonnée de quatre fers de lame d'argent.

Cette famille a deux représentants : le marquis Legouz de Saint-Seine, au château de Dampierre, par

Pierre, département de Saône-et-Loire; Benigne-Victor-Raoul, vicomte Legouz de Saint-Seine, à Dijon, département de la Côte-d'Or.

LEGRAND. *Bourgogne, Paris.*

BOURGOGNE. Vairé d'or et de gueules.

PARIS. D'argent au cheval cabré de sable; à la fasce de gueules brochant sur le tout et chargée d'une étoile rayonnante d'or. — D'azur à une gerbe d'or accompagnée de trois roses du même.

Cette famille a cinq représentants : le baron Le Grand, au château de Mercey, par Saint-Oyen, département de Saône-et-Loire; Le Grand de Belligny, avoué, à Saint-Pierre, Martinique; Le Grand de l'Oise, chevalier de la Légion d'honneur, à Paris; Le Grand du Saulle, médecin, à Paris; Le Grand de Villers, chevalier de la Légion d'honneur, trésorier payeur-général, à Bordeaux.

LEGRANT DU SOUCHEY. *Normandie.*

D'hermines au chevron de gueules, chargé de trois molettes d'or.

Cette famille a pour chef de nom et d'armes Charles-Victor-Amand Le Grant du Souchey, qui, de son mariage avec Mlle Marie de Barville, a deux fils : Henry-Marie Legrant du Souchey; Charles-Marie Legrant du Souchey.

LE GRAS DU LUART. *Maine.*

D'azur à trois rencontres de daim d'or.

Cette famille a trois représentants : le marquis Le Gras du Luart, qui a sa résidence d'été au château de Luart, par Tuffé, département de la Sarthe, et sa résidence d'hiver à Paris; le comte Louis Le Gras du Luart, à Paris; le comte Philippe Le Gras du Luart, à Paris.

LE GRIX. *Gascogne.*

D'azur au chevron d'or accompagné de trois serres d'aigles d'argent onglées d'or.

On retrouve en France les trois représentants du nom : Le Grix de la Salle, juge, à Bordeaux; le Grix de la Salle, son fils, au château de Villailaure, par Créon, département de la Gironde; Louis le Grix de Tustal, au château de Petit-Verdus, par Créon, même département.

LE GROING DE LA ROMAGÈRE. *Berry, Bourbonnais.*

D'argent à trois têtes de lion de gueules lampassées et couronnées d'or.

Cette famille a deux représentants : Hélion Le Groing de la Romagère, au château de la Romagère, par Huriel, département de l'Allier ; Ludovic Le Groing de la Romagère, au château de Villebouche, par Huriel.

LE GUAY. *France.*

Tiercé : au 1 gironné d'argent et d'azur; au 2 de gueules à l'épée d'argent en pal, la pointe en haut; au 3 d'or au château d'argent à trois tours de fasce à créneaux, porte ouverte au centre.

François-Antoine, baron Le Guay, unique représentant du nom, réside à Paris.

LE GUY DE LA VILLETTE. *Forez, Touraine.*

D'argent au chevron de gueules accompagné en chef

d'un croissant de sable entre deux étoiles du même, et en pointe, d'un chêne avec gui aussi de sable.

Devise : *Au preux le guy.*

Représentée dans le Forez et la Touraine, cette famille, qui se divise en trois branches, a pour chef Le Guy de la Villette, au château de Reposoir d'Henri IV, commune de Gère-Belerten, département des Basses-Pyrénées.

LE HARDY. *Normandie.*

De gueules à trois roses d'or.

Jacques-Édouard Le Hardy, curé à la Bazoche, département de l'Orne, et Jean-François Le Hardy, au château Le Rocher-d'Épinouse, à Athis, même département, représentent aujourd'hui cette famille.

LE HARDY. *Normandie.*

De gueules au chevron d'or, accompagnés de quatre lions d'argent, affrontés ; deux en chef, deux en pointe et, sur le tout, d'argent à trois tourteaux d'or.

Devise : *Nec leporem Feroces procreant imbellem leones.*

Cette famille a pour chef, de nom et d'armes, Louis-Victor Le Hardy, à Caen. Il a deux fils : Eugène-Ferdinand, docteur en médecine, au Mans; Gaston, docteur en droit, à Bretteville-l'Orgueilleuse, département du Calvados.

Une seconde branche est représentée par trois frères : Jean-François Le Hardy de Grandpré, maire de Taillebois, département de l'Orne ; Jacques-Édouard, prêtre ; Pierre Le Hardy.

LE HARIVEL. *Normandie.*

De gueules à trois roses d'or.

Cette famille a deux représentants : François-Amédée Le Harivel de Maizet, qui a un fils et quatre filles, et Aymar Le Harivel de Gonneville qui a deux fils et trois filles.

LE HAULT DE BAINVILLE. *Touraine.*

De gueules à la fasce d'or accompagnée de trois roses du même.

Cette famille dont les armes ont été blasonnées de couleur sur couleur, a deux représentants : Le Hault de Bainville, juge d'instruction, à Laval, département de la Mayenne ; Le Hault de Bainville, juge au Tribunal civil, à Mamers, département de la Sarthe.

LEHON. *Belgique.*

Écartelé aux 1 et 4 de gueules au lion d'or; au 2 et 3 d'argent au croissant de gueules; sur le tout, d'azur à deux mains d'or, paume contre paume, l'une portant au doigt un anneau de mariage; le tout surmonté d'une couronne royale.

Ministre plénipotentiaire de Belgique, en France, lors du mariage de Léopold Ier avec Marie-Louise d'Orléans, fille du roi des Français. Charles-Aymé-Joseph Lehon reçut des lettres d'anoblissement et le titre de comte, en récompense des négociations relatives à cette union qu'il mena à bonne fin. Il laissa un fils, Léopold, comte Lehon, officier de la Légion d'honneur, naturalisé français, député du département de l'Ain, à Paris.

LEISSEGUES DE ROSAVEN. *Bretagne.*

D'or à trois fasces ondées de gueules ; *alias*, à l'épée d'argent garnie d'or brochant sur le tout.

Leissergues de Rosaven, officier de la Légion d'honneur, unique représentant du nom, est commissaire de la marine, à Quimper, département du Finistère.

LE JAY DE BELLEFOND. *Berry.*

ARMES ANCIENNES. D'or à trois geais de sable, au chef d'azur.

ARMES MODERNES. De sinople à trois fasces d'or, surmontées d'un lambel à trois pendants d'argent.

Cette famille est représentée par Le Jay de Bellefond, juge au Tribunal civil de Châteauroux, département de l'Indre.

LEJEAS. *France.*

De gueules au chevron d'or surmonté de deux étoiles à côté l'une de l'autre d'argent; au francquartier d'azur à un miroir en pal, après lequel se tortille et se mire un serpent d'argent.

Le comte de Lejeas, unique représentant du nom, réside au château d'Aiseray, département de la Côte-d'Or.

LE JOLIS DES VILLIERS. *Normandie.*

D'azur au chevron d'or, accompagné de trois aiglettes de sable, deux en chef, une en pointe.

Cette famille est représentée par Édouard Le Jolis des Villiers qui, de son mariage avec Aimée Langlois, a un fils et une fille.

LE LANTIER. *Normandie.*

D'argent à deux trèfles de sinople en chef et une rose de gueules en cœur.

Cette famille est représentée par François Le Lantier, à Vimont. Il a un fils, François-Henry-Ernest Le Lantier.

LE LARGUE D'ERVAU. *Touraine.*

D'azur à deux fasces d'argent chargées de trois annelets de gueules, deux sur la première, un sur la seconde.

Quatre représentants : Sophie-Raoul, au château de la Charmois, par Chaumont-sur-Tharonne; Joseph-Sophie; Benjamin-Paul-Noël-Philogone; Charles-Thomas-Jérome, baron Le Largue de Morton, à Château-Gontier et à la Blandinière, par Châtillon, département des Deux-Sèvres.

LE LEU. *Picardie.*

De sable à deux barres dentelées d'argent.

Cette famille est représentée par Le Leu d'Aubilly, au château d'Aubilly, par Ville-en-Tardenois, département de la Marne.

LE MARESCHAL. *Normandie.*

D'azur au lion couronné d'or, accompagné de trois roses d'argent.

Louis Guillaume Le Mareschal, vérificateur des douanes à Rouen, et son frère Alfred Le Mareschal, commis principal des contributions à Cany, département de la Seine-Inférieure, représentent aujourd'hui cette famille.

LE MARIÉ. *Normandie.*

D'argent à trois mains de gueules, une dextre et une senestre en chef et une autre en pointe.

Cette famille a deux représentants : Le Marié des Landelles, au château de Chenaye, par Bréhal, département de la Manche, et Le Marié de Vierville.

LEMAROIS. *Normandie.*

Écartelé : au 1 d'azur à l'épée d'argent garnie d'or; au 2 de sinople au cheval galoppant d'argent; au 3 de sinople à la fleur de pensée au naturel; au 4 d'azur à la croix alaisée d'or.

Le chef de nom et d'armes de cette famille, le comte Polydor Lemarois, grand officier de la Légion d'honneur, sénateur, a sa résidence d'été au château de Rosny-sur-Seine, et sa résidence d'hiver à Paris. Elle est encore représentée par le vicomte Lemarois, de même résidence, et par le vicomte Lemarois, conseiller-général, à Bricquebec, département de la Manche.

LEMOCE DE VAUDOUARD. *Bourgogne.*

D'argent à une foy de carnation posée en fasce et accompagnée de trois pommes de pin de sinople, deux en chef et une en pointe.

Originaire du bailliage de Villeneuve-le-Roi, où elle possède une terre qui lui appartient depuis plusieurs siècles, cette famille a deux représentants : Arnaud-Emmanuel-Edmond Lemoce de Vaudouard, au château de Vaudouard, par Villeneuve-sur-Yonne, département de l'Yonne; Alphonse Lemoce de Vaudouard, à Paris.

LEMONT. *Auvergne.*

D'argent à l'aigle de sable.

L'unique représentant du nom, comte de Lemont, chevalier de la Légion d'honneur, est consul de France, à Livourne, Italie.

LEMOYNE DE VERNON. *Lyonnais.*

D'azur au chevron d'or accompagné en chef de deux

soleils du même, et en pointe d'un croissant d'argent.

Lemoyne de Vernon, unique représentant du nom, est maire à Dunières, département de la Haute-Loire.

LEMPEREUR DE SAINT-PIERRE. *Basse-Normandie.*

D'or à la croix de gueules; au chef d'azur chargé de trois étoiles d'argent.

Originaire de la ville de Caen, où, dès le seizième siècle, elle était alliée aux plus belles maisons du pays, cette famille s'est fixée dans l'Avranchin depuis le commencement du dix-septième siècle. Un de ses ancêtres, Léon Lempereur, sire de La Garenne, obtint, pour services militaires rendus sous Louis XIII, dans la guerre contre les rebelles, dits. *Vanupieds,* des lettres de noblesse, à la date de décembre 1654, lettres confirmées par décision royale de 1669. Ses descendants ont été successivement, par brevets du roi, dont les diplômes sont conservés dans les archives de la famille, écuyers, capitaines dans les armées royales, colonels garde-côtes. Le dernier chef de la famille, avant 1789, Gabriel Lempereur de Saint-Pierre, seigneur des paroisses de Saint-Pierre, de La Rochelle, de Labellière et de Corvigny, dans l'Avranchin, avait été, pendant vingt ans, président à la cour des aydes et finances de Normandie, siégeant à Rouen. Son second fils, Joseph l'empereur de Saint-Pierre, devenu chef de la famille en 1816, par la mort de son frère aîné, dit le marquis de La Rochelle, a été, en 1831, député du Jura, et, en 1848, député de la Manche à l'Assemblée constituante.

Cette famille est actuellement représentée : 1° par Augustin Lempereur de Saint-Pierre, ancien préfet, officier de la Légion d'honneur, propriétaire du château de Saint-Pierre, qu'il habite depuis la démission donnée par lui comme préfet du Morbihan, à la suite de la révolution de septembre 1870. Il est, depuis les élections d'octobre 1871, conseiller général de la Manche ; 2° par son frère, Jean-Louis Lempereur de Saint-Pierre, député à l'Assemblée nationale depuis les élections de fevrier 1871 ; 3° par Léon Lempereur de Saint-Pierre, appartenant à la branche cadette, propriétaire du château de La Rochelle, maire de La Rochelle (Manche).

LEMPS. *Dauphiné.*

D'or, parti de gueules; au lion parti de l'un en l'autre brochant.

Le dernier hoir mâle de cette famille, de Lemps, entré dans les ordres, est curé à Koléah, Algérie.

LENCQUESAING. *Flandre.*

D'azur fretté d'or; au chef du champ chargé de deux étoiles d'or.

Louis de Lancquesaing, chef de nom et d'armes de cette famille, à Lille, a cinq enfants : un fils et quatre filles ; Étienne de Lancquesaing, son cousin, est curé-doyen à Calais, département du Pas-de-Calais.

LENONCOURT. *Lorraine.*

D'argent à la croix engrelée de gueules.

Une des quatre plus anciennes maisons de chevalerie de Lorraine, Lenoncourt, qui a porté dans ses commencements le surnom de Nancy, remonte à Odelric de Nancy ou Nancey, signataire, en 1069, d'une charte d'Eudes, évêque de Toul, et d'une autre charte d'Adelbert, évêque de Metz, de l'an 1065.

L'unique représentant de ce grand nom, le marquis de Lenoncourt, réside, avec son fils et son petit-fils, au château de Bussières, par Rioz, département de la Haute-Saône.

LENS. *Artois.*

Ecartelé d'or et de sable.

L'ancienne maison de Lens, en Artois, qui tirait son nom de la ville de Lens et dont Hugues était châtelain en 1096, éteinte, selon les historiens du siècle dernier, est revendiquée de nom, d'armes et de filiation par de Lens, chevalier de la Légion d'honneur, inspecteur d'académie à Angers.

LENTILHAC. *Quercy, Rouergue, Limousin.*

De gueules à la bande d'or.

D'ancienne et belle noblesse, cette famille a deux représentants : le marquis de Lentilhac, au château de Lentilhac, par Figeac, département du Lot; de Lentilhac, membre de la Chambre d'agriculture, à Brantôme, département de la Dordogne.

LÉOBARDY. *Limousin.*

D'azur au lion d'or armé et lampassé de gueules tenant une hache posée en pal et tournée à dextre ; au chef d'or, chargé de trois étoiles d'azur.

De Léobardy, unique représentant du nom, réside dans son château du Vignon, par Limoges.

LÉON. *Bretagne.*

D'or à la fasce vivrée de gueules. — D'or au lion de sable, armé, lampassé et couronné de gueules. — D'argent au lion de gueules, armé, lampassé et couronné d'or.

La Bretagne a donné naissance à trois familles de ce nom : la plus ancienne, jusqu'en 1169, prit le titre de comte, par la grâce de Dieu.

On retrouve aujourd'hui trois représentants du nom : le prince de Léon, au château de Manancourt, par Combles, département de la Somme; de Léon des Ourmeaux, au château de Rigaudière, par Janzé, département d'Ille-et-Vilaine; de Léon de Ganry, au château de la Briandrières, par la Chapelle-sur-Erdre, département de la Loire-Inférieure.

LÉONARD DE JUVIGNY. *Normandie.*

D'azur au lion d'or, lampassé de gueules et accompagné de trois flammes du second.

Ecuyers, seigneurs de Rempân et d'Ourvillé, dans l'élection de Bayeux, en Normandie, les membres de cette ancienne famille ont toujours vécu dans la contrée dont elle est orignaire. Son unique représentant, Léonard de Juvigny, réside à Bayeux, département du Calvados.

LÉOTARD. *Provence.*

De gueules au lion d'or; au chef du même chargé de trois étoiles du champ.

Cette famille a quatre représentants : de Léotard, au château de Collongue, par Pouyastruc, département des Hautes-Pyrénées; de Léotard, au château de Barayre, par Monflanquin, département de Lot-et-Garonne; de Léotard, médecin, à Nogent-sur-Vernisson, département du Loiret; la baronne de Léotard, à Nice.

LE PAN DE LIGNY. *Cambrésis.*

D'azur à la fasce abaissée d'argent, chargée de deux

trèfles de sable, surmontée de trois étoiles d'or et accompagnée en pointe d'une tête de paon arrachée du même ; au chef d'hermines chargé d'une croix de gueules.

Cette famille est représentée par Louis Le Pan de Ligny, au château de Plessis-Guignen, par Guichen, département d'Ille-et-Vilaine. Il a postérité.

LEPIC. *Languedoc.*

Coupé : au 1 parti ; *A* d'or à trois grenades de sable enflammées de gueules ; *B* de gueules à l'épée d'argent ; au 2 d'azur au faisceau à l'antique d'argent, accosté de deux lions affrontés d'or, surmontés chacun d'une étoile d'argent, celui de sénestre armé d'un badelaire d'argent ; le tout soutenu de sinople.

De noblesse d'épée, cette famille a pour chef de nom et d'armes le comte Lepic, commandeur de la Légion d'honneur, général de division, ancien aide de camp de Napoléon III, à Paris. Elle compte aussi d'autres représentants : le colonel baron Lepic, commandeur de la Légion d'honneur, conseiller général à Gaillon, département de l'Eure ; le baron Lepic, officier de la Légion d'honneur, préfet du département de la Charente-Inférieure, à La Rochelle.

LEPINAIS. *Touraine.*

D'argent coupé d'azur, à une croix ancrée de l'un en l'autre.

L'unique représentant du nom, de Lepinais, réside au château de Ligournais, par Chantonnay, département de la Vendée.

LEPINOIS (Buchère de). *Picardie.*

D'argent au chevron d'azur, accompagné en chef

d'une étoile à dextre et d'un croissant à sénestre aussi d'azur, et en pointe d'un mouton de sable.

Le chef de la famille, Jean-Baptiste-Ernest de Buchère de Lepinois, ancien sous-préfet, a un frère : de Buchère de Lepinois, conservateur des hypothèques, à Clermont-sur-Oise, département de l'Oise.

LE REBOURS. *Normandie.*

De gueules à sept losanges d'argent.

Cette famille noble, connue depuis le treizième siècle, par un acte de fondation fait en 1220, a quatre représentants : Oswald, vicomte Le Rebours, au château de Pracontal, département de la Drôme; Ernest, vicomte Le Rebours; l'abbé Le Rebours, curé de la Madeleine, à Paris; Adolphe-Odoard Le Rebours, ancien officier de cavalerie.

LERET D'AUBIGNY. *Artois, Poitou.*

Artois. D'azur à trois chevrons alésés d'azur.

Poitou. De gueules à trois fasces ondées d'argent.

Leret d'Aubigny, chef de nom et d'armes, officier de la Légion d'honneur, député de la Sarthe, réside à Paris; Leret d'Aubigny, autre représentant du nom, est conseiller de préfecture à Alençon, département de l'Orne.

LERICQUE. *Montpellier.*

D'argent au chevron de gueules chargé de trois roses du champ.

Cette famille a deux représentants : Octave Lericque de Rocourt, au château de Ruit, département du Pas-de-Calais; Lericque de Mouchy, membre de la Société archéologique, à Montpellier.

LERIS. *Toulouse, Montauban.*

D'or à la bande d'azur chargée de trois coquilles d'argent.

L'unique représentant du nom, de Leris, est homme de lettres, à Paris.

LE ROUX DU MINEHY. *Bretagne.*

D'argent au houx de sinople, feuillé de trois pièces.

Cette famille est représentée par Le Roux du Minehy, au château de Chin, par Saint-Molff, département de la Loire-Inférieure, qui a trois fils et une fille.

LE ROY DE BARDE. *Picardie.*

Tiercé en fasce d'or, de sinople et d'hermines; l'or chargé d'un lion léopardé de gueules.

L'unique représentant du nom, Henri-Charles, comte Le Roy de Barde, au château de Lamanary, par Périgueux, et dont le domicile d'hiver est à Paris, a deux fils, nés en 1850 et en 1865.

LESCALLE. *Lorraine.*

D'argent à l'échelle de pourpre de cinq échelons, surmontée de deux alérions de sable.

De Lescalle, unique représentant du nom, réside au château de Bergotte, par la Ferté-sous-Jouarre, département de Seine-et-Marne.

LESCHAUX. *Franche-Comté.*

D'azur au griffon d'or.

L'unique représentant du nom, de Leschaux, réside à Lons-le-Saulnier, département du Jura.

LESCOAT. *Bretagne.*

De sable à la fasce d'argent chargée de trois quintefeuilles du champ.

Le marquis de Lescoat, unique représentant du nom, réside à Saint-Thegonnec, département du Finistère.

LESCOET. *Bretagne.*

De sable à l'épervier d'argent, armé, longé, grilleté d'or et accompagné de trois coquilles d'argent. — D'argent au chevron de gueules, accompagné de trois coquilles du même.

Cette famille ancienne, qui a donné Auferat de Lescoet, seigneur de Guérande, conseiller d'Etat et premier président de la Chambre des comptes de Bretagne, et dont la seigneurie de Beschet, unie à celle de Chalotais, fut érigée en vicomté en juillet 1608, a deux représentants domiciliés à Rennes.

LESCOURS. *Limousin.*

D'azur à cinq cotices d'or.

De Lescours, unique représentant du nom, réside à Versailles.

LESCURE. *Languedoc.*

D'or au lion d'azur.

Cette famille, qui a donné Alphonse, marquis de Lescure, capitaine de dragons au régiment de Beauffremont, chevalier de Saint-Louis, mort en septembre 1734, a sept représentants : le marquis de Lescure, au château de la Guinarde, par Agde, département de l'Hérault ; Paul de Lescure, frère cadet du chef de la famille et son fils, au château de Bourigeole, près Limoux (Aude) ; de Lescure, au château de Vergel, par Ginestas, département de l'Aude ; de Lescure, au château de Vaugirard, par Montbrison, département du Loiret; de Lescure, à Mende, département de la Lozère; de Lescure, conseiller général, de 1851 à 1870, à Monpazier, département de la Dordogne.

LESCUYER D'ATTAINVILLE. *France.*

D'argent au cheval galopant de sable, portant un cavalier armé d'une lance du même sur une terrasse de sinople; au chef d'azur chargé de trois étoiles d'or.

L'unique représentant du nom, de Lescuyer d'Attainville, officier de la Légion d'honneur, ancien député et ancien conseiller général, a sa résidence d'été à Comps, département du Var, et celle d'hiver à Paris.

LESDAIN. *Ile-de-France.*

D'azur a la fasce accompagnée en chef de trois étoiles, et en pointe d'un cœur; le tout d'or.

L'unique représentant du nom, Charles de Lesdain, réside à Paris.

LÉSÉLEUC DE KEROUARA. *Bretagne.*

D'argent au chêne de sinople, le tronc chargé d'un levrier courant de sable le fût.

C'est encore en Bretagne qu'on retrouve les représentants de cette ancienne famille : de Léséleuc, notaire, à Saint-Renan, département du Finistère; Monseigneur Léséleuc de Kerouara, évêque d'Autun, mort et inhumé à Autun, le 23 décembre 1873.

LESGUERN. *Bretagne.*

Fascé de gueules et de vair de six pièces.

De Lesguern, unique représentant du nom, réside au château de Chef-de-Bois, par Landerneau, département du Finistère.

LESPERUT. *France.*

Ecartelé : au 1 d'azur à la plume en boule d'argent accompagnée de deux losanges du même ; au 2 de baron propriétaire ; au 3 étiqueté d'or et de gueules ; au 4 d'hermines plein.

L'unique représentant du nom, baron de Lesperut, chevalier de la Légion d'honneur, député, conseiller général, maire à Eurville, département de la Haute-Marne, sa résidence d'été, a sa résidence d'hiver à Paris.

LESPIAU D'ANGEVILLE. *Toulouse*, *Montauban.*

D'argent à deux pals d'azur au pied fiché.

De Lespiau d'Angeville, chevalier de la Légion d'honneur, réside à Perpignan, département des Pyrénées-Orientales.

LESPINASSE. *Toulouse, Auvergne.*

TOULOUSE. Tranché, emmanché de gueules et d'or.

AUVERGNE. D'azur au lion d'argent.

Originaire du Limousin, cette famille qui a donné un conseiller au Parlement de Toulouse en 1761, a six représentants : le marquis de Lespinasse de Florentin, au château de Florentin, département du Tarn ; le marquis de Lespinasse de Langeac, à Paris ; de Lespinasse de Saune, avocat, à Toulouse ; de Lespinasse, au château de Chomette, par Brioude, département de la Haute-Loire ; de Lespinasse, receveur particulier, à Marmande, département de Lot-et-Garonne ; de Lespinasse de Monlaud, conseiller à la Cour d'appel, à Agen, département de Lot-et-Garonne.

LESPINAY. *Bretagne.*

D'azur au chêne arraché de sinople.

La Chesnay-Desbois mentionne trois familles du nom de Lespinay, appartenant l'une à l'Anjou, la seconde à la Picardie, le Beauvoisis, le Soissonnais, la troisième à la Bretagne et au Poitou. Celle qui nous occupe a quatre représentants : le marquis de Lespinay, au château de Pally, par Chantonnay, département de la Vendée ; le comte de Lespinay, au château de Montrée, par Chantonay, département de la Vendée ; le baron de Lespinay, commandeur de la Légion d'honneur, ancien sénateur, à Paris ; de Lespinay, vicaire général, à Luçon, département de la Vendée.

LESPINE. *Picardie*, *Périgord*.

Picardie. D'or à l'épine de trois racines de sinople.

Périgord. D'argent à trois roses mal ordonnées de gueules, tigées et feuillées de sinople.

Cette famille qui a donné Jean de Lespine, écuyer, vivant en 1511, a pour unique représentant Ferdasne de Lespine, officier de la Légion d'honneur, chef de bureau au ministère de la guerre, à Paris.

LESQUEN DUPLESSIS-CASSO. *Bretagne.*

De sable à trois jars d'argent, becqués et membrés de gueules.

Originaire d'Angleterre, où elle portait le nom de Saint-Guenolay, cette famille se réfugia en Bretagne et a passé à toutes les réformations depuis l'an 1400 dans les paroisses de Pleduno et Caden. Elle a formé différentes branches, dont la seule qui subsiste a pour unique représentant le comte de Lesquen du Plessis-Casso, à Dinan, département des Côtes-du-Nord.

LESSEPS. *Bayonne, Paris.*

D'argent au cep de vigne de sinople, fruité de deux grappes de raisin de sable, placé sur une terrasse de même et surmonté d'une étoile d'azur.

Cette famille a cinq représentants : le comte de Lesseps, grand officier de la Légion d'honneur, ancien sénateur, à Paris ; le baron de Lesseps, à Paris ; Charles de Lesseps, à Paris ; Ferdinand de Lesseps, officier de la Légion d'honneur, président de la Compagnie de l'Isthme de Suez, à Paris ; Edmond de Lesseps, officier de la Légion d'honneur, consul général de France, au Pérou.

LESSERT, *alias* **DE LESSERT**. *Pays de Vaud et Ile-de-France.*

D'azur à une fleur de lis d'or en chef, accompagnée de deux étoiles d'argent, posées en fasce et d'un croissant aussi d'argent, en pointe.

Devise : *Tout vient de Dieu.*

De Cossonay et de Bougy, anciens seigneurs d'Outard.

Etablie dès le seizième siècle au Pays de Vaud, d'où une de ses branches passa, en 1723, dans le Lyonnais, puis de là, en 1777, dans l'Ile-de-France, la famille de Lessert, qui a donné un baron de l'Empire, un pair de France, sous la branche cadette de la maison de Bourbon et deux grands officiers de la Légion d'honneur, compte de nos jours plusieurs représentants, tant en France que dans le canton de Vaud.

LESTANG PARADE. *Touraine.*

D'or au lion d'azur armé et lampassé de gueules.

Cette famille a pour chef de nom et d'armes, Louis-Joseph Roland, marquis de Lestang-Parade, au château de la Ménadière, par Saint-Denis-Lors, département d'Indre-et-Loire. Il a deux frères : le comte de Lestang-Parade, à Aix, département des Bouches-du-Rhône; et Elie, comte de Lestang-Parade, au château de Haut-Thorenc, par Escragnolles, département des Alpes-Maritimes.

LESTANG. *Berry.*

D'azur au chevron d'or accompagné de trois étoiles d'argent, celle de la pointe soutenue de cœurs appointés en fasce du même.

Lestang, en Berry, qui a formé les branches de Villement, des Girards, de Rochepeau et de la Coustaudière, anciennement seigneurs de Montaboulin, remonte à Guillaume de Lestang, écuyer, tenant pour le parti de Charles de Blois, tué à la bataille d'Auray, en 1364.

Cette famille a quatre représentants : de Lestang, à Lyon; de Lestang, chevalier de la Légion d'honneur, officier en retraite, à Paris; de Lestang, à Saint-Félicien, par Tournon, département de l'Ardèche.

LESTAUBIÈRE. *Normandie, Périgord.*

D'or à trois aiglettes de sable rangés en fasce.

Devise : *Recte et honeste.*

Cette famille, qui a donné un mestre de camp de cavalerie, des capitaines de cent hommes d'armes, des généraux, des chevaliers de Saint-Louis, s'est alliée aux de Ville, de La Rochefontenille-Vassignac, de Lambert, de Boissière, de Garraube, du Bourdieu, de Gratelou, de la Roncière, de Tomekovich-Villars, de Droskovich, etc. Elle a trois représentants : Frédéric de Lestaubière, chef de nom et d'armes, Henri de Lestaubière, tous deux à Douville, département de la

Dordogne; Frédéric-Adolphe de Lestaubière, sous-préfet, à Dreux.

LESTOREY DE BONLONGNE. *Normandie.*

D'argent à la fasce de gueules, chargée de trois hermines d'or et accompagnée de trois étoiles aussi de gueules, posées 2 et 1.

Cette famille est représentée par deux frères : Etienne Lestaurey de Bonlongne, chevalier de la Légion d'honneur, ingénieur des ponts-et-chaussées, directeur-adjoint au chemin de fer de Lyon, qui a deux fils ; Léon Lestorey de Bonlongne, à Paris.

LESTRADE. *Languedoc.*

D'or à la fasce d'azur chargée de trois étoiles d'argent et accompagnée de trois mouchetures d'hermines de sable. — D'argent au lion de gueules.

De Lestrade, dont une branche établie dans le Périgord n'a retenu longtemps que le nom de la Cousse, terre qu'elle possédait depuis plusieurs siècles, fait remonter sa filiation suivie à Bernard de Lestrade, chevalier, qui vivait en 1410.

Ce nom, très-répandu en France, a quatre représentants : le comte de Lestrade, à Paris ; le vicomte de Lestrade, à Paris ; de Lestrade, conseiller général, à Savignac-les-Église, département de la Dordogne; Adhémar de Lestrade de Junior, à Toulouse.

LESTRANGE. *Languedoc.*

De gueules au lion d'argent en chef et deux lions adossés d'or en pointe.

Les armes de cette famille sont mentionnées dans

Lachenaye-Desbois. Elle a trois représentants : le marquis de Lestranges, au château de Chaux, par Montlieu, département de la Charente-Inférieure; de Lestrange, au château de Saint-Maigrin, même département; de Lestrange, au château de Parragol, près Blacé, département du Rhône.

LESTRE. *Pays de Caux.*

Palé d'argent et d'azur de six pièces, au chevron de gueules brochant sur le tout. -- D'or à la bande dentelée de gueules.

Le premier du nom de Lestre, relevé dans l'histoire, est Guillaume de Lestre ou Lettre, vivant en 1358 et 1409.

L'unique représentant de cette famille, aujourd'hui, est de Lestre, à Lestelle, département des Basses-Pyrénées.

LE TONNELLER DE BRETEUIL. *France.*

D'azur à l'épervier essorant d'or, longé et grilleté du même.

Cette famille a deux représentants : Louis-Charles-Ernest le Tonnellier, marquis de Breteuil, Alexandre-Charles-Joseph Le Tonnelier de Breteuil, à Paris.

LE TOUZÉ DE LONGUEMAR. *Normandie.*

De gueules à la fasce d'or accompagnée de trois roses d'argent posées 2 et 1; au chef cousu d'azur, chargé de trois fleurs de lis d'or rangées en fasce.

Anoblie, en 1410, par lettres-patentes enregistrées le 7 juin 1411, cette famille a donné Jean Le Touzé, commandant de Cherbourg, en 1606; Jean-Louis Le

Touzé, commandant du château-fort de la Rochelatte, en 1651; Louis Le Touzé, officier supérieur aux gendarmes d'Artois, chevalier de Saint-Louis, blessé à Minden, en 1763; Jean-Baptiste Le Touzé, officier au même corps, membre, en 1789, de l'ordre de la noblesse; Augustin-Louis Le Touzé, père du chef actuel, blessé à Oberkambach. Elle est représentée par Alphonse-Pierre-François Le Touzé de Longuemar, chevalier de Saint-Louis, à Poitiers. Il a une fille et un fils, Pierre-Paul Le Touzé de Longuemar, chevalier de la Légion d'honneur, capitaine adjudant-major, au 59e régiment d'infanterie.

LEUSSE. *Dauphiné.*

De gueules à deux brochets adossés d'argent, accompagnés, en chef et en flanc, d'une croix de Malte d'or.

Cette famille a cinq représentants : le marquis Louis de Leusse, au château d'Authon, par Pont-de-Cherny, département de l'Isère; le comte Hippolyte de Leusse, à Lyon; le comte Léon de Leusse, au château de Montboissier, par Bonneval, département d'Eure-et-Loir; le comte de Leusse, ancien conseiller général, à Brumath, département du Bas-Rhin; de Leusse, au château de Colombier, par Pont-de-Cherny.

LEUVEN. *Flandre.*

Coupé d'argent sur gueules, l'argent chargé d'un lion naissant de gueules mouvant, du coupé, tenant entre ses pattes un besant d'or.

L'unique représentant du nom, de Leuven, chevalier de la Légion d'honneur, est directeur de l'opéra-comique, à Paris.

LEUZO. *Tournaisis.*

D'azur à la bande cousue de gueules, accompagnée en chef d'une fleur de lis au pied nourri d'or.

L'unique représentant de Leuze est architecte à Paris.

LE VAILLANT DU DOUET. *Normandie.*

D'azur au dextrochère mouvant d'une nuée d'argent, paré de gueules, tenant une épée en pal d'argent, garnie d'or.

Cette famille, qui se divise en deux branches, a plusieurs représentants : Louis-Jules-Henri Le Vaillant du Douet, chef de nom et d'armes, et ses fils, Henri-Léopold, Charles-Robert ; Eugène Levaillant du Douet, qui a postérité. — Onésime Le Vaillant de la Duffe est chef de la seconde branche.

LEVAL. *Artois*, *Bourgogne.*

Artois. D'argent à la croix de gueules et une fasce vivrée d'azur brochante sur le tout.

Bourgogne. De sable à deux fasces d'argent ; au chef du même, chargé de trois étoiles de gueules.

Cette famille, qui n'a plus d'hoir mâle, est dénommée des anciennes familles patriciennes de Cambrai. Elle remonte à Guillaume de Leval, chevalier, prévôt de Cambray en 1194 et elle est représentée par la comtesse douairière de Leval, à Paris.

LEVANNIER DES VAUVIERS. *Normandie.*

D'argent au chevron de sable, accompagné de trois merlettes de gueules.

Cette famille à pour chef de nom et d'armes Eugène Levannier, au château de Luctière par Longny, département de l'Orne. Il a un frère, Alfred Levannier des Vauviers, et deux sœurs.

LE VAVASSEUR. *Normandie.*

D'azur au chevron d'argent accompagné de trois étoiles du même, 2 et 1.

Cette famille a plusieurs représentants : Léon-Charles-Jules Le Vavasseur, à Rouen ; Joseph-Léonce-Eugène-Louis Le Vavasseur, capitaine au 8e régiment de hussards ; Henri-Jean-Joseph Le Vavasseur, capitaine instructeur au 26e régiment d'artillerie; Victorin Le Vavasseur à l'Ile-Bourbon.

LE VENEUR. *Normandie.*

D'argent au grêlier de sable, accompagné de trois roses de gueules, posées 2 et 1.

L'unique représentant du nom, André-Eugène Le Veneur de Beauvais, réside à Saintes, département de la Charente-Inférieure.

LÉVÊQUE DE VILMORIN. *Ile-de-France.*

De gueules à l'agneau pascal d'argent; au chef cousu d'azur, chargé d'une étoile rayonnante d'argent, mouvante de l'angle dextre.

De Lévêque de Vilmorin, unique représentant du nom, réside à Versailles.

LE VERRIER. *Normandie.*

D'or au lion d'azur, armé et lampassé de gueules; au chef du même, chargé de trois besants du champ.

Cette famille à deux représentants : Adolphe Le Verrier, Gratien Le Verrier, ancien sénateur, à Paris.

LEVESON DE VESINS. *Rouergue.*

Ecartelé : au 1 et 4 d'azur, au lion rampant d'argent, armé et lampassé de gueules; aux 2 et 3 de Vesins.

Cette famille a huit représentants : Sa Grandeur monseigneur Jean-Aimé Leveson de Vesins, évêque d'Agen; le marquis Leveson de Vesins, au château de Vesins ; à Montauban, département de l'Aveyron ; le comte Leveson de Vesins ; Antoine Leveson de Vesins ; le vicomte Dieudonné Leveson de Vesins; le vicomte Dieudonné Leveson de Vesins, préfet du département du Tarn, à Albi ; Ladislas-Louis de Vesins, capitaine au 7e régiment d'artillerie.

LEVESQUE DE PUYBERNEAU. *Aunis.*

D'azur à trois grenades d'or tombantes posées 2 et 1.

Établie vers la fin du quinzième siècle en Bas-Poitou, cette famille originaire du pays d'Aunis est représentée par Henry Levesque de Puyberneau, membre du conseil général de la Vendée, au château de Buchignon, par la Chaise-le-Vicomte, département de la Vendée.

LEVIS. *Languedoc, Artois.*

D'or à trois chevrons de sable.

Cette grande maison tire son nom de la terre de Levis, près de Chevreuse. Elle a fondé l'abbaye des Augustins de Notre-Dame-de-la-Roche, près de Levis, et remonte à Philippe de Levis, chevalier, mentionné dans une charte de l'abbaye de Saint-Denis en 1179.

Mentionnée dans l'*Histoire des grands officiers de la couronne*, du père Anselme, elle a formé les branches de Mirepoix, des marquis de Gaudiez, de Leran, des vicomtes d'Ajac, comtes de Villars, des vicomtes de Lautrec, comtes de Villars, des barons de la Voute, comtes et ducs de Ventadour, des barons et comtes de Charlus, de Florensac, de Lugny, de Quélus, etc. Elle compte sept représentants : le duc de Levis de Mirepoix, au château de Mirepoix, département de l'Ariége; le duc de Levis de Mirepoix, au château de Leran, près Larroque, même département, qui a sa résidence d'hiver à Paris; le marquis de Levis de Mirepoix, ancien pair de France, à Paris; le marquis de Levis de Mirepoix, duc de Fernando-Luis, grand d'Espagne de première classe; Sigismond de Levis de Mirepoix, qui a trois fils : Gaston, Félix, Adrien-Charles-Marie-Valentin de Levis de Mirepoix; le duc de Levis de Ventadour, au château de Noisiel, par Champs, département de Seine-et-Marne.

LEYRITZ. *Martinique.*

D'argent à trois salamandres couronnées de sinople; au chef d'azur, chargé de trois étoiles d'or.

Cette famille a pour chef de nom et d'armes Alexis-Joseph-Ambroise de Leyritz, commandeur de la Légion d'honneur, général de brigade, au château de la Chaumette, département d'Indre-et-Loire. Elle a deux autres représentants : de Leyritz, au château de Teyrac, par Puymirol, département de Lot-et-Garonne.

LEZARDIÈRE. *Bretagne.*

De sable à la bande fuselée de neuf pièces d'argent.

Cette famille est représentée par de Lezardière, au château de Proutière, par Avrillé, département de la Vendée.

LEZAY DE MARNEZIA. *Franche-Comté, Bourgogne.*

Parti : d'argent et de gueules, à la croix ancrée et ajourée en carré, de l'un en l'autre.

La maison de Lezay, noble de nom et d'armes, l'une des plus anciennes du comté de Bourgogne, où elle est connue depuis le douzième siècle, sous le nom qu'elle porte, possédait à titre de fief masculin, la prévôté du Grandvaux, sans qu'on puisse fixer l'époque où cette charge est entrée chez elle.

Elle a deux représentants : le marquis Lezay de Marnezia, officier de la Légion d'honneur, ancien chambellan de l'impératrice et membre du conseil général du Jura ; le comte de Lezay de Marnézia, à Paris.

LÉZIART. *Bretagne.*

D'argent à trois lézards de sable. Couronne : de comte. Supports : deux lions.

Ce nom, qui s'écrit indifféremment Léziart, Liziart ou Lessiart, dans les anciennes réformations, est d'origine chevaleresque et d'une antiquité qui se perd dans la nuit des temps. Il compte actuellement seize générations consécutives par filiation authentique et suivie, admise à la réformation de 1669 et remontant à Guillaume, seigneur de la Léziardière, paroisse de Mecé, écuyer chef d'une compagnie d'écuyers au service de Bertrand du Guesclin et qui assista à la montre de 1379 avec son frère Jehan-D.-Morice.— 2e vol. des *Mémoires*, — col. 400.

Elle est originaire de l'évêché de Quimper; le dernier de la branche mère de Liziart Troanna, Robert y fut inhumé dans la cathédrale en 1493, dans la sépulture de famille établie depuis 1406, suivant les épitaphes conservées. L'ancienneté du nom de Léziart ou Liziart n'est pas établie seulement par les montres et les réformations, dont l'une, celle de 1427, relate l'existence de cinq dû nom, dans les paroisses de Mecé, Châtillon-en-Vendelais, Saint-Didier, Brutz et Rennes; on le retrouve à des époques antérieures. En 1125, un Liziart était évêque de Soissons; il écrivit la vie de Saint-Arnould, son prédécesseur, et administra les derniers sacrements à saint Godefroy, évêque d'Amiens (*Légende des Saints*, *vie de Saint-Godefroy*). Guybert, abbé de Nogent-sous-Coucy, dédia son histoire à Liziart, évêque de Soissons (*Chantoreau* — 2e livre des considérations sur la généalogie de la maison de Lorraine — édition de 1642).

Dans les anciens titres, réformations et filiations, ce nom s'écrit Liziart ou Léziart, notamment dans l'acte de 1398, qui constate un accord entre Piobin ou Robert, seigneur de la Léziardière et Guillaume Piedevache très-ancienne famille éteinte). Dom Morice cite encore Guillaume et Jean, et 24 autres écuyers, — 1er septembre 1379. Bertrand, un des quarante archers de la garde du corps en 1451, Guillaume, chanoine, député du chapitre de Quimper aux états de Vannes en 1455. — 2e volume, colonnes 400, 248, 255, 1605, 1626, 1671.

Jacques, seigneur de la Léziardière, Michel, seigneur du Chantier, Me André, prêtre et François Léziart, seigneur du Vauhoudin, condamnés comme ligueurs en avril 1590. — col. 1509. — François, seigneur du Boullay, écuyer compris dans la compagnie des gendarmes du duc de Vendôme en 1598. — col. 1759. — En 1390, le château de Léziardière fut détruit par le capitaine de Dampierre, royaliste. Jacques, le possesseur de la seigneurie, le vendit à son cousin, Julien, seigneur de la Morinière; elle est revenue en 1811 dans la branche du Dezerseul. Les archives de la famille possèdent trois lettres de Henri IV, adressées à Georges Léziart, seigneur du Mas et de la Driennais, lieutenant du roi au gouvernement des ville et château de Brest, chevalier de l'ordre du roi et gentilhomme de la chambre. — 1551-1631, la plus ancienne, datée de Chartres, 21 janvier, 1590, figure dans la collection authentique des titres du roi Henri; elle est ainsi conçue :

« Monsyeur du Mas, ayant antandu avec quelle « affectyon, vous embrasses tout ce qui dépant de « mon ceruyce a la fydélyté, soyn et dylygence de « laquelle vous uses à la concervacyon de mon château « de Brest, auquel vous comandes sous le seygneur de « Sourdéac. Je vous y fay ce mot pour vous assurer « que je n'oublyeray james un sy bon et fydelle devoyr « lequel ie reconoytray par toutes les ocasyons quy « sofryront pour vôtre byen et avancement, vous « priant de contynuer an cette dylygence et fydélité « a remédyer à toutes les choses qui pourroyent sur- « venyr au desavantage de mon ceruyce, come ie « tyens certeyn que vous feres nous antandres par le « seygneur de Carles le surplus de mon yntansyon sur « lequel, me remettant à pryeray Dyeu qu'yl vous ayt « Monsyeur du Mas, an sa saynte et dygne garde.

« Ce XXVIIme janvyer, à Chartres,

« HENRY. »

Un abbé de Marmoutiers au seizième siècle.

Les preuves ont été faites en 1784 pour présentation à la cour par Joseph-Charles-Louis Léziart du Dezerseul, qualifié comte, capitaine au régiment d'archives (cavalerie), et ses frères, Michel capitaine de frégate et Jean-Julien-Modeste, capitaine du génie, tous les trois chevaliers de Saint-Louis. Ce dernier mourut en 1818, colonel en retraite et commandeur de la Légion d'honneur.

La branche aînée de cette ancienne famille s'est éteinte en mai 1871. Dans la personne de Louis Léziart de la Villorée, marié en 1849 à dame Ida d'Auxais d'Audieuville, mort sans postérité. Une seule branche existe; elle a pour chef de nom et d'armes le comte Georges-Louis Léziart du Dezerseul, ancien page de Sa Majesté Charles X, marié à dame Julie-Augustine le Saige de la Villebrunne; résidence : le château du Val-Saint-Didier, Ille-et-Vilaine; deux enfants sont issus de ce mariage.

1° Le comte Georges-Marie-Robert, chevalier de la Légion d'honneur, ex-capitaine de lanciers, ex-commandant du 1er bataillon des mobiles d'Ille-et-Vilaine, blessé et décoré à Champigny, qui, de son mariage avec dame Marie-Caroline de Solérac, a deux enfants Georges-Edmond-Marie-Auguste et Marie-Caroline.

2° Le vicomte Guy-Olivier-Marie, ex-officier au 3e bataillon des mobiles d'Ille-et-Vilaine au siége de Paris. Cette branche porte le nom du Dezerseul par l'alliance de Michel, marié le 18 mai 1640 à Perrine de Ginguené, dame du Dezerseul.

L'HERMIER DES PLANTES. *Bourgogne.*

D'or à trois fasces de gueules.

De Lhermier des Plantes, unique représentant du nom, est médecin à Tence, département de la Haute-Loire.

L'HERMITE. *Limousin, Marche.*

Parti : au 1 de sinople, au patenôtre d'or enfilé et houppé du même, mis en chevron, accompagné de trois quintefeuilles d'argent, deux en chef et une en pointe; au 2 d'argent à trois chevrons de gueules; au chef de Jérusalem surmontant le tout.

Cette famille a deux représentants : le comte de l'Hermite, chef de nom et d'armes, au château de la Rivière, par Eymoutiers, département de la Haute-Vienne; le vicomte de l'Hermite, au château de Beaune, par Eymoutiers.

LHUILLIER D'ORCIÈRES. *Ile-de-France, Lorraine.*

Ile-de-France. D'azur au lion issant d'or, accompagné de trois coquilles de même.

Lorraine. D'azur au chevron d'or.

D'après Lachenaye-Desbois, Lhuillier ou l'Huillier, en Poitou et en Brie, remonte à Guillaume Lhuillier, chevalier, sénéchal du comté de la Marche et de Porhoët, qui vivait en 1294.

Nous ignorons si cette famille est celle qui a pour unique représentant de Lhuillier d'Orcières, chevalier de la Légion d'honneur, ancien sous-préfet à Arles, département des Bouches-du-Rhône.

LICHY. *Nivernais, Bourbonnais.*

D'azur à la bande d'argent, accostée de trois losanges d'or.

Le comte de Lichy, unique représentant du nom, réside au château de Lichy, par Saint-Saulge, département de la Nièvre.

LIÉGE D'AUNIS (DU). *Poitou, Marche.*

De gueules à trois fasces d'or; à l'épée d'argent en bande, la pointe en bas brochant sur les fasces.

Cette famille est très-ancienne, mais ne possède des titres que depuis Jacques-Isaac de Liége, chef de la branche existante qui vivait en Poitou en 1550. Elle a pour unique représentant : de Liége d'Aunis, qui réside au château de Brétel, par Saint-Valéry, département de la Somme.

LIÉGEARD. *Picardie.*

D'azur au chevron d'argent accompagné de trois étoiles, deux en chef et une en pointe, celle-ci soutenne d'un fer de moulin aussi d'argent.

L'unique représentant du nom, le baron de Liégeard, commandeur de la Légion d'honneur, ancien colonel d'artillerie de la garde impériale, est conseiller général à Maël-Carhaix, département des Côtes-du-Nord. Il a un fils, Raoul-Jean-Charles-Edmond de Liégeard, sous-lieutenant au 17e d'artillerie.

LIENARD. *Paris.*

D'azur au lion d'argent.

Anatole-Charles-Louis de Lienard, unique représentant du nom, est attaché à l'administration des lignes télégraphiques, à Paris.

LIEURRE (LE). *Normandie, Bretagne, Picardie, Champagne, Ile-de-France, Maine.*

D'or à la croix pleine, la traverse denchée de gueules et d'argent, le montant denché d'argent et de gueules, cantonnée de quatre têtes de léopard d'azur, lampassés de gueules.

Cette famille est représentée par Charles-Napoléon le Lieurre de Ville-sur-Arce, chevalier de la Légion d'honneur, trésorier des invalides de la marine, à Marseille; il a un fils, Frédéric, élève commissaire de la marine et une fille, Amélie.

LIÈVRE DE LA GRANGE. *Ile-de-France.*

BRANCHE AINÉE. Ecartelé : au premier quartier des comtes militaires, qui est d'azur à l'épée haute d'argent; aux 2 et 3 de sable au griffon d'or, armé et compassé de gueules, celui du troisième quartier contourné ; au 4 d'azur au senestrochère brassardé d'argent et surmonté de la lettre E, qui rappelle Essling ; sur le tout : d'azur au chevron d'or accompagné en chef de deux roses d'argent, et en pointe d'une aigle éployée au vol abaissé de même, qui est le Lièvre de la Grange. Supports : Deux griffons.

Devise : *Liesse à Lieure.*

BRANCHE CADETTE. Le Lièvre de la Grange, comme ci-dessus.

Cette famille, qui remonte à Claude le Lièvre, avocat au parlement, mort le 5 juillet 1509, a deux représentants : Adélaïde-Edouard, marquis le Lièvre de la Grange, grand officier de la Légion d'honneur, ancien sénateur, membre de l'Institut, officier de l'Instruction publique, membre du Conseil du Sceau et des Titres, à Paris. Il a un fils, le marquis le Lièvre de la Grange, chevalier de la Légion d'honneur, au château de Mongeron, département de Seine-et-Marne.

LIFFORT DE BUFFEVEND. *Dauphiné.*

D'azur à la croix vidée et fleuronnée d'argent.

L'unique représentant du nom, de Liffort de Buffevend, est avocat à la cour de Nancy.

LIGER-BELAIR (Bocquillon de). *Bourgogne.*

D'azur à la fasce d'or accompagnée de six étoiles d'argent.

L'unique représentant du nom, comte de Bocquillon Liger-Belair, réside à Vesnes, par Nuits, département de la Côte-d'Or.

LIGNAUD. *Touraine.*

D'argent à trois merlettes de sable.

Cette famille a pour chef de nom et d'armes, le marquis de Lignaud de Lussac, qui a un fils, Antonin.

LIGNERIS (des). *Vendômois.*

De gueules fretté d'argent ; au canton d'or chargé d'un lion de sable, surmonté d'un lambel d'azur.

D'ancienne noblesse, cette famille, qui remonte à François des Ligneris, qualifié chevalier en 1389, est représentée par le marquis des Ligneris, au château de Méréglise, par Illiers, département d'Eure-et-Loir.

LIGNIÈRES. *Cambraisis, Berry.*

Cambraisis. Parti d'argent et d'azur à la croix, ancrée de l'un en l'autre.

Berry. D'or au chef de vair; au lion de gueules couronné d'or brochant sur le tout.

Cette famille, dont était François de Lignière, seigneur de Fallaise, élection de Soissons qui produisit ses titres de quatre degrés depuis 1551, est représentée par le comte de Lignières, chef de nom et d'armes, chevalier de la Légion d'honneur, colonel au 6e régiment de hussards.

LIGNIVILLE. *Lorraine.*

Losangé d'or et de sable.

Une des quatre grandes maisons de Lorraine et la seconde en rang, Ligniville dont la grandeur et l'éclat sont établis depuis le xve siècle, participait dès lors à tous les actes posés par ses souverains, se portait pleige et caution pour eux, arbitre des différends qu'ils avaient avec leurs voisins, contribuait à la fondation de plusieurs abbayes et qui porta la qualification de chevalier dès l'origine de la chevalerie, est représenté de nos jours par le comte de Ligniville, ancien officier d'ordonnance de Napoléon III, à Paris.

LIGNY. *Soissonnais.*

De gueules à la fasce d'or, au chef échiqueté d'argent et d'azur de trois traits.

Cette famille, dont était Jean de Ligny, fait chevalier par le duc de Bourgogne en 1381, est représentée par Egie de Ligny, chevalier de la Légion d'honneur, procureur au tribunal de Rambouillet, département de Seine-et-Oise.

LIGONDÈS. *Auvergne.*

D'azur semé de molettes d'éperon d'or; au lion rampant aussi d'or, lampassé et armé de gueules.

Anciennement Ligondez, du nom de sa seigneurie située dans la paroisse de Chambouchart, sur les confins de l'Auvergne et dans l'élection de Combrailles, intendance de Moulins, cette famille, qui remonte à Perrin de Ligondez, écuyer, seigneur de Ligondez, vivant vers 1350, est représentée par le Ligondès, au château de Saint-Feyre, département de la Creuse.

LIGONNET. *Alsace.*

D'argent à deux fasces de gueules.

L'unique représentant du nom, de Ligonnet, réside au château de Dondin, par Saint-Bonnet-des-Joux.

LIGONNIER. *Languedoc.*

De gueules au lion d'or; au chef d'argent chargé d'un croissant d'azur entre deux étoiles du même.

Cette famille a deux représentants : de Ligonnier, conseiller à la cour d'appel de Saint-Denis, Ile de la Réunion; de Ligonnier, à Oran, Algérie.

LILLIERS. *Picardie.*

D'or à une croix échiquetée de sinople et d'argent.

Cette famille a deux représentants : le marquis de Lilliers, chef de nom et d'armes, conseiller général, maire de Notre-Dame de Gravenchon, au château de Gravenchon, par Lillebonne, département de la Seine-Inférieure ; le marquis de Lilliers, chevalier de la Légion d'honneur, à Paris.

LIMAIRAC ou **LIMAYRAC.** *Toulouse, Montauban.*

D'azur à la fasce d'or chargée de trois limes de sable.

Cette famille est représentée par de Limairac, au château de Verdun, département de l'Ariége. Elle l'est également par Adolphe de Limairac, à Toulouse.

LIMOGES. *Normandie, Lyonnais.*

NORMANDIE. D'argent à six tourteaux de gueules.

LYONNAIS. D'hermines à la bordure de gueules.

Maintenue dans sa noblesse le 23 janvier 1668, cette famille est représentée par de Limoges, à Lyon.

LIMON. *Paris.*

D'argent à un lion de gueules armé et lampassé d'or; à l'orle de huit coquilles d'azur.

De Limon, unique représentant du nom, réside à Besançon.

LIN (DU). *Montpellier*, *Montauban.*

Écartelé : aux 1 et 4 d'or à une corneille de sable, becquée et membrée de gueules; aux 2 et 3 d'azur, à une épée d'argent en pal, la pointe en bas.

Cette famille a deux représentants : le baron de Lin, à son château, par Barcelonne, département du Gers; du Lin, secrétaire général de l'évêché, à Aire, département des Landes.

LINIÈRES. *Maine, Anjou.*

D'argent à la fasce de sable frettée d'or de six pièces.

On compte deux représentants de cette famille : de Linières, vérificateur des douanes, à Bayonne, département des Basses-Pyrénées; de Linières, caissier d'assurances à la Flèche, département de la Sarthe.

LINIERS. *Poitou.*

D'argent à la fasce de gueules; à la bordure de sable chargée de huit besants d'or.

Cette famille qui tire son nom d'une terre près de Thouars, remonte à Guillaume de Liniers, vivant vers l'an 1300 et compte de nos jours quatre représentants : le comte de Liniers, à Paris; de Liniers, chevalier de la Légion d'honneur, ancien chef d'escadrons au 7e régiment de chasseurs à cheval; de Liniers, au château de Reignier, par La Trémouille, département de la Vienne;

de Liniers, supérieur du séminaire, à Cahors, département du Lot.

LION. *France.*

Coupé : au 1 d'or au rocher de sable et de gueules au signe de baron militaire ; au 2 d'azur au lion en pal d'argent, accosté en chef à dextre et à sénestre d'une étoile d'argent.

Dieudonné-Joseph-Léopold, comte de Lion, commandeur de la Légion d'honneur, général de brigade, à Chartres, est l'unique représentant de cette famille.

LION. *Bourgogne.*

D'or au lion naissant de gueules ; coupé de sable à un arbre d'or.

Cette famille, qui n'a plus d'hoir mâle, est représentée par madame la douairière de Lion, à Paris.

LIOT DE MORBECOURT. *Picardie.*

D'argent à trois quintefeuilles de gueules.

Cette famille a deux représentants : Edmond-Louis Lion de Norbecourt, receveur de l'enregistrement, à Saint-Omer, département du Pas-de-Calais; Pierre-Augustin Liot de Norbecourt, au château de Wilstine, par Ardres, même département.

LIOULD DE CHENEDOLLÉ. *Normandie.*

D'azur au lion d'argent armé et lampassé de gueules.

Cette famille a deux représentants : Charles-Marie Lioult de Chenedollé, au château de Choissel, par Vassy, département du Calvados; Léon-Étienne Lioult de Chenedollé, inspecteur des forêts, à Lycns-la-Forêt, département de l'Eure.

LISSAC. *La Rochelle.*

D'or au cerf de gueules.

Le marquis de Lissac, unique représentant, réside au château de son nom, par Larche, département de la Corrèze.

LIVET. *Normandie.*

D'azur à trois molettes d'or.

Cette famille, qui remonte à Jean de Livet, chevalier banneret de Normandie, compris dans le rôle dressé par Philippe-Auguste en 1216, a trois représentants : de Livet, au château de Barville, par Thiberville, département de l'Eure; de Livet, au château de Balme-de-Thuy, département de la Haute-Savoie; de Livet de Barville, inspecteur de forêts, à Dieppe, département de la Seine-Inférieure.

LIVRON. *Champagne, Quercy, Limousin.*

D'argent à trois fasces de gueules; au franc-quartier aussi d'argent; chargé d'un roc d'échiquier de sable.

Originaire du Dauphiné, une des plus nobles et des plus anciennes de la province, cette famille, qui a donné François de Livron, seigneur de Bourbonne, petit-fils de Bertrand de Livron et de Françoise de Bauffremont, a pour unique représentant le marquis de Livron, au château de Pousset, par Nexon, département de la Haute-Vienne.

LIVRY (Sanguin de). *Flandre, Ile-de-France.*

D'azur à la bande d'or, accompagnée en chef de trois glands d'or posés 2 et 1 et en pointe de deux pattes de griffon du même, mises en bande et de trois demi-roses d'or posées en orle, mouvantes du bord de l'écu.

De haute et pure noblesse, d'une antiquité qui se perd dans la nuit des temps historiques, les Sanguin, depuis marquis de Livry, n'ont point de commencement obscur. Des traditions qui se fondent sur les archives de la famille, leur attribuent une origine orientale et de hautes dignités dans les pays d'outre-mer.

Divisés en un grand nombre de branches, ceux du nom de Sanguin ont brillé dans l'épiscopat et dans les plus hautes charges de l'église, dans les armées de Sa Majesté très-chrétienne, dans le gouvernement de la ville de Paris, dans la diplomatie et dans les fonctions les plus élevées de la cour. Ils se sont alliés aux plus belles maisons de France et ils se sont aussi distingués par le savoir que par l'intelligence.

Parmi les grandes illustrations que l'on retrouve dans leur généalogie ou qui se détachent de la ligne directe, on doit citer Antoine Sanguin, cardinal de Meudon, et son frère, Jean Sanguin, seigneur d'Angervillier, lieutenant-général au gouvernement de Paris, par lettre du 26 mars 1534, oncle de la célèbre duchesse d'Étampes; au temps de François Ier; Guillaume Sanguin, prévôt des marchands, le 12 juillet 1420; Jacques Sanguin, seigneur de Livry, conseiller au parlement, prévôt des marchands sous Henri IV, qui l'honorait d'une grande estime, Jacques Sanguin, seigneur de Livry et du Genitoy, et son fils, Louis Sanguin, premier marquis de Livry, sous Louis XIII, qui, en marque de considération et d'affection, peignit leurs portraits, précieusement conservés dans la famille; l'abbé de Livry, ambassadeur en Portugal, en Espagne et en Pologne, cardinal de la Diète de Pologne, qui reconduisit en Espagne l'infante que devait épouser Louis XV, etc.

Originaires de Flandre, les Sanguin, marquis de Livry, remontent à Pierre, qui suit, I.

I. Pierre Sanguin, chevalier, l'un des quatre pairs du comté de Saint-Amand, en Flandre, juge de la noblesse de Saint-Amand, cité dans un arrêt du parlement de Paris, de l'an 1310, eut un fils, Guillaume, qui suit, II.

II. Guillaume Sanguin, seigneur de Santes, de Mafflers, de la Malmaison et de Beaumont, en Thiérarche, eut deux fils, savoir :

A. Guillaume Sanguin, mort sans alliance.

B. Nicolas, qui suit, III.

III. Nicolas Sanguin, seigneur de Santes, de Mafflers, de la Malmaison, de Beaumont, en Thiérarche, né en 1404, eut deux fils, savoir :

A. Jean, qui suit, IV.

B. Guillaume Sanguin, seigneur de Beaumont, vicomte de Neufchâtel, écuyer de l'écurie du roi Charles VI, son conseiller et son échanson, premier écuyer du duc de Bourgogne, mort en 1441, fut père de Charles Sanguin, gouverneur pour Charles VIII de plusieurs places dans le royaume de Naples, de 1483 à 1498.

IV. Jean Sanguin, seigneur de Bethencourt, conseiller du roi, maître ordinaire en la chambre des Comptes, à Paris, mort le 14 avril 1425 et inhumé aux Saints-Innocents, eut deux fils, savoir :

A. Charles, qui suit, V.

B. Louis Sanguin, chevalier de l'ordre de Saint-Jean-de-Jérusalem.

V. Charles Sanguin, seigneur de Bethencourt, etc., eut un fils, Simon, qui suit, VI.

VI. Simon Sanguin, capitaine gruyer, pour le roi, des

forêts de Livry et de Bondy, seigneur de Livry, Couberon, Vaujour, acquit en 1474 la terre de Fontenay-le-Bel, de Florimond de Sailly. Il épousa : 1° Marie Martin; et 2° Marguerite Lecoq, fille de Gérard Lecoq, seigneur d'Esgrenay et de Coupvray, et de Gillette de Corbie.

Il eut du premier lit un fils, Nicolas, qui suit, VII.

Il eut du second lit plusieurs autres fils qui ont formé différentes branches, toutes éteintes, entre autres celles des seigneurs de Véron, de Venteuil et de Mont-Louis.

VII. Nicolas Sanguin, seigneur de Livry, de Vaujour, de Couberon, de Fourches, etc., fit hommage au roi de la terre et seigneurie de Livry, le 6 novembre 1518, et mourut le 30 novembre 1545. Il avait épousé : 1° Anne Sauvage, dont deux filles ; 2° le 6 septembre 1521, Jeanne de Louviers, dame de Sorges, fille de Jean de Louviers, seigneur de Cannes et de Maurevet, échanson du roi, et de Guillemette de Corbie, arrière-petite-fille du chancelier de ce nom.

Il eut du second lit deux fils, savoir :

A. Jacques, qui suit, VIII.

B. Christophe Sanguin, chanoine de l'église de Paris.

VIII. Jacques Sanguin, seigneur de Livry et de la Guette, conseiller au parlement, prévôt des marchands, épousa, le 22 novembre 1574, Barbe de Thou, sœur de Nicolas de Thou, évêque de Chartres, et de Christhophe de Thou, premier président du parlement de Paris, fille d'Augustin de Thou, président à mortier, et de Claude-Marie de Versigny, petite-fille du célèbre chancelier de Thou. Il eut de son mariage trois enfants, entre autres Jacques, qui suit, IX.

IX. Jacques Sanguin, IIe du nom, chevalier, seigneur de Livry, épousa le 1er septembre 1577, Marie Dumesnil, fille de Denis Dumesnil, seigneur de Croquelaine, dont onze enfants, entre autres six qui suivent, savoir :

A. Charles, qui suit, X.

B. Christophe Sanguin, seigneur de Livry, conseiller d'État et président des enquêtes, prévôt des marchands en 1628, épousa Élisabeth Seguier, fille du premier président au parlement.

C. Nicolas Sanguin, seigneur de Bonneuil, sacré évêque de Senlis, le 12 mars 1626, après la démission du cardinal de la Rochefoucault. Il fut admis par le roi Louis XIII en son conseil d'État, chargé avec le même cardinal de travailler à la réforme de l'abbaye de Saint-Denis; il avait refusé en différents temps les archevêchés d'Arles et d'Embrun, se démit de l'évêché de Senlis, en faveur de Denis Sanguin, son neveu, et mourut le 15 juillet 1613.

D. Jacques Sanguin, chevalier de Malte, fit ses preuves en 1608.

E. Marie, religieuse à Sainte-Claire, à Senlis, morte à l'âge de soixante-dix-sept ans.

F. Madeleine, aussi religieuse à Sainte-Claire, morte le 28 décembre 1670, âgée de quatre-vingts ans. Elle avait gouverné jusqu'à sa mort le monastère de la Présentation de la Sainte Vierge, fondé par l'évêque de Senlis, son frère.

X. Charles Sanguin, chevalier, seigneur de Livry, maître d'hôtel et gentilhomme ordinaire du roi, épousa, le 29 novembre 1619, Marie Dolé, fille de Louis Dolé, seigneur du Vivier, et de Marie Constant, dont deux enfants, savoir :

A. Denis Sanguin, évêque de Senlis, par la résignation de son oncle Nicolas. Sacré par lui, à Paris, le 14 janvier 1652, il mourut doyen des prélats de France, le 13 mai 1702, à l'âge de quatre-vingt-un ans, et fut transporté à Senlis, dans l'église de la Présentation de Notre-Dame, auprès de son oncle, ancien évêque de Senlis.

B. Jacques, qui suit, XI.

XI. Jacques Sanguin, troisième du nom, chevalier, seigneur de Livry et du Genitoy, décoré du cordon bleu, capitaine des chasses et plaines des forêts de Livry et de Bondy, sur la démission du marquis de Mailly, par lettres de 1622, premier maître d'hôtel du roi Louis XIII, qui peignit son portrait et celui de son fils, mort le 1er septembre 1680.

Il avait épousé, le 5 janvier 1647, Marie de Bordeaux, fille de Guillaume de Bordeaux, seigneur de Neuville et du Genitoy, dont un fils, Louis, qui suit, XII.

XII. Louis Sanguin, premier du nom, premier marquis de Livry, seigneur de Livry et du Genitoy, né le 4 juillet 1648, décoré du cordon bleu, enseigne des gendarmes de Bourgogne, mestre de camp de cavalerie et aide de camp du roi, par brevet du 25 avril 1684, en considération des services qu'il lui avait rendus à la guerre, maréchal de camp, successeur de son père, en 1676, dans la place de capitaine des chasses de Livry et de Bondy, et premier maître d'hôtel du roi, en survivance de son père.

Le czar Pierre le Grand, lors de son voyage à Paris, en 1717, lui fit don d'une tabatière enrichie de brillants.

Il obtint du roi, au mois de février 1688, des lettres

d'érection en marquisat de sa terre de Livry, et mourut à Versailles le 6 novembre 1723.

Il avait épousé, le 4 février 1678, sous le patronage du roi et la reine Marie-Thérèse d'Autriche, son épouse Marie-Antoinette de Beauvilliers, fille de François de Beauvilliers, duc de Saint-Aignan, pair de France, premier gentilhomme de la chambre du roi, sœur de Paul, duc de Beauvilliers, pair de France, gouverneur des princes, petits-fils de Louis XIV, dont quatre enfants, savoir :

A. Louis, qui suit, XIII.

B. François Sanguin de Livry, auditeur de rote, abbé de Saint-Servin de Toulouse, de Saint-Arnoult de Metz, de Fontenay, de Livry et de Beaulieu, mort le 15 février 1729, ayant refusé plusieurs évêchés. Il fut ambassadeur en Espagne, en Portugal et en Pologne. Le roi Auguste de Pologne lui avait accordé sa nomination au cardinalat plusieurs années avant sa mort. C'est lui qui reconduisit en Espagne l'infante qui devait épouser Louis XV.

C. Paul-Hippolyte Sanguin de Livry, né le 17 octobre 1682, chevalier de Malte, commandeur de la commanderie de Clichy, en Aulnois, nommé, le 16 novembre 1704, colonel du régiment de Nivernois-Infanterie, brigadier des armées du roi le 28 octobre 1705, mort maréchal de camp le 4 octobre 1720. Il avait été blessé à la bataille de Spire, en 1703.

D. Henriette, religieuse à Sainte-Marie de Saint-Denis, morte en odeur de sainteté.

XIII. Louis Sanguin, deuxième du nom, marquis de Livry, tenu, par Louis XIV et la reine son épouse, sur les fonts de baptême, le 5 avril 1679, premier maître d'hôtel de sa Majesté, nommé, au mois de décembre 1701, l'un des seigneurs qui devaient accompagner le roi d'Espagne jusqu'à la frontière. Colonel au régiment de Tournefort en 1699, brigadier en 1704, successivement maréchal de camp et lieutenant-général, chevalier des ordres du roi le 3 juin 1727, il obtint aussi le cordon bleu, fut conseiller d'État, combattit à Hochstedt, et mourut au retour de la guerre de Flandre, le 1er septembre 1770. Le poëte Piron, dont il était le bienfaiteur anonyme, découvrit son nom, et lui dédia par reconnaissance sa tragédie de *Gustave.* Il épousa, le 7 décembre 1706, Marie-Madeleine-Françoise-Robert de la Fortelle, fille du conseiller d'État, dont cinq enfants, entre autres deux qui suivent, savoir :

A. Paul Sanguin, marquis de Livry, né à Versailles. en 1709, premier maître d'hôtel du roi, décoré du cordon bleu, colonel du régiment du Perche, épousa Marie-Christine de Maniban, fille de N... de Maniban, premier président au parlement de Toulouse, mort sans postérité, le 15 mai 1758.

B. François-Hippolyte, qui suit, XIV.

XIV. François-Hippolyte Sanguin, d'abord comte et ensuite marquis de Livry, par la mort de son frère, fut chevalier de Malte, chef d'escadre des armées navales, quitta la Croix, en 1760, en se voyant seul de son nom après la mort du marquis de Livry, son frère, et lui succéda dans sa place de premier maître d'hôtel du roi. Il épousa, le 15 avril 1799, Thérèse-Bonne Gillain de Benouville, fille d'Antoine Gillain, marquis de Benouville, mestre de camp de cavalerie, et mourut à Caen, en 1789, laissant de son mariage cinq enfants, entre autres deux fils et deux filles, qui suivent, savoir :

A. Antoine-Aglaé-Hippolyte, qui suit, XV.

B. Hippolyte Sanguin, comte de Livry, chevalier de Malte, auteur de *Maximes* renommées, fit don à l'Opéra-Comique de Paris de la statue de Grétry.

C. Thérèse-Hippolyte, épousa Thomas-Louis-Marie-Geneviève, marquis de Morant.

D. Christine-Adolphe-Adélaïde, épousa Charles-Louis-Alexandre, comte de Polignac, général sous la Restauration.

XV. Antoine-Aglaé-Hippolyte Sanguin, marquis de Livry, chevalier de Saint-Louis, colonel du régiment de Royal-Cravate, n'émigra pas, fut jeté en prison à l'époque de la Terreur, échappa à l'échafaud révolutionnaire par la mort de Robespierre, racheta la terre de Livry et le château du Raincy, sa dépendance, qui avaient été vendus nationalement, et au retour de l'émigration, le vendit au duc d'Orléans, depuis Louis-Philippe. Il mourut à Paris, en 1828, et fut inhumé dans sa terre de Stains. Il avait épousé Marie-Marguerite Saulnier, dont trois enfants, savoir :

A. Pierre-Marie-Hippolyte Sanguin, marquis de Livry, capitaine de dragons, chevalier de la Légion d'honneur, décoré par Napoléon Ier, fit toutes les guerres de l'Empire et fut laissé pour mort sur le champ de bataille de Leipzig. Prisonnier de guerre en Hongrie pendant deux ans, il était aide de camp du général de division Pacthot, qui lui laissa en mourant un diamant de 40,000 francs. Sous la Restauration, il fut aide de camp du général de division comte de Polignac, son oncle, et mourut sans alliance en 1847.

B. Charles-Antoine-Hippolyte, qui suit, XVI.

C. Pauline-Antoinette Sanguin, comtesse de Livry,

chanoinesse du chapitre de Munich, morte en 1825, sans alliance.

XVI. Charles-Antoine-Hippolyte Sanguin, d'abord comte de Livry, puis marquis de Livry, par la mort de son frère, et seul survivant de son nom, garde du corps dans la compagnie de Luxembourg, capitaine de la garde royale, poëte et auteur dramatique, chevalier de la Légion d'honneur, mort à Enghien, le 13 octobre 1867. Il sut, par son travail, son savoir et son intelligence, rétablir sa fortune anéantie par la Révolution. Son répertoire se compose de plus de soixante pièces d'un très grand mérite. Son talent littéraire lui valut la croix de la Légion d'honneur.

Il épousa Louise-Appoline Oudot de Dainville, d'une bonne maison de Lorraine et n'eut de son mariage qu'une fille unique, Jeanne-Claudia-Agrippine-Olga Sanguin de Livry, morte le 23 août 1873. Elle épousa le vicomte de Veye, d'une ancienne famille de Lorraine, qui a donné des chevaliers croisés au douzième siècle et plusieurs chanoinesses au chapitre noble de Remiremont, petit-neveu de l'évêque d'Autun, connu sous le nom de l'abbé de Roquette, dont parle Boileau; l'aîné de ses enfants, Gérard-Marie-Charles-Henri de Veye, est en instance pour obtenir le nom que les ancêtres de sa mère ont porté et illustré pendant plus de cinq siècles au service de la France.

LOBEL. *France.*

D'azur à un arbre d'or sur une terrasse du même.

Cette famille est très ancienne et très distinguée. Elle a donné, dans le treizième siècle, Daniel de Lobel, évêque; de Briand de Lobel, écuyer en 1273.

Adrien-François de Lobel, officier de dragons, eut

un fils, Henri-François-Joseph, page de Louis XVI et ensuite capitaine aide de camp du maréchal duc de Duras. Il eut deux enfants : Henri-Adrien, qui suit, et Joséphine de Lobel, qui épousa Hippolyte, marquis de Curne.

Henri-Adrien de Lobel, ancien élève de Saint-Cyr, puis officier de cavalerie, épousa, le 19 septembre 1820, Louise-Aimée de Mahy, petite-nièce de Thomas de Mahy, marquis de Favras, lieutenant des gardes de Monsieur, comte de Provence. Il avait épousé Caroline, princesse d'Anhalt, attachée à la reine Marie-Antoinette et fut une des premières victimes de la Révolution.

Henri-Adrien de Lobel eut de son mariage trois enfants :

a Jean-Flaviel-Charles, qui suit ;

b Léontine, née en 1832;

c Adrien-Frumence de Lobel, né en 1834, qui épousa, en 1855, Mathilde du Bois, dont deux enfants : Ivan-Camille, né en 1856, et Robert-Adrien-Marie, né en 1865.

Jean-Flavier-Charles de Lobel-Matry, chef de nom et d'armes, né en 1825, grand propriétaire en France et à la Louisiane, au château de la Thuilerie, par Joigny, département de l'Yonne, épousa le 12 mai 1853 Marie-Elisabeth-Aimée Lecoul de Geneste, dont trois enfants, savoir :

a Marie-Elisabeth-Eugénie, née le 20 février 1854 ;

b Raymond-Guillaume-Emile-Henri-Adrien de Lobel, né le 26 avril 1857;

c Françoise-Octavie-Jeanne-Aimée, née le 18 mars 1859.

LOBIT. *Guyenne.*

D'or à trois corbeaux de sable.

Cette famille a deux représentants : de Lobit, receveur de la navigation, à Orléans; Henri de Lobit de Monval, à Peyrehorade, département des Landes.

LOCKHART. *Orléanais.*

D'argent au cœur de gueules enfermé dans un cadenas de sable; au chef d'azur chargé de trois hures de sanglier du champ, lampassés de gueules.

L'unique représentant du nom, de Lockhart, réside à Orléans.

LODIN DE LÉPINAY. *Bretagne.*

D'argent à une tour écartelée d'argent et de gueules.

L'unique représentant du nom, de Lodin de Lépinay, chevalier de la Légion d'honneur, est ancien sous-préfet, à Rochefort, département de la Charente-Inférieure.

LOISEAU DE REDDEMONT. *Ile-de-France.*

De gueules à un oiseau d'or perché sur un écu du même; au chef cousu d'azur chargé d'un croissant d'argent, accosté de deux croisettes d'or.

De Loiseau de Reddemont, unique représentant du nom, réside à Paris.

LOISSON DE GUINAUMONT. *Champagne.*

D'azur à deux bandes d'or; au chef aussi d'or, chargé de trois merlettes de sable.

Cette famille, qui a possédé les seigneuries de Mairy, de Boyarne, etc., a deux représentants : de Loisson de Mairy-S.-Marne; de Loisson de Guinaumont, chanoine, à Châlons-sur-Marne.

LOMBARD. *Provence, Ile-de-France, France.*

Provence. D'or à trois immortelles de sinople tigées du même. — D'or au chevron de gueules, accompagné de trois fleurs de lis de sable ; au chef d'azur.

Ile-de-France. De gueules, à trois carreaux d'argent ; au chef du même chargé de trois arbres de sinople posés sur une terrasse de même.

France. De gueules à deux étendards d'or adossés en sautoir. — D'or à trois sempervives de sinople, tigés du même, posés 2 et 1.

Lombard, en noblesse, dont le titre se trouve dans l'*Histoire de Provence* et dont l'aïeul du chef de la famille, qui s'appelait Jacques Lombard, était président, trésorier de France honoraire, seigneur et comte d'Esperel, en 1771. Les terres d'Esperel, situées sur le terrain de la commune de Montferrat, formaient un comté et elles étaient seigneuriales. Cette famille compte neuf représentants appartenant aux souches dont nous venons d'indiquer les armes : de Lombard de Buffière, au château des Granges, par Blois-d'Oingt, département du Rhône ; de Lombard de Buffière, au château de Dolomieu, par la Tour-du-Pin, département de l'Isère ; de Lombard du Castelet, chevalier de la Légion d'honneur, receveur municipal des douanes, à Lyon ; de Lombard d'Esperel, officier de la Légion d'honneur, percepteur, à Nogent-sur-Seine, département de l'Aube ; de Lombard comte d'Esperel, au château d'Esperel, à Montferrat, département du Var ; de Lombard de Genibral, au château de Soucy, par Châtellerault, département de la Vienne ; de Lombard de Sagnes, juge de paix, à Rabastens, département du Tarn ; de Lombard de Sagnes, à Toulouse ; de Lombard de Saint-Cyr, au château de Coquerelles, par Draguignan, département du Var.

LOMÉNIE. *Limousin.*

D'or à l'arbre de sinople, aux racines du même, posées sur un tourteau de sable; au chef d'azur chargé de trois losanges d'argent.

Famille divisée en deux branches, celle des Loménie de Faye et celle des Loménie de Brienne, toutes deux portant les mêmes armes. La seconde est aujourd'hui éteinte, la première subsiste, représentée par Louis de Loménie, professeur au collége de France, résidant à Paris.

LOMET. *Armagnac. Bourbonnais.*

D'azur au monde d'argent.

La famille Lomet a de nombreux représentants dans le Bourbonnais, entre autres Jean-Charles Lomet, agent-voyer en chef du département de l'Allier; Henry Lomet, officier de cavalerie; Marc et Simon Lomet, propriétaires.

LOMET DE LYS. *Bourbonnais.*

D'or à un arbre de sinople surmonté d'une étoile d'azur et soutenu par un croissant du même.

Cette famille, distincte de la précédente, éteinte dans les mâles, est représentée par Mme veuve de Bellouet, née Lomet de Lys.

LOMERON. *Touraine.*

D'or à trois fourmis de sable.

L'unique représentant du nom, de Lomeron, réside au château de Pataudière, par Champigny, département d'Indre-et-Loire.

LONG. *Ile-de-France.*

D'azur au chevron d'or accompagné de trois trèfles du même.

Le Long, en Bretagne, déclaré noble d'ancienne extraction, par arrêt du 30 mars 1669, portait d'or à la quintefeuille de sable. Celle qui nous occupe est représentée par de Long, à Paris.

LONG DE ROSNAY (DU). *Guyenne.*

D'azur à deux chevrons appointés d'or, le premier renversé, accompagné de deux croissants d'argent, un en chef et un en pointe.

Cette famille a deux représentants : le comte du Long de Rosnay, qui a sa résidence d'été au château de Cannes, près Montereau, et celle d'hiver, à Paris; du Long de Rosnay, au château d'Ormes, près Cinsery, département de Saône-et-Loire.

LONGCHAMPS. *Provence.*

D'or à une aigle de sable accolée d'écartelé : aux 1 et 4 d'azur à un monde d'argent cintré et croisé d'or; le premier quartier brisé à sénestre d'un monde ovale d'argent, chargé d'une main dextre de sable, couronné d'or; aux 2 et 3 d'azur au lion d'argent lampassé de gueules.

Cette famille a deux représentants : de Longchamps, à Lyon; de Longchamps, commis principal des contributions, à la Basse-Terre, Guadeloupe.

LONGEAU. *Gâtinais.*

D'azur fretté d'argent de six pièces.

Robert et Pierre de Longeau, écuyers de la Châtellenie de Château-Landon, vivants en 1200, appartenaient à cette famille représentée, aujourd'hui, par de Longeau de Saint-Michel, au château de Saint-Michel, près Beaune, département du Loiret.

LONGON DE LA GRANGE. *Touraine.*

D'or à la bande de gueules.

Cette famille est représentée par deux frères, dont l'aîné est docteur en médecine, à Tours.

LONGPÉRIER. *Soissonnais.*

D'azur à trois macles d'or.

Devise : *Sine macula maculæ.*

Cette famille, qui a donné des hommes distingués dans les armes, la magistrature et l'administration, a trois représentants : Adrien de Longpérier, membre de l'Institut, à Paris; Alfred, comte de Longpérier-Grimoard, au château de Longpérier, par Montreuil-le-Haudoin, département de l'Oise; de Longpérier, ingénieur des Mines.

LONGUEIL. *Normandie.*

D'azur à trois roses d'argent; au chef d'or chargé de trois roses de gueules.

D'illustre et ancienne noblesse, cette famille a produit de grands hommes: elle tire son nom du bourg et terre de Longueil, situés dans le bailliage de Caen, près de Dieppe, et remonte à Adam de Longueil, vivant en 1606, un des compagnons de Guillaume de Normandie, dans la conquête d'Angleterre.

Elle est représentée, aujourd'hui, par le marquis de Longueil, chef de nom et d'armes, au château de Saint-Quentin, par Ménat, département du Puy-de-Dôme.

LONGUET. *Orléanais*, *Ile-de-France.*

D'or au chef d'azur de trois têtes de léopard du champ.

L'unique représentant de nom, de Longuet, réside à Orléans.

LONGUEVAL D'HARAUCOURT. *Maine, Anjou.*

Bandé de vair et de gueules de six pièces.

Originaire de Picardie, cette grande maison tire son nom de la terre de Longueval, riveraine de l'Oise. Ses commencements sont illustres. De même que les seigneurs de Coucy et de Châtillon, les premiers du nom de Longueval prirent pour armes les couleurs de leurs manteaux écarlates, doublés de vair, qu'ils coupèrent en pièces dans un combat, contre les Sarrasins, pour en faire des cotes d'armes. Ceux de Coucy les portèrent en fasce, ceux de Châtillon en pal et ceux de Longueval en bande.

Ces derniers remontent à Artus, sire de Longueval, vivant sous Henri Ier, roi de France, en 1097. Sa descendance s'est divisée en plusieurs branches. Celle d'Harcourt, la seule qui subsiste, a deux représentants : Longueval d'Harcourt, chevalier de la Légion d'honneur, maire de Lucé-le-Grand, département de la Sarthe; de Longueval d'Harcourt, au Mans.

LONGUEVILLE. *Bourgogne.*

D'argent au chevron d'azur.

De Longueville, unique représentant du nom, réside au château de Bellefonds, par Saint-Martin-de-Bresse, département de Saône-et-Loire.

LONGVILLIERS. *Normandie.*

Branche ainée : De sinople à trois fasces d'or.

Branches cadettes : De sinople fretté d'argent.

Cette famille, qui serait éteinte, d'après une notice extraite des titres de Mathan, est revendiquée, en nom et en armes, par de Longvilliers, unique du nom, à Montreuil-sur-Mer, département du Pas-de-Calais.

LONJON. *Guyenne.*

D'or à la bande de gueules.

L'unique représentant du nom, Albert de Lonjon, réside à Tours.

LONLAY. *Irlande, Normandie.*

D'argent à la fleur de lis de sable accompagnée de trois sangliers du même, deux en chef et un en pointe.

Originaire d'Irlande, fixée en Normandie depuis huit siècles, cette famille qui descend d'un favori de Guillaume le Conquérant, inhumé près de lui dans l'Église de Saint-Étienne, de Caen, a trois représentants : Louis-Eugène, marquis de Lonlay, au château de Saint-Christophe-les-Jajolets, département de l'Orne; de Lonlay, au château de la Barre, par Chapelle-Basse-Mer, département de la Loire-Inférieure; de Lonlay, chevalier de la Légion d'honneur, officier de marine.

LOPEZ. *Espagne, Flandre.*

Armes anciennes : De gueules au château d'argent, maçonné de sable, flanqué de deux tours du même, accompagné en pointe d'un loup d'or, ravissant un agneau d'argent.

Armes modernes : De sinople à une tour ouverte de gueules, posée dans le champ à dextre et en barre, et à une fleur de lis d'argent posée à sénestre et en bande.

Célèbre dans l'histoire de la monarchie espagnole ; cette famille, établie depuis plus de quatre siècles en France, dans la personne de don Garcias Lopez de Villanova, qui vint se fixer à Avignon, en 1440, est représentée par le comte de Lopez, à Versailles.

LOPPIN DE GÉMEAUX. *Bourgogne.*

D'azur à la croix ancrée d'or.

Cette famille a pour représentant unique de Loppin de Gémeaux, au château de Gémeaux, par Is-sur-Tille, département de la Côte-d'Or.

LORDAT. *Roussillon.*

D'or à la croix alaisée de gueules.

D'ancienne noblesse, originaire du comté de Foix, cette famille qui remonte à Guillaume de Lordat, chevalier, vivant, en 1154, avec Béatrix de Fossat, sa femme, a deux représentants : le marquis de Lordat, chef de nom et d'armes, à Toulouse; de Lordat, au château de Saint-Gemme, par Bram, département de l'Aude.

LORENCHET DE MONTJAMONT. *Bourgogne.*

D'azur à la fasce d'or, accompagnée en chef de trois étoiles d'argent, et en pointe d'un chat léopardé, aussi d'argent.

Ancienne et bien alliée, cette famille, qui remonte à Durannus ou Durantius Laurenchet, vivant, à Beaune, en 1390, est représentée par de Lorenchet de Monjamont, chevalier de la Légion d'honneur, conseiller de Cour d'appel à Dijon.

LORGERIL. *Bretagne.*

De gueules au chevron d'argent chargé de cinq mouchetures d'hermines de sable, et accompagné de trois molettes d'éperon d'or, posées deux en chef et une en pointe.

L'une des plus anciennes de la Bretagne, cette famille, dont une branche s'est fondue dans l'illustre maison de Rohan, s'est continuée dans une autre branche établie de tout temps dans la province de Bretagne, où cette ancienne maison possédait la terre de son nom et d'autres apanages.

Elle compte aujourd'hui de nombreux représentants et se divise en trois branches dont voici les principaux représentants :

Branche aînée, dite de Châlon : Henri, comte de Lorgeril, chef de nom et d'armes, au château de Chalonge, et Amédée de Lorgeril, chevalier de la Légion d'honneur ; Hippolyte de Lorgeril, au château de Lorgeril, près Jugon ; Victor de Lorgeril, au château de Colombier, près Saint-Brieuc (Côtes-du-Nord).

Branche de Parigny, en Normandie : Louis, comte de Lorgeril de Parigny, au château de Parigny ; Emile de Lorgeril, au château de Chevreville ; Edouard de Lorgeril, au château de Cocherie, trois résidences situées dans le département de la Manche.

Branche de la Motte-Beaumanoir : Léon de Lorgeril, chevalier de la Légion d'honneur, commandeur de Saint-Grégoire-le-Grand, au château de la Motte-Beaumanoir ; Charles de Lorgeril, chevalier de la Légion d'honneur et de Pie IX, au château de la Bourbonsais ; Paul de Logeril, près Saint-Malo, trois résidences dans le département d'Ille-et-Vilaine.

LORGES. *Bretagne.*

D'argent à la bande d'azur.

Cette famille, qui a donné le comte de Lorges, maréchal de France, créé duc sous le nom de Quentin, commué en 1706 sous celui de Lorges, a deux représentants : le duc de Lauchat de Fonspertuis, au château de Fonspertuis, par Beaugency, département du Loiret ; le comte de Lorges, au château de Fonspertuis.

LORGNE D'IDEVILLE. *Bourbonnais.*

Parti : au 1 échiqueté de gueules et d'or ; au 2 d'or à trois vols de sable l'un sur l'autre.

On retrouve aujourd'hui deux représentants de cette famille ?

Le comte de Lorgne d'Ideville, chef de nom et d'armes, chevalier de la Légion d'honneur, secrétaire d'ambassade, à Paris ; le baron de Lorgne d'Ideville, chevalier de la Légion d'honneur, conseiller général au Donjon, département de l'Allier.

LORIÈRE (Billlaud de). Maine.

Echiqueté d'argent et d'azur.

Cette famille a quatre représentants : Billaud de Lorière, receveur de l'Entrepôt du sel, à Paris ; Billaud de Lorière, au château de Coudray, par Meslay, département de la Mayenne ; Billaud de Lorière, au château de Varennes, par Chemeré-le-Roy, même département ; Billaud de Lorière, à son château, à Glaignes, département de l'Oise.

LORIN. *Poitou.*

D'or parti d'azur à deux branches de laurier de l'un en l'autre, posées en pal.

Cette famille a trois représentants : de Lorin du

Boille, président honoraire du Tribunal civil, à Mamers, département de la Sarthe ; Lorin de Chaffin, chevalier de la Légion d'honneur, conseiller d'arrondissement, à Beaugency, département du Loiret ; de Lorin de Reure, dans le département de Saône-et-Loire.

LORIOL DE BARNY. *Bresse, Bourgogne.*

D'azur à la tour d'argent avec son avant-mur de même.

La terre et seigneurie d'Asnières-les-Bois, en Bresse, furent érigées en comté, sous la dénomination de Loriol, en janvier 1743, en faveur de Louis-Alexandre-Catherine du Port, seigneur de Montplaisant, Fromentel, la Grévillière, etc.

Cette famille remonte à Jean de Loriol, damoiseau, vivant en 1400. Elle est représentée par de Loriol de Barny, notaire à Angers.

LORIOT DE ROUVRAY. *Alençon.*

D'azur à deux plumes à écrire d'or mises en pal.

Cette famille a trois représentants : de Loriot de Rouvray, conseiller de préfecture, à Versailles ; de Loriot de Rouvray, juge de première instance, à Paris ; Augustin-René de Loriot de Rouvray, attaché à l'administration des lignes télégraphiques, à Rouen.

LORME. *Bourbonnais, Normandie.*

Bourbonnais. D'argent à trois merlettes de sable posées 2 et 1, accompagnées de neuf étoiles du même, posées 3, 3 et 3.

Normandie. Coupé : au 1 d'azur à deux roses d'argent ; au 2 d'argent au fer de lance de gueules.

De Lorme, en Bourbonnais, remonte à Jean de

Lorme, damoiseau, vivant en 1403; sa descendance est aujourd'hui représentée par de Lorme d'Aigueperse.

LORT DE SERIGNAN. *Guyenne.*

D'azur au lion d'or surmonté d'une étoile d'argent.

D'ancienne noblesse, et possédant depuis plus de quatre siècles, des terres et seigneuries dans les seigneuries de Narbonne et de Béziers, cette famille, dont étaient Raimond et Pons de Lort, qualifiés, l'un de chevalier, l'autre de damoiseau aux années 1320 et 1322, est représentée par le comte de Lort de Sérignan, à Paris.

LOSSANDIÈRES. *Maine.*

D'azur à un arbre d'or terrassé de même.

Cette famille est représentée par de Lossandières, au château de Durcet, par la Ferté-Macé, département de l'Orne.

LOSSE. *Guyenne.*

D'azur à neuf étoiles d'or, posées 3, 3 et 3.

Le marquis de Losse, chevalier de la légion d'honneur, chef de nom et d'armes, réside au château de Bayne, par Beaumont, département de la Dordogne; le comte de Losse, réside au château de Bannes, par Beaumont et de Losse, troisième représentant, est maire à Beaumont.

LOSSY DE VILLE. *Flandre.*

Ecartelé: au 1 et 4 de gueules au marteau d'or, accompagné en chef à dextre d'une étoile du même; au 2 et 3 de vair plein.

Le baron de Lossy de Ville, unique représentant du nom, réside à Reims.

LOSTALOT-BACHOUÉ. *Guyenne.*

D'or à une aigle de sable.

On compte encore trois représentants de cette famille : de Lostalot-Bachoué, au château de Valier, par Gurlier, département des Basses-Pyrénées ; de Lostalot-Bachoué, à Pau ; Jacques de Lostalot-Bachoué, chirurgien de la marine, à l'Ile de la Réunion.

LOSTANGES. *Limousin.*

D'argent au lion de gueules, armé, lampassé et couronné d'azur, accompagné de cinq étoiles de gueules mises en orle. Couronne : de marquis. Cimier : un ange.

Devise : *Artitudine et Sapientià ascendam.*

Considérable dès le douzième siècle, cette maison qui tire son nom du château de Lostanges dans le Bas-Limousin, s'est toujours distinguée dans cette province par son ancienneté, ses alliances et ses services militaires. Sa filiation, dans Moréri, remonte à Jean-Aymar de Lostanges, puiné de cette maison, vivant en 1446 et elle compte aujourd'hui six représentants : le marquis de Lostanges-Saint-Alvère, chef de nom et d'armes, en Périgord ; le marquis de Lostanges-Bédue, à Toulouse ; Georges-Louis-Gaston, comte de Lostanges-Béduer, à Toulouse ; le comte de Lostanges, au château d'Époux, par Château-Thierry, département de l'Aisne ; le vicomte de Lostanges, à Paris ; de Lostanges, au château de Montastruc, par Monleydier, département de la Dordogne.

LOUBENS DE VERDALLE. *Languedoc.*

De gueules au loup ravissant d'or.

Cette famille, dont le nom se trouve aux Croisades, a donné un grand maître de Malte, cardinal en 1582 et Jacques de Loubens, chevalier du Saint-Esprit lors de sa création, en 1578; Arnaud de Loubens, docteur de l'une et l'autre faculté en 1330, évêque de Maguelonne, prélat et l'un des savants les plus considérés du quatorzième siècle, etc. Elle a plusieurs représentants.

LOUIS. *Normandie.*

D'azur à la croix d'argent cantonnée de quatre aigles de même. — Fuselé d'or et de sable; à la bordure de gueules besantée d'argent; au franc-quartier échiqueté de gueules et d'or.

Louis, en Normandie, établi à Falaise, est aujourd'hui représenté par Louis, commandant du cercle, à Langhouat, Algérie.

LOUIS DE LAGRANGE. *France.*

D'azur à la croix d'or cantonnée de dix-huit billettes du même, cinq dans les cantons du chef posés en sautoir, quatre dans les cantons de la pointe posés en croix, qui est de Choiseul; le tout chargé en cœur d'un écu de gueules, semé de grains de sel d'argent, à un ours en pied d'or, enchaîné de même, armé, lampassé et colleté d'azur.

Cette famille a pour chef de nom et d'armes, Aimé, baron Louis de Lagrange, chevalier de Saint-Louis, commandeur de la Légion d'honneur, au château de Vadancourt, département de la Somme. Il a un fils, Auguste-Louis de Lagrange et trois petits-fils; Fernand, Gustave et Amaury Louis de Lagrange.

On compte encore deux autres représentants de la même famille : Charles Louis de Lagrange, au château de Sapigny, département du Pas-de-Calais; Louis de Lagrange, au château d'Inchy, même département.

LOUP DE BEAULIEU (LE). *Bretagne.*

De gueules au loup rampant d'or, lampassé du champ.

Cette famille, dont nous ne connaissons que les armes est représentée par le Loup de Beaulieu, au château de Beaubois, par Pont-Château, département de la Loire-Inférieure.

LOUP DE LA BILIAIS (LE). *Bretagne.*

De gueules à deux fasces d'argent, chargés de cinq étoiles de sable posées 3 et 2.

Le Loup de la Biliais, unique représentant du nom, réside au château de la la Tourmélière, par Nantes.

LOUP DE SANCY (LE). *France.*

De gueules à deux épées d'argent garnies d'or en sautoir, accompagnées de trois molettes du second.

L'unique représentant du nom, le Loup de Sancy, chevalier de la Légion d'honneur, est avocat, à Paris.

LOURDOUEIX. *France.*

D'argent à l'épervier au naturel, perché sur un tronc du même, écôté et issant de la pointe; au chef d'azur chargé de trois étoiles d'or.

Paul Lelarge de Lourdoueix est aujourd'hui l'unique représentant de cette famille.

LOURMEL. *Bretagne.*

D'or à l'arbre de sinople sur une terrasse du même.

On compte deux représentants de cette famille : de Lourmel de la Picardière, conseiller général, à Châteaubriand, département de la Loire-Inférieure; de Lourmel du Hourmelin, au château du Hourmelin, par Pléneuf, département des Côtes-du-Nord.

LOUSTAL. *Guyenne.*

D'or au chevron brisé d'azur accompagné de trois trèfles de gueules, deux en chef, un en pointe.

Cette famille est représentée par Bertrand-Etienne de Loustal, qui a trois fils, à Paris.

LOUVART DE PONT-LE-VOYE. *Poitou, Bretagne, Normandie*

D'or à trois têtes de Maure tortillées d'argent.

L'unique représentant du nom, Louvart de Pont-le-Voye, est directeur des postes à Arras.

LOUVEAU. *Poitou, La Rochelle, Alençon.*

Poitou. D'azur au chevron d'or, accompagné en chef de deux étoiles du même, et en pointe d'une rose tigée d'argent.

La Rochelle. D'or à un loup passant de sable.

Alençon. De sable à deux fasces d'argent.

Louveau a quatre représentants : Louveau de Guigneraye, chevalier de la Légion d'honneur, lieutenant-colonel au 73e de ligne; Louveau de la Règle, à Berneré, par Saint-Savinien, département de la Charente-Inférieure; Louveau de la Règle, au château de Saint-Gelais, par Niort, département des Deux-Sèvres; Louveau de la Règle, au château de la Règle, par Saint-Maixent, même département.

LOUVENCOURT. *Picardie.*

D'azur à la fasce d'or, chargée de trois merlettes de sable et accompagné de trois croissants d'or.

La généalogie de cette famille distinguée commence à Charles de Louvencourt, écuyer, seigneur de Heaucourt, qui épousa Françoise de Boscot. Sa descendance est nombreuse, cette famille ayant neuf représentants : le marquis de Louvencourt, chef de nom et d'armes, à Paris; le comte de Louvencourt, au château de Coin, par Pas, département du Pas-de-Calais; le comte de Louvencourt, au château de Muret, par Oulchy-le-Château, département de l'Aisne; le comte de Louvencourt, à Paris; le comte Camille de Louvencourt, à Gussignies, département du Nord ; le vicomte de Louvencourt, à Abbeville, département de la Somme; le vicomte Eugène de Louvencourt, à Paris; le comte de Louvencourt, à Molliens-Vidame, département de la Somme; de Louvencourt. conseiller-général, à Épinac, département de Saône-et-Loire.

LOUVET DE PATY-RAYET. *Provence.*

D'or à trois hures de sanglier arrachées de sable, défendues d'argent, lampassées de gueules, posées 2 et 1.

De Louvet de Paty-Rayet, chevalier de la Légion d'honneur, et conseiller de cour appel, à Bordeaux.

LOVERDO. *France, Venise.*

France. D'or au vol ouvert surmonté de deux têtes d'aigle adossées, le tout de sable.

Venise. D'or à l'aigle impériale de sable éployée.

Devise : *Terra Marique.*

Originaire des possessions vénitiennes dans la mer

Ionienne, cette famille obtint des lettres de grande naturalisation en France, en 1815, dans la personne de Nicolas, comte de Loverdo, lieutenant-général, conseiller d'Etat, etc.

Elle a trois représentants: Georges, comte de Loverdo, à Beauvais, fils d'Alexandre, comte de Loverdo, mort colonel d'état-major; Louis-Nicolas, vicomte de Loverdo, juge d'instruction, à Paris; Jean-Michel-Henri, vicomte de Loverdo, général de brigade, en Algérie.

LOYAC. *Auvergne.*

De gueules à deux pals d'argent; à la bande de sable, chargé de trois rocs d'échiquier d'argent, brochant sur le tout.

L'unique représentant du nom, baron de Loyac, réside à son château de Vendeuvre, par Coulons, département de la Sarthe.

LOYÈRE (DE BEUVERAND DE LA). *Bourgogne.*

D'azur au bœuf couronné de gueules.

Cette famille est représentée par les trois fils du général, comte de la Loyère.

1° Le comte Edouard de la Loyère, au château de Savigny (Côte-d'Or), marié à Marie, fille du baron de Pas de Baulieu.

2° Le vicomte Armand de la Loyère (Saône-et-Loire), marié à Bertille, fille du baron Cottu.

3° Albéric de la Loyère, colonel du 2e cuirassiers, marié à Elizabeth, fille du comte de Bellefonds.

LOYNES. *Paris*, *Orléanais.*

Coupé de gueules et d'azur; au 4 de gueules chargé

d'une fasce gironnée d'or et d'azur de six pièces et accostée de deux guivres d'argent en fasce; l'azur chargé de sept besants d'or posés 4 et 3.

Originaire du Baugency, transférée à Paris vers l'an 1500, et ayant toujours possédé depuis ce temps des charges honorables au Parlement et à la Chambre des comptes, cette famille qui remonte à Robert de Loynes, vivant en 1353, seigneur de plusieurs fiefs des environs de Paris, dans la dépendance du duc d'Orléans et dont les armes ont été enregistrées dans *Armorial général,* le 17 février 1698, est aujourd'hui nombreuse. Elle a onze représentants: le marquis de Loynes de Mauléon, chef de nom et d'armes, au château de Rouvenac, par Couiza, département de l'Aude; le comte de Loynes de Mauléon, au château de Lasalle, par Gimont, département du Gers; de Loynes de Mauléon, à Toulouse; de Loynes de Mauléon, à Orléans; le baron Philippy de Loynes d'Estrées, au château de Tronquoy, près Saint-Quentin, département de l'Aisne; de Loynes d'Estrées, maire d'Ivoy, par la Motte-Beuvron, département de Loir-et-Cher; de Loynes d'Estrées, au château de Bajus, par Aubigny, département du Pas-de-Calais; de Loynes d'Estrées, au château de la Carаterie, par Machecoul, département de la Loire-Inférieure; de Loynes du Houlay, à Jouy-le-Pothier, département du Loiret; de Loynes, chevalier de la légion d'honneur, conseiller référendaire à la cour des comptes, à Paris; de Loynes, à Paris.

LOYRE D'ABOUVILLE. *Orléanais.*

D'or au lion léopardé d'azur brochant sur le fût d'un chêne de sinople terrassé de même.

De Loyre d'Abouville, grand-officier de la Légion

d'honneur, général de division, unique représentant du nom, réside à Paris.

LOYS. *Provence.*

D'argent à l'arbre de sinople surmonté d'un trangle de gueules, soutenant un chef cousu d'azur, chargé de trois étoiles d'or.

Cette famille, qui remonte à Girard de Loys, habitant de la ville d'Arles, seigneur de Loinville, anobli par lettres de Louis XIV, au mois de janvier 1699, a trois représentants: de Loys, ancien président du tribunal civil, à Blidah, Algérie; de Loys, percepteur, à Penne, département du Lot-et-Garonne; de Loys, à Rouen.

LOZ DE BEAUCOURS. *Basse-Bretagne.*

De gueules à trois éperviers d'argent, becqués, membrés, grilletés d'or.

Déclaré noble d'extraction, des ressorts de Lannion, Saint-Brieuc, etc., par arrêt de la Chambre de la Réformation du 9 août 1670. Cette famille a pour unique représentant de Loz de Beaucours, à Versailles.

LOZE. *Montpellier*, *Montauban.*

De sinople à la fasce fuselée d'argent et de sable.

Cette famille est représentée par de Loze, avocat, et de Loze, juge, à Villemane, département de Lot-et-Garonne.

LUBERSAC. *Limousin.*

De gueules au loup passant d'or.

Devise: *In præliis promptus.*

Cette famille qui déclare remonter à Gervais de Lubersac, seigneur du nom en 1060, a pour chef de nom et d'armes Jean-Baptiste-Ernest, marquis de Lubersac, au château de Lubersac, par Limoges.

LUBOIS DE MARSILLY (LE). *Normandie.*

D'argent à une forêt de sinople et un chef de gueules.

Le Lubois de Marsilly, unique représentant du nom, est receveur principal, à Niort, département des Deux-Sèvres.

LUBRIAT. (MICHEL-GUSTAVE VALLET DE). *Orléanais.*

D'azur à l'aigle essorante d'or, la tête contournée et regardant un soleil posé au milieu du chef, et au sommet d'une montagne d'argent mouvante de la pointe de l'écu.

Stanislas Vallet de Lubriat, officier supérieur au 78e de ligne, et Michel Gustave Vallet de Lubriat, à Chartres, département d'Eure-et-Loir, représentant aujourd'hui cette famille.

LUCAS. *Bretagne, Normandie, Ile-de-France.*

BRETAGNE. D'argent à la bande de sinople. — D'argent à la hure de sanglier de sable, accompagnée de trois molettes de même.

NORMANDIE, ILE-DE-FRANCE. De gueules à trois chevrons d'argent.

Lucas, en Normandie, de l'élection de Valognes, a possédé les seigneuries d'Ozeville, de la Haye et des Longs-Champs.

On compte aujourd'hui trois représentants du nom : Lucas de Crésantignes, avocat, à Paris ; Lucas de Missy, chevalier dela Légion d'honneur, ancien chef d'escadrons au 2e de cuirassiers del'ex-garde impériale ;

Lucas de Montigny, à Aix, département des Bouches-du-Rhône.

LUCE DE TRÉMONT. *Touraine, Ile-de-France.*

D'argent au chevron de gueules, accompagné en chef de deux trèfles de sinople, et en pointe d'une montagne du même.

Cette famille a trois représentants : la veuve et les enfants de Jules-Octave-Luce de Trémont, au château de Saint-Senoch, près Ligueil, département d'Indre-et-Loire; la comtesse de Croy, née Luce de Trémont, au château de Trémont, par Nogent-le-Rotrou, département d'Eure-et-Loir; Jules-Henri-Félix-Luce de Trémont, au château de la Guignardière, par Avrillé, département de la Vendée.

LUDE (DU). *Champagne.*

D'or à la fasce d'azur chargée de trois étoiles d'argent et accompagnée de trois roses de gueules, tigées et feuillées de sinople.

L'unique représentant du nom, vicomtesse du Lude, réside au château des Touches, par Château-Gontier, département de la Mayenne.

LUDRE. *Bourgogne, Lorraine.*

Bandé d'or et d'azur de six pièces; à la bordure engrelée de gueules.

Cette famille a trois représentants : le comte de Ludre, à Paris; le comte de Ludre, au château de Ludre, par Nancy, département de la Meurthe; le comte de Ludre, au château de Richardmesnil, par Flavigny-sur-Moselle, département de la Moselle.

LUETTE DE LA PILORGERIE. *Maine.*

De gueules à trois lions d'hermines, couronné d'or.

Cette famille qui a donné un chevalier de l'ordre du roi, un gentilhomme de la chambre, un lieutenant-général des eaux et forêts de Bretagne et deux conseillers-maîtres à la chambre des comptes de Bretagne, de 1599 à 1675, est représentée par Jules Victurnien de Luette de la Pilorgerie, ancien membre du conseil général de la Loire-Inférieure, à Nantes.

LUETKENS. *Suède, Bordelais.*

Parti : d'azur à une lune en croissant d'argent, regardant à sénestre, et d'hermines à deux trèfles de sinople. Heaume : taré de front, orné de ses lambrequins et surmonté de deux trompes enclavant un trèfle.

Cette famille, originaire de Suède, est passée en France en la personne de Henri de Luetkens, fils de l'un des gentilhommes de la cour de Suède, en 1688, son fils Henri, qui suit, II.

II. Henri Luetkens passa en France quelques années plus tard. Consul de Suède, à Bordeaux, il épousa N... Sarazin, d'une ancienne et noble famille de Saintonge et en eut plusieurs enfants, entre autres Jean-Jérôme qui suit, III.

III. Jean-Jérôme Luetkens épousa par contrat, du 30 juillet 1726, la fille de Claude Moré, seigneur de Rail, en Saintonge, dont il eut plusieurs filles et trois fils, entre autres, Charles, qui suit, IV.

IV. Charles de Luetkens, écuyer, seigneur de Carnet, conseiller du roi et son contrôleur ordinaire des guerres en 1774, épousa une demoiselle Boyer, sa belle-sœur. Il eut de ce mariage un fils unique, Jean-Jacques, qui suit, V.

V. — Jean-Jacques de Luetkens, né en 1777, avait épousé, en 1800, Louise-Julie-Pauline-Angélique Raymond, fille d'un des plus riches négociants de Bordeaux et de Julie Nairac. Le roi Louis XVI avait envoyé son portrait à Paul Nairac, père de Julie Nairac, avec les lettres les plus flatteuses et les plus honorables pour le remercier d'un vaste projet de commerce avec les Indes.

Jean-Jacques de Luetkens, chevalier de la Légion d'honneur et de l'ordre du Brassard, mort en 1819, eut de son mariage avec Louise-Julie-Pauline-Angélique Raymond plusieurs enfants, entre autres trois qui suivent, savoir :

A. Charles-Oscar, qui suit, VI.

B. Anne-Antoinette de Luetkens, épousa Joseph-Georges, comte de Fumel.

C. Anne-Pauline de Luetkens épousa Emmanuel du Sault, mort en 1861.

VI. — Charles-Oscar de Luetkens, chef actuel de nom et d'armes de sa famille, au château la Tour-Carnet, en Médoc, épousa, le 2 juillet 1862, Victorine-Ferdinande-Anne-Wilhelmine Bontemps-Dubarry, fille de Jean-Pierre-Georges Bontemps-Dubarry, officier de la Légion d'honneur, chevalier du Brassard et de Saint-Ferdinand d'Espagne, ancien colonel-commandant le 1er régiment de chasseurs à cheval, avec lequel il fit l'expédition d'Alger, et de Wilhelmine-Henriette-Ferdinande Leroy.

Il a de ce mariage deux enfants : Angélique-Georgine, née le 21 août 1863; Henri-Michel-Élisée-Alcide-Charles, né le 26 septembre 1864.

LUILLIER D'ORCIÈRES. *Paris*, *Bourgogne.*

Paris. D'azur à la fasce d'or, accompagné en chef de trois croissants montants d'argent.

Une des plus anciennes de Paris, considérable par ses alliances, cette, famille qui a donné plusieurs avocats généraux et conseillers au parlement de Paris, un procureur général au même parlement, un premier président de la Cour des aides, un président en la Chambre des comptes, un maître des comptes, trois prévôts des marchands, un évêque de Meaux, etc., est représentée par le comte de Luillier d'Orcières, à Clermont-Ferrand, département du Puy-de-Dôme.

LUPPÉ. *Armagnac.*

D'azur à trois bandes d'or. Couronne : de marquis. Cimier : une tête de licorne. Supports : deux loups.

Devise : *E Lupis vasconiæ.*

D'ancienne chevalerie, une des plus considérables du comté d'Armagnac, où sont situés la terre et le château de son nom, cette maison, qu'on croit issue des anciens ducs de Gascogne et dont l'origine se perd dans la nuit des temps, a pour chef de nom et d'armes, Pierre-Charles-Joseph-Gaston , marquis de Luppé, au château de Corbères, département des Basses-Pyrénées. Il y a deux fils, Etienne, comte de Luppé, membre du conseil général de la Gironde ; et Louis, vicomte de Luppé. Il y a aussi une fille, Marie, qui épousa Armand, comte de Pomereu.

Deux autres branches sont représentées par le comte Maurice de Luppé, officier d'état-major, à Paris, et le comte Odon de Luppé, à Saint-Avit (Gers).

LUQUE (de la). *Montpellier*, *Montauban*.

De sinople à trois têtes de loup d'or.

Le baron de la Luque, unique représentant, réside au château de Granges, par Dax, département des Landes.

LUR DE SALUCES. *Limousin*, *Périgord*, *Guyenne*, *Auvergne*.

Écartelé : aux 1 et 4 de gueules à trois croissants d'argent, qui est de Lur; aux 2 et 3 d'argent au chef d'azur, qui est de Saluces.

Amédée, marquis de Lur de Saluces, chef de nom et d'armes, réside au château d'Yquem, par Barsac, département de la Gironde. Il a trois frères, Charles, Alexandre, Eugène; un oncle, Henri, ancien officier de cavalerie; un cousin, Pierre, officier de cavalerie.

LURIEU. *Bourgogne*.

D'argent à trois fasces de gueules.

De Lurieu, officier de la Légion d'honneur, unique représentant du nom, est inspecteur général des établissements de bienfaisance, à Paris.

LUSIGNAN OU LUZIGNAN. *Poitou*.

Burelé d'argent et d'azur; à l'orle de huit pièces de gueules; au franc-quartier du même.

L'une des plus considérables de France, cette grande maison qui a donné son nom à la ville de Lusignan, à cinq lieues de Poitiers, remonte au dixième siècle. Elle a donné des souverains à l'île de Chypre, à Jérusalem et en Arménie. Elle est représentée par le comte de Lusignan, à Versailles. et par de Lusignan, à Blois.

LYON (DU). *France.*

D'or au lion d'azur.

Devise: *Leo rugiet et non timebit.*

Cette famille, qui a fait ses preuves devant Chérin, est représentée par le marquis du Lyon, au château de Campet par Mont-de-Marsan, département des Landes.

LYONNE. *Dauphiné, Île-de-France.*

D'azur à la fasce d'argent, accompagné de trois têtes de lionnes léopardées d'or.

Cette famille, dont il est parlé dans Moréri, s'est divisée en deux branches : l'une en Ile-de-France, Lyonne de Servon, du nom d'une terre passée dans la famille sous Claude, seule existante aujourd'hui ; l'autre en Dauphiné, éteinte en 1713, dans la personne de Charles-Hugues de Lyonne, mort brigadier.

I. Pierre II de Lyonne, père de l'auteur commun des deux branches, eut un fils, Jean, qui suit, II.

II. Jean de Lyonne, trésorier de l'écurie du roi, épousa: 1° Claudine Brun; 2° Marguerite Godefroy. Il eut du second lit un fils, Claude II, qui suit, III.

III. Claude II de Lyonne épousa, en 1569, Marie de Bragelonne, dont un fils, Claude III, qui suit, IV.

IV. Claude III de Lyonne épousa, en 1599, Marie de Longueil, dont un fils, Henri, premier du nom, qui suit, V.

V. Henri I de Lyonne épousa, en 1639, Marie Berault, dont un fils, Henri II, qui suit, VI.

VI. Henri II, comte de Lyonne, par érection en comté de sa terre de Servon, en 1681, pour services de guerre, épousa, en 1662, Françoise de Silvoys, dont un fils, Jean II, qui suit, VII.

VII. Jean II, comte de Lyonne, épousa, en 1699, Anne de la Salle, dont un fils, Charles-Henri II, qui suit, VIII.

VIII. Charles-Henri II, comte de Lyonne, épousa, en 1732, Catherine Doré de Meneville, dont un fils, François, qui suit, IX.

IX. François, comte de Lyonne, épousa, en 1758, Adélaïde Quentin de Larangère, dont deux fils, savoir :

A. Henri, quatrième du nom, qui suit, X.

B. Charles-Léopold, comte de Lyonne, épousa N... de Saint-Germain, dont un fils, Charles, comte de Lyonne. Il épousa N... Dumanoir, veuve du comte de Grisenoy et adopta son beau-fils, qui prit le nom de comte de Grisenoy de Lyonne. Il est marié à mademoiselle de Montesquiou.

X. Henri IV, comte de Lyonne, épousa, l'an VI de la République française, Marie-Antoinette Charrier de Bellevue, dont un fils, Henri V, qui suit, XI.

XI. Henri V, comte de Lyonne, épousa, en 1835, Amélie Breton des Chapelles, dont un fils, Henri VI, qui suit, XII.

XII. Henri VI, comte de Lyonne, officier d'artillerie, chef de nom et d'armes de sa famille, épousa, en 1866, Suzanne Mazuyer. Il réside à Paris.

LUSSY. *Toulouse, Montauban.*

D'azur à la bande de sinople, chargée de trois molettes d'or.

L'unique représentant du nom de Lussy, est juge à Pau, département des Basses-Pyrénées.

LUSTRAC. *Gascogne.*

Ecartelé : aux 1 et 4 de gueules à trois fasces d'argent; aux 2 et 3 d'azur au lion d'or, couronné du même, armé et lampassé de gueules.

Barons de Lyas, seigneurs de Cannabazes, de Cazerac, de Lamartinie, de Losse, de la Pleigne, etc., en Condomois, les Lustrac, dont les guerres civiles des seizième et dix-septième siècles ont fait perdre un grand nombre de membres, a cinq représentants : le baron de Lustrac et ses deux fils, à Lyas ; Pierre de Lustrac, capitaine de gendarmerie, à Paris ; Saturnin de Lustrac, officier d'artillerie démissionnaire, à Rennes.

LUX DE LA MOTTE. *Touraine.*

D'argent à trois mouchetures d'hermines de sable.

Cette famille n'est plus représentée que par une dame, la douairière de Lux de la Motte au château de Bellary, par Cosne, département de la Nièvre.

LUXEMBOURG, *Allemagne, Pays-Bas, Prusse, France.*

D'argent au lion coutourné de gueules, la queue nouée, fourchée et passée en sautoir.

L'ancienne et illustre maison de Luxembourg, éteinte en ligne directe, a donné quatre empereurs d'Allemagne, six reines, plusieurs princesses, a possédé des duchés en Allemagne, des marquisats en Moravie, et en France plusieurs duchés-pairies et grandes seigneuries. Elle a donné aussi plusieurs grands officiers de la couronne : un connétable, un colonel général d'infanterie, un grand chambellan, un grand bouteiller, des dignitaires des ordres du roi.

Ce nom est encore représenté par le comte de Luxembourg, au château d'Ocqueville, par Cang, département de la Seine-Inférieure.

LUZY. *Nivernais.*

De gueules au chevron d'argent, accompagné de trois étoiles d'or, deux en chef et une en pointe.

D'ancienne noblesse, et remontant par preuves authentiques à Pierre de Luzy, qui épousa, vers 1350, Helenon de Talaric-Chalmazel, cette famille a deux représentants : le marquis de Luzy de Pélissac, grand-officier de la Légion d'honneur, général de division, député de la Drôme, à Paris ; de Luzy, au château de Saône, par Besançon.

LYDE DE BELLEAU. *Normandie.*

D'azur au lion de sable armé et lampassé de gueules.

Cette famille a trois représentants : de Lyde de Belleau, au château de Rieux, par Balleroy, département du Calvados ; de Lyde de Belleau, au château de Belleau, par Fervacques, même département ; de Lyde de Belleau, conseiller général, à Livarot, même département.

LYLE ou **LYSLE.** *Provence.*

D'azur à deux palmes d'or adossées en pal et surmontées d'une étoile.

Cette famille, qui remonte à Guillaume de Lyle, fait prisonnier à la bataille d'Harwick contre les Anglais, en 1176, est représentée par le comte de Lyle, au château de Saint-Ferréol, par Barjols, département du Var.

M

MABILLE. *Bretagne.*

D'azur au chevron brisé d'or, accompagné de trois tours de même.

Cette famille a quatre représentants: Louis-Alfred Mabille du Chêne, et ses deux frères Georges-Louis Mabille du Chêne, à Tours, et Marius Gaétan Mabille du Chêne, ancien officier d'ordonnance du général Kanzler, à Rome; le quatrième représentant, Mabille de la Paumelière, réside au château de Panetière, par Nantes.

MAC-CARTHY-RHEAGH. *Irlande, France.*

D'argent au cerf passant de gueules, ramé de dix cors et onglé d'or.

Cette maison, l'une des plus anciennes d'Irlande, est connue depuis longtemps en France par Montcassel, lieutenant-général des armées du roi, mort au service et par N. Mac-Carthy-Reagh, chef de sa famille, qu avait conduit en France un régiment composé de ses vassaux, et qui fut tué au service du roi.

L'unique représentant du nom, vicomte de Mac-Carthy-Reagh, réside à Toulouse.

MACDONALD. *Berry.*

Ecartelé : au 1 d'argent au lion de gueules ; au 2 d'or au dextrochère armé de gueules, tenant une croix de calvaire recroisetée au pied fiché de même ; au 3 d'argent à la galère de sable, pavillonnée et girouettée de gueules sur un mur de sinople, dans laquelle nage un poisson d'argent à l'arbre arraché de sinople, surmonté d'une aigle éployée de sable ; à la champagne d'or chargée d'un scorpion de sable.

Cette illustration du premier empire, élevée au titre ducal, a pour unique représentant Macdonald, duc de Tarente, officier de Légion d'honneur, ancien chambellan de Napoléon III, député du Loiret, à Paris.

MACÉ DE GASTINES. *Anjou.*

D'or au chevron d'azur, accompagné en chef de trois roses de gueules et en pointe d'un lion du même.

Devise : *Aultre ne veuil.*

Connue en Anjou depuis le dixième siècle, et ayant pour auteur Raynaud de Macé, chevalier, vivant avec sa femme Richilde, en l'an 1030, cette famille a pour chef de nom et d'armes Charles-Louis-François de Macé de Gastines, au château de la Denisière, près le Mans (Sarthe), qui, de son mariage avec Louise-Marie-Léonie Pinon de Saint-Georges, a deux enfants : un fils, Léonce, comte de Macé de Gastines, marié, et une fille, Alix, également mariée ; tous deux avec postérité

MACHADO. *Espagne, Flandre.*

De gueules à cinq haches d'argent.

L'unique représentant du nom, de Machado, réside à Paris.

MACHARD DE GRAMMONT. *Orléanais.*

D'azur à la fasce d'or chargée d'un tourteau de gueules.

De Machard de Grammont, unique représentant du nom, est adjoint au maire, à Orléans.

MACKAU. *Alsace.*

Écartelé : aux 1 et 4 d'or au cheval de sable ; aux 2 et 3 de gueules à la couronne à l'antique d'or.

Le baron de Mackau, ancien auditeur au conseil d'Etat, ancien député de l'Orne, conseiller général, unique représentant du nom, réside à Paris.

MAC-MAHON. *Irlande. Bourgogne.*

D'argent à trois lions léopardés de gueules, contournés, armés et lampassés d'azur, posés l'un sur l'autre.

Écartelé : aux 1 et 4 de Mac-Mahon, comme ci-dessus aux 2 et 3 de France, à la bordure semée de trèfles de sinople.

Ancienne et distinguée, cette famille a pour principale illustration une des gloires modernes des armes de la France, le maréchal Mac-Mahon, duc de Magenta, grand-croix de la Légion d'honneur, président de la République, qui a trois fils. Son chef de nom et d'armes est le marquis de Mac-Mahon, au château de Sully, par Autun, département de Saône-et-Loire.

MAC-NAB. *Écosse, Canada.*

De sable au chevron d'argent chargé de trois croissants de sinople et accompagné d'un canot avec ses avirons, voguant sur une mer en pointe, le tout au naturel.

Edouard de Mac-Nab, unique représentant du nom, réside à Vierzon, département du Cher.

MACORS DE GAUCOURT. *Picardie.*

Ecartelé; aux 1 et 4 d'hermines à deux bars adossés de gueules, qui est de Gaucourt; aux 2 et 3 de vair, au lambel d'or, qui est de Macors.

Cette famille est issue de l'union de deux familles, également recommandables en noblesse, celle de Macors et celle de Gaucourt.

De Macors appartenait à la noblesse de l'ancienne principauté de Liége; elle en faisait encore partie au dix-septième siècle, et les alliances qu'elle a contractées sont relevées avec honneur dans les nobiliaires de la Belgique.

De Gaucourt, originaire de Picardie, est une branche cadette de la maison des comtes de Clermont, en Bauvoisis, dont le chef fut Jean de Clermont, sire de Gaucourt, vivant dans le treizième siècle.

Alexandre Macors de Gaucourt, chevalier de la Légion d'honneur, lieutenant-colonel au 2e régiment de chasseurs à cheval, est le représentant de la famille issue de ces deux souches.

MADAILLON. *Languedoc.*

Ecartelé; aux 1 et 4 tranché d'or et de gueules; aux 2 et 3 d'azur au lion d'or, qui est de Lesparre.

L'ancienne maison de Madaillan emprunte son nom

à une baronnie située dans l'Agenais; sa filiation suivie rapportée par Moreri, remonte à Guillaume de Madaillan, sire de Lesparre, en Médoc, qui fit hommage de ses terres en 1202, au roi Philippe-Auguste. Elle est aujourd'hui représentée par de Madaillan, adjoint au maire, à Gageac, par Bergerac, département de la Dordogne.

MADIÈRES. *France.*

Tiercé en fasces : au 1 d'azur à trois triangles en fasce d'argent; au 2 d'or plein; au 3 de gueules à trois besants d'argent.

L'unique représentant du nom, baron de Madières, est vice-président du tribunal de 1re instance d'Auxerre, département de l'Yonne.

MADRE. *Flandre.*

D'azur à l'entrelas d'or. Supports : deux lions de sinople couronnés, armés d'or et lampassés de gueules. Cimier : un lion naissant de sinople couronné, armé d'or et lampassé de gueules.

Le nom de cette famille figure, en 1400, dans l'obituaire du chapitre de Mortaing, qui est aujourd'hui dans les archives du département de la Manche.

A la date du 14 mai 1429 un chef militaire de ce nom commandait une compagnie de 160 hommes, sur les 2,600 hommes de guerre qui formaient l'effectif de la garnison d'Orléans à l'arrivée de Jeanne d'Arc.

A la bataille de Montlhéry, en 1465, du côté des Bourguignons, figurait, d'après Philippe de Comines, *un viel homme d'armes appelé Madre, qui avait baillé le pont Sainct-Maxence.*

Au mois de mai 1512, Raoul Madre était l'un des

200 archers de la garde du roi Louis XII ; et d'après Du Cange, les archers de la garde du roi étaient choisis parmi les familles importantes du royaume.

Dans des lettres patentes du roi François Ier, en date du dernier jour de janvier 1522, le roi parlant de l'office de verdier de sa forêt de Lande pourrie en la vicomté de Mortaing, ajoute : *que souloit tenir nostre cher et bien amé Raoul Madre, archer de nostre garde, vacant à présent par la pure et simple résignacion que ce jourd'hui il en a faicte en noz mains.*

Wallerand Albericq de Madre épousa une demoiselle de Lannoy, descendante de Floris de Lannoy, amiral du XIIIe siècle et reçut du roi Louis XVI, en janvier 1778 des lettres patentes rappelant cette alliance, dans lesquelles le roi proclame « *qu'il a toujours fait paraître autant de zèle pour le bien public que de désintéressement et de générosité, en prêtant gratuitement son ministère d'avocat à tous ses concitoyens, surtout à ceux que l'indigence aurait pu livrer à l'oppression, et au secours desquels il s'est particulièrement dévoué.*

Chacun sait que la famille de Lannoy est une des plus considérables de la Flandre. Trois de ses rejetons faisaient partie des vingt-quatre premiers chevaliers de l'ordre de la Toison d'or réunis à Lille en 1431. Ses armes sont portées à la galerie des Croisades du musée de Versailles dans l'attique nord.

Wallerand Alcericq de Madre eut de Mlle de Lannoy trois fils qui laissèrent postérité : 1° Ferdinand de Madre des Oursins, conseiller pensionnaire de la ville de Lille, dont la postérité subsiste en Belgique. Un de ses fils, engagé dans l'affaire de Quiberon, en juin 1795, est tombé parmi les victimes du Champ des Martyrs, et son nom est gravé sur le monument élevé en leur mémoire dans l'église de la Chartreuse d'Auray; 2° Albéric de Madre de Norguet, contrôleur des États de la Flandre wallone, dont deux descendants : Théobald, à Labuissière (Pas-de-Calais); Anatole, à Lille. 3° Regis de Madre de Loos, qui fut nommé président du conseil provincial de l'Artois à vingt-huit ans, avec dispense de l'âge de quarante ans et des dix ans de service requis par les ordonnances.

Pendant la terreur de 93, le commissaire Lebon écrivait au comité révolutionnaire d'Arras dans les termes suivants : *L'ex-président de Madre est riche, il a des talents. Le comité de surveillance voudra donc bien me faire part des preuves de civisme qu'il a données pour n'être point mis en état d'arrestation comme les autres individus de sa classe. J'attends demain ces renseignements.*

Le président de Madre, en récompense de ses services, avait reçu du roi Louis XVI, pour lui et pour ses descendants, sans distinction de primogéniture, la couronne de comte dans la plénitude des droits en résultant, par lettres patentes spéciales du 23 mars 1786, à la différence de lettres patentes de septembre 1783, dans lesquelles le roi, accordant la même faveur à une autre famille, lui interdisait le droit de prendre le titre de comte jusqu'à l'acquisition d'une terre érigée en sa faveur en comté.

Ce titre héréditaire de comte a été consacré par décret impérial du 29 mai 1861 au profit d'Adolphe de Madre, second fils de l'un des enfants du président de Madre; et, par un autre décret du 15 août 1864, le même a été nommé chevalier de la Légion d'honneur *pour améliorations notables apportées dans le logement et le bien-être des ouvriers.*

MAGALLON. *Provence.*

D'azur a l'arbre arraché d'or surmonté de trois étoiles du même rangées en chef et soutenu d'un croissant d'argent.

La Chenaye-Desbois donne la généalogie d'une famille de Magallon, originaire d'Embrun, distinguée par ses services militaires, connue, à son époque, dans la noblesse du Dauphiné depuis plus de quatre siècles. Celle qui nous occupe, et qui semble se rattacher à la même souche, a deux représentants : Frédéric de Magallon, chevalier de la Légion d'honneur, capitaine au 16e régiment d'artillerie. Il a un frère, Jules de Magallon, à Marseille.

MAGES. *Lorraine.*

D'azur à la fasce d'or chargée de trois losanges de gueules.

Cette famille a pour unique représentant, de Mages, sans profession et sans titre, à Nancy, département de la Meurthe.

MAGNAC. *Limousin.*

Branche aînée. De gueules à deux pals de vair; au chef d'or.

Branche cadette. De gueules à deux pals de vair ; au chef d'or brisé d'un lambel de cinq pendants d'azur.

La baronnie de Magnac, dans la Marche, au diocèse de Limoges, a donné son nom à cette famille, qui a deux représentants : le comte de Magnac, à Paris ; Rousseau de Magnac, au château de Puy-Vidal, par La Rochefoucauld, département de la Charente.

MAGNAN. *France.*

D'argent à trois fasces d'azur ; au chef de gueules chargé de trois étoiles d'or.

Le chef de nom et d'armes de cette famille : de Magnan, conseiller de cour impériale, à Aix, département des Bouches-du-Rhône, a un fils, Paul-Pierre de Magnan, et une fille mariée.

MAGNEVILLE. *Normandie.*

De gueules, à l'aigle à deux têtes d'argent, becquées et membrées d'or. — De gueules à l'aigle éployée d'argent, becquée et membrée d'or.

La terre de Magneville, située dans le bailliage de Cotentin, près de la ville de Valogne, a donné son nom à une ancienne maison, éteinte d'après Lachenaye-Desbois, dont le premier fut un des seigneurs normands qui accompagnèrent le duc de Normandie à la conquête de l'Angleterre en 1066.

L'unique représentant du nom est le baron de Magneville, au château de Saint-Félix, département du Gard.

MAGNIEN. *France.*

D'azur à deux palmes adossées d'or.

Cette famille, dont les armes sont décrites par Lachenaye-Desbois, est représentée par de Magnien, à Paris.

MAGNIER. *Picardie.*

De sinople à deux bandes engreslées d'or.

Cette famille a trois représentants : Magnier de la Source, percepteur, à Grandvilliers, département de l'Oise; Magnier de Maisonneuve, au château de Bois-Raguenet, par Nantes, département de la Loire-Inférieure. François-Martial Magnier de la Source, à Hermerangue, département du Pas-de-Calais, est l'oncle du chef de la famille.

MAGNIN. *Dauphiné.*

D'azur à la foy d'argent accompagnée en chef d'une étoile d'or et en pointe d'un croissant d'argent.

Originaire de Genève, établie dans le Comtat-Venaisin, cette famille a formé trois branches, qui sont représentées par de Magnin, pasteur de l'église réformée, à Saint-Peray, département de l'Ardèche.

MAGNY. *Normandie.*

De gueules à la rose d'argent tigée et feuillée de sinople, accostée de deux fleurs de lis parti d'or et d'argent, au croissant d'or posé en pointe. — D'azur au chevron, accompagné en chef de trois étoiles rangées et en pointe d'un croissant, le tout d'argent.

Etablies, l'une sous les élections de Falaise et de Bernay, l'autre dans l'élection de Mortagne, ces deux familles ont cinq représentants : de Magny, chevalier de la Légion d'honneur, consul de France, à Bâle, Suisse; de Magny, chevalier de la Légion d'honneur, directeur des contributions directes, à Versailles; de Magny, au château de Châteaufort par Ruffieux, département de la Savoie; de Magny, au château de Magny, par Reignier, département de la Haute-Savoie; de Magny, au château de Pollinge, par Reignier.

MAGON. *Bretagne.*

D'azur au chevron d'or, accompagné en chef de deux étoiles du même et en pointe d'un lion armé d'or couronné d'argent.

Originaire d'Espagne; cette famille vint s'établir en France vers 1330, et la filiation directe et authentique commence à Jean Magon, fixé à Saint-Malo en 1559.

Cette famille a vingt et un représentants vivants.

Marquis Magon de la Gervaisin au château du Vaux-Gaillard, Bretagne.

Michel Magon de la Giclais, décédé au château de Cambrin, le 9 mai 1860, a laissé deux fils.

Albéric Magon de la Giclais, officier de cavalerie.

Henri Magon de la Giclais, également officier de cavalerie.

Albéric Magon de la Giclais, ancien inspecteur des forêts, au château de Lestrem, Pas-de-Calais, a un fils :

Paul Magon de la Giclais.

Albert Magon de la Giclais, ancien chef d'escadron de gendarmerie, à Paris, a un fils :

Arthur Magon de la Giclais.

Eugène Magon de la Ville-Huchet, au château du Bois-Martin, Bretagne, a un fils :

Hippolyte Magon de Ville-Huchet officier d'artillerie.

Charles Magon de la Vienville, au château de la Ville-aux-Oiseaux, Bretagne.

Auguste Magon de la Vienville, décédé à Rennes, a laissé trois fils :

Auguste Magon de la Vienville.

Amaury Magon de la Vienville.

Christian Magon de la Vienville.

Albert Magon de la Vienville, au château de la Ville-aux-Oiseaux, a un fils :

Magon de la Vienville, élève à l'école militaire de Saint-Cyr.

Ernest Magon de la Ville-Huchet au château de la Touche, en Bretagne, a un fils :

Magon de la Ville-Huchet.

Alain Magon de Saint-Elier, au château de Saint-Elier, Bretagne, a un fils :

Magon de Saint-Elier.

Magon de la Balue, au château du Bois de la Roche, Bretagne.

Magon de la Balue, receveur particulier, à Montfort, Bretagne.

MAHÉ DE LA VILLEGLÉ. *Bretagne.*

D'argent à deux haches d'armes de gueules adossées et surmontées d'un croissant du même. Couronne de comte.

Maintenue dans sa noblesse d'ancienne extraction par la chambre de réformation de Bretagne (20 mai 1669), cette famille se compose actuellement de :

1° Mathilde Mahé de la Villeglé, propriétaire à Loudéac (Côtes-du Nord).

2° Alexandre-Jean Mahé de la Villeglé, propriétaire, à Saint-Servan (Ille-et-Vilaine), a épousé Marie-Anna Deniel, et a eu cinq enfants :

a Marie-Anne Mahé de la Villeglé ;

b Zoé-Marie Mahé de la Villeglé ;

c Alexandre, chirurgien de marine ;

d Louis, commissaire de marine ;

e Gustave, à l'Administration des postes à Paris.

3° Ange-Marie-Léonce Mahé de la Villeglé, propriétaire (château de la Bellière), par Loudéac (Côtes-du-Nord), a épousé Antoinette-Marie-Vincente Boulin de Morigny, et a un fils et une fille :

Léonce-Marie-Ange Mahé de la Villeglé,

Marguerite-Marie-Anne, décédée le 14 décembre 1862.

4° Achille-Ange-Pélage Mahé de la Villeglé, chevalier de la Légion d'honneur, officier d'artillerie en retraite, percepteur à Cambremer (Calvados).

MAHE DE LA BOURDONNAYE COETCANDEC. *Bretagne.*

D'argent à deux haches adossées en pal de gueules surmontées d'un croissant de même.

De même origine et de même souche que la précédente, cette famille a pour unique représentant le comte Mahé de la Bourdonnaye de Coetcandec, conseiller général, ancien chambellan de Napoléon III, au château de Coetcandec, par Grandchamp, département du Morbihan.

MAHÉAS. *Normandie.*

D'argent à trois tourteaux de sable.

Cette famille dont nous ne connaissons que les armes est représentée par deux frères : Edouard-Achille-Parfait et Edmond-Edouard de Mahéas.

MAHIET DE LA CHESNERAYE. *Bretagne.*

De gueules à deux haches adossées d'argent.

De Mahiet de la Chesneraye, unique représentant du nom, réside au château de Beauchêne, par Bléré, département d'Indre-et-Loire.

MAHUET. *Lorraine.*

D'azur à une tour d'argent surmontée d'une croix fleuronnée d'or et accostée de deux autres croix de même; écartelé aussi d'azur à trois besants d'or; au chef d'argent chargé d'un léopard de gueules.

Cette famille qui a donné Marc-Antoine Mahuet, baron du Saint-Empire romain, chevalier, seigneur de Lupcourt, de Vernois, Coyviller et Champenoux, ministre et secrétaire d'État du duc de Lorraine, mort à Nancy, le 15 juin 1717, est encore représentée, dans la contrée dont elle est originaire, par le baron de Mahuet, chevalier de la Légion d'honneur, maire de Letrecourt, département de la Meurthe.

MAICHIN. *Saintonge.*

D'azur à deux fasces d'or, accompagnées de cinq coquilles d'argent et chargées de cinq roses de gueules feuillées de sinople, trois en chef, deux en pointe; un croissant montant d'argent, soutenant le tout. Heaume : taré de front, couronné d'or, orné de ses lambrequins d'or, de gueules, d'argent et d'azur. Cimier : une aigle naissante de gueules, becquée, onglée, couronnée d'or. Tenants : deux Hercules ceints de leur écharpe nouée sur la hanche.

Originaire de la Saintonge, cette famille qui a longtemps habité Saint-Jean-d'Angély, lui a donné des échevins, des maires, et y a occupé d'autres charges importantes.

Armand Maichin, seigneur de la Maison-Neuve et du fief franc de Châtenay, conseiller du roi, lieutenant particulier à la sénéchaussée de Saintonge, au siége et ressort de Saint-Jean-d'Angely, a publié, en 1671, un ouvrage héraldique très-important. Louis-Clément de Maichin, seigneur de la Toucherolle, fief situé sur les confins des Deux-Sèvres et de la Charente-Inférieure, petit-fils d'Armand, se présenta aux États-Généraux d'Angoulême, en 1758, et faisait partie de l'Académie de Villedon. Il épousa une demoiselle de Lestang et il en eut un fils, qui suit, et vingt et une filles, abbesses et religieuses, dans les couvents du Poitou et de la Saintonge.

Jean-Charles-Clément de Maichin, officier des armées du roi, mort à Villedon, le 1er décembre 1829, épousa une demoiselle de Laubier, d'une famille noble de la Saintonge, dont trois fils et deux filles. Charles, suit; Auguste de Maichin, tige de la branche cadette, épousa une demoiselle Vasselot de Reyné, dont il eut Auguste et Marie, vivants, et résidant dans le département des Landes; Paulin ne contracta pas d'alliance, et les filles s'allièrent aux familles de Lignières et de Malevault.

Charles de Maichin, mort en mai 1860, à son château de Vernon, épousa Mlle de Morin, fille de M. Morin, porte-étendart aux gardes du corps. Par suite de ce mariage, la famille de Maichin s'est fixée dans le Poitou, en 1820, et, depuis lors, la branche aînée réside au château de Vernon. Charles de Maichin n'eut de son mariage qu'un fils, Charles-Antoine-César de Maichin, né en 1811. Il épousa Alix de Gastebois de Marignac, dont nous avons donné la notice, et il eut de ce mariage un fils unique, Raoul de Maichin, né en 1842.

MAIGNAUT. *France.*

D'azur à trois besants d'or.

Timothée de Maignaut, unique représentant du nom, est attaché à l'administration des lignes télégraphiques, à Tréguier, département des Côtes-du-Nord.

MAIGNE DE LA GRAVIÈRE. *France.*

D'argent à la montagne de sinople chargée de deux

oiseaux affrontés du champ; au chef d'azur chargé d'une foy aussi d'argent.

François Maigne de la Gravière, unique représentant du nom, réside à Paris.

MAIGNO. *Guyenne.*

D'azur au griffon d'or.

L'abbé de Maigno, curé à Pian, département de la Gironde, est le dernier hoir mâle de cette noble famille.

MAIGRET. *Bourgogne, Bresse.*

D'azur à la fasce d'or accompagnée de trois coquilles du même, qui est de Maigret, brochant sur un écu écartelé : au 1 d'or à l'aigle à deux têtes, éployée de sable, lampassée de gueules; au 2 d'or au lion de sable, lampassé de gueules; au 3 d'argent, au lion de gueules; au 4 de gueules à la croix de Bourgogne d'argent. L'écu sommé d'une couronne de comte perlée, surmontée de perles aux extrémités, portée sur une double aigle de sable, surmontée d'une couronne impériale, avec cette devise : *Pro christo et contra inimicos ejus.*

Cette famille, d'ancienne chevalerie, est originaire de Bourgogne et Bresse, où elle fit ses preuves de noblesse, en 1607, par devant le sieur de Bouchu, chevalier et conseiller du roi, maître aux requêtes ordinaire, intendant de justice et police dans lesdites provinces.

Charles-Antoine, chef de la branche aînée de cette famille, se retira, sous Louis XIII, pour cause de duel ayant entraîné mort d'homme, dans la province de Limbourg, où il se maria en 1566; mais cette branche redevint française et s'établit dans la prévôté de

Thionville à l'époque de la signature du traité des Pyrénées de 1659.

Cette famille est représentée aujourd'hui :

1° Par Ignace-François-Xavier comte de Maigret (célibataire) habitant le château de Malavillers (Moselle);

2° Par Joseph-Gustave, comte de Maigret, ancien capitaine au 7e dragons, puis sous-intendant militaire de Ire classe, officier de la Légion d'honneur, chevalier de la couronne de Fer, marié le 12 novembre 1839 à Aline Félicie d'Avennes, fille du vicomte d'Avennes d'Hernonville.

De ce mariage sont issus :

A Marie-Edgard, lieutenant de vaisseau, chevalier de la Légion d'honneur;

B Arthur-Amédée, lieutenant au 17e dragons;

C Joseph-Octave-Gaston.

3° Joseph-Gustave, frère puîné d'Ignace-François-Xavier, s'est fait confirmer dans la possession du titre de comte par décret de l'empereur Napoléon III, en date du 10 août 1861, en raison du droit que la déclaration de Louis XIV, datée du 7 décembre 1699 donne aux membres des familles nobles et titrées, dans les provinces des Pays-Bas devenues françaises, de porter, en France, leurs titres tels qu'ils leur ont été accordés par les rois d'Espagne, archiducs et gouverneurs des dites provinces.

Principales illustrations :

Alexandre de Maigret fut, au quinzième siècle, religieux et doyen de l'illustre chapître de Giguy, où on ne recevait que des personnes ayant fait preuve de seize lignées de noblesse : huit de père et huit de mère.

Jean III de Maigret, créé comte de Maigret et de

Néau, reconnu et constaté par diplôme de l'empereur d'Autriche, Léopold II, en date du 23 avril 1687.

Jean V, comte de Maigret et de Néau, petit fils du précédent, fut grand veneur de Sa Majesté le roi d'Espagne et son grand drossard en la ville de Baëlen: de plus, grand maréchal héréditaire de la province de Limbourg, par lettres patentes d'Isabelle, infante d'Espagne, en date du 3 août 1629. François-Guillaume de Maigret, ayant servi en Autriche et pris une part signalée au siége de la ville de Bude, sous les ordres du duc Charles de Lorraine dont il était un des lieutenants, Léopold II lui accorda et confirma tous les titres de la branche aînée et le nomma, en outre, comte du Saint-Empire et baron de Stokem, permettant à tous ses héritiers et successeurs légitimes de porter ses titres et ses armoiries telles qu'elles ont été augmentées par le diplôme ci-dessus cité de 1687.

MAILHIER. *France.*

De sinople à trois pals d'argent au chef d'or.

L'unique représentant du nom de Mailhier, est substitut à Rocroy, département des Ardennes.

MAILLARD. *France.*

D'argent à la bande de gueules chargée de trois lis du champ et accompagnée de six merlettes de sable, trois en chef et trois en pointe.

Cette famille à trois représentants : le comte de Maillard, à Mâcon; de Maillard, au château de Salles, par Chabannais, département de la Charente; de Maillard, maire à Beaussac, par Mareuil, département de la Dordogne.

MAILHARD DE LA COUTURE. *Limousin.*

D'or à un feu de trois flammes de gueules et un maillet de sable posé en bande; au chef de gueules chargé de trois étoiles d'or.

Cette famille, mentionnée par Dubuisson, qui écrit Mailhar et lui donne la qualification de seigneur de Balorre, en Touraine, est représentée par Maillard de la Couture, conseiller de préfecture, à Limoges; et par son frère également à Limoges.

MAILLARD DE LA GOURNERIE. *Bretagne.*

D'azur au sautoir alésé d'or; cantonné en chef et en flancs de trois maillets du même, et en pointe d'un lion d'argent lampassé de gueules.

Famille bretonne, maintenue dans sa noblesse par arrêt des commissaires généraux, en date du 29 mars 1699. Représentants actuels : 1° Eugène, demeurant au château de la Gournerie, près Nantes, et ses deux fils officiers de cavalerie; 2° Henri, ancien chef d'escadron d'état-major, et son fils, au château de Brihy (Vendée); 3° Jules, ingénieur en chef des ponts-et-chaussées, au château de Martigné, près Saint-Nazaire (Loire-Inférieure).

MAILLARDOZ. *Pays de Vaud.*

D'argent à la bande d'azur, chargée de deux maillets d'or.

Cette ancienne et illustre famille, dont le nom s'écrivait Malliador, Maliardo, Mailliardoz, et même Mailliardoti, anciennement originaire du pays de Vaud, s'établit à Fribourg, en Suisse, où cette maison a constamment porté la qualité de « noble » ou « juncker, » et où elle a toujours été comprise dans la classe distinctive des « Nobles » de cette République.

Les seigneurs de la maison de Mailliardor, qui sortent tous de la ville de Rue, ont aussi porté le nom de cette petite ville, bailliage du canton de Fribourg. Madeline de la Tremoille épousa, en 1525, Jean de Mailliardor, que la généalogie de la Tremoille appelle « le Seigneur de Rue. »

La maison de Mailliardor possédait, en outre, de nombreux fiefs dans le bailliage de Rue; elle prouve, par titres authentiques et originaux, qu'elle possède ces fiefs, sans interruption, dès l'année 1328; elle prouve aussi sa filiation non interrompue, par titres originaux latins, français et allemands, dès le treizième siècle.

Le baron d'Alt, avoyer de la République de Fribourg et commandant-général du militaire, dans son *Histoire des Suisses*, tome V, page 338, s'exprime ainsi sur l'origine de la maison de Maillardoz.

« Le premier de cette maison de Maillardoz, dont on ait eu connaissance, est noble Ulric, qui vivait, en 1230, dans le pays de Vaud. La seigneurie de Rue, qui est présentement un bailliage dans le canton de Fribourg, leur appartenait en partie, et cette famille a toujours passé pour être d'une ancienne noblesse sous les ducs de Savoie, et aujourd'hui sous la domination de la République de Fribourg, où elle a fourni des hommes pour l'Etat et pour la guerre, d'un mérite distingué et d'une intégrité reconnue. »

La même attestation est donnée par Jean-Jacques Leu, bourgmestre de la ville et République de Zurich, dans son *Dictionnaire historique de la Suisse*, en allemand, tome XII, Zurich, 1757, in-4°, pages 447 à 450

La généalogie de Mailliardor a été rapportée dans la dernière édition du *Dictionnaire historique* de Moreri, imprimée à Paris, en 1759. Udalric de Maillardos, vivant en 1240, est nommé à la tête de la généalogie. Il eut pour fils Pierre, qui vivait en 1306 et 1313. Le *Dictionnaire généalogique*, imprimé à Paris en 1761, en sept volumes in-8°, a rapporté aussi en détail la généalogie de Mailliardor. C'est la première édition de ce dictionnaire de la noblesse.

Les armes de la maison de Mailliardor, conformes à l'étymologie du nom, ont varié dans les figures des cimiers et dans les supports.

Le plus ancien titre que l'on trouve à Rue est de l'année 1306. Les manuscrits de ce temps-là disent que la maison des nobles Mailliardor fut réduite en cendres par un incendie, lors du sac du château, par Pierre Ier, comte de Savoie, dit le « Petit Charlemagne, » vers 1260.

Nicod de Mailliardor vivait dans le onzième siècle, ainsi que Rollet et Marmet, du même nom, selon un acte latin, original et en parchemin, daté du 11 mai 1084, dressé par Marmet Espeis, notaire juré de la Châtellenie de Rue. La date est écrite en toutes lettres et non chiffrée. Cet acte renferme une vente à Nicod Malliardor de Rue. Il y est fait mention aussi des héritiers de Perroud de Malliardor. Antoine Champion, damoiseau, y est cité comme Châtelain de Rue. C'est le seul acte que l'on connaisse avoir échappé à l'incendie rapporté plus haut.

Première branche. I. Udalric de Malliardor, vivait en 1200 et tant : Perroud son fils, contracte de sa seule autorité en 1306 ; Johannat, son petit-fils, est marié en 1328. Udalric épousa noble Julie, dont Pierre, qui suit, II.

II. Pierre de Mailliardor, premier du nom, cité dans la lettre de fondation de la chapelle de Saint-Nicolas, à Rue, fait par noble homme Richard de Rez, chevalier, datée de Lausanne, le 8 octobre 1306, épousa Marie de Blonay, dont trois enfants, savoir: *a.* Etienne, qui épousa Madeleine de Chaumont, d'une belle maison de Savoie, dont une fille unique, Jeanne, femme de Jean de Blessens; *b.* Marmet, auteur de la seconde branche; *c.* Jean, qui forma la troisième.

Seconde branche. III. Marmet de Mailliardor, épousa noble Jeanne de Challes-Vieux, dont deux enfants, savoir : *a.* Pierre, mort sans alliance, — *b.* Jacques, qui suit, IV.

IV. Jacques de Mailliardor, épousa noble Aignelette de Sales, maison de Savoie, si connue par sa noblesse et par le Saint qu'elle a donné à l'église, dont deux enfants, savoir: *a.* Nicolas, ecclésiastique; *b.* Roullet ou Rolet, vivant en 1390, qui épousa noble Jeanne de Vilete, dont un fils sans alliance et deux filles grandement mariées.

Troisième branche. III. Jean de Mailliardor, premier du nom, feudataire du comté de Savoie, épousa, 1° Marmette de Blessens, et 2° N... Bonarent. Il eut du premier lit, deux enfants savoir: *a.* Marmet qui suit IV, et du second: *b.* Nicolas, feudataire du comté de Savoie; *c.* et *d.* Pierre et Jean, morts sans alliances ; *e.* Catherine; *f.* Jeanne, qui épousa Vaulthier de Lucinge, de Vevey, damoiseau, d'une maison originaire des anciens souverains de Faucigny ; *g.* Aymé ou Amédée, auteur de la neuvième et dernière branche.

IV. Marmet de Maillardor, feudataire du comté de

Savoie, et fondateur de l'autel, aujourd'hui chapelle de la Très-Sainte-Trinité, dans la chapelle, aujourd'hui église paroissiale de Saint-Nicolas de Rue, qu'il a doté de seize livres de cens, qu'il avait acquis, dans la paroisse de Saint-Martin-de-Vaud, de Jean et de Girard d'Illens, damoiseaux de Fribourg, épousa noble Guillaumette de Challes-Moderne, dit Millets, dont trois enfants, savoir: *a*. Pierre, mort sans enfants de sa femme Anthoinaz de Vully; *b*. Jean, qui suit V; *c*. Antoine, auteur de la cinquième branche.

V. Jean de Mailliardor, deuxième du nom, établit la branche dite de Grandvaux, près de Lausanne, actuellement éteinte, et épousa noble Anne de Cerjat, dont deux enfants, savoir : *a*. Jean, dont la postérité s'éteignit dans son fils unique, Marmet; *b*. Jacques qui suit, VI.

VI. Jacques de Mailliardor, damoiseau de Rue, épousa noble Aignelette de la Mollière, d'une illustre maison du pays de Vaud, dont trois enfants, savoir: *a*. Louis, qui suit VII; *b*. et *c*. Pierre et Claude, morts sans alliance ou sans postérité.

VII. Louis de Mailliardor, premier du nom, damoiseau de Grandvaux, épousa Perronette, fille de noble Louis de Chansey ou Chavey, dont quatre enfants, entre autres Georges qui suit, VIII.

VIII. Georges de Mailliardor, premier du nom, damoiseau de Rue, épousa, en 1514, noble Hiéronime de Glanc, dont trois enfants : deux filles et un fils, Pierre, l'aîné, qui suit, IX.

IX. Pierre de Maillardor, deuxième du nom, damoiseau de Rue et de Grandvaux, co-seigneur d'Arlens et châtelain de la paroisse de Vilette, épousa, en 1536, noble Jeanne, fille du baron de Saint-Maurice de Pontarlier, dont quatre enfants ; savoir : *a.* Louis, se maria deux fois et n'eut qu'une fille; *b.* Claude, auteur de la quatrième branche ; *c.* Françoise, et *d.* Jacqueline, qui se marièrent deux fois.

QUATRIÈME BRANCHE. X. Claude de Maillardor, co-seigneur de Rue, damoiseau de Grandvaux, châtelain de la paroisse de Vilette, épousa noble Jeanne de Tavel, d'une maison originaire du Vallais, établie aujourd'hui à Berne et dans le pays de Vaud, dont quatre enfants, entre autres Gasmaliel, qui se maria deux fois et n'eut qu'un fils, Albert, mort le dernier de sa branche, sans alliance, à Paris.

CINQUIÈME BRANCHE. V. Antoine de Mailliardor, premier du nom, damoiseau de Rue et feudataire de la maison de Savoie, épousa Alix, fille de noble Nicolet des Enfans, d'Ursy, feudataire aussi de la maison de Savoie, dont sept enfants, entre autres Antoine, qui suit, VI.

VI. Antoine de Mailliardor, deuxième du nom, damoiseau de Rue et co-seigneur d'Arlens, épousa ; 1° noble Thomasso de Pontevitreo (Pontvez) d'Aigle ; 2° Béatrix Pittet, d'Orbe, et 3° par contrat du 2 juillet 1443, Isabelle, fille de noble Henri Cerjat, damoiseau de Moudon. Il eut du second lit un fils, Jean, qui suit, VII.

VII. Jean de Maillardor, deuxième du nom, damoiseau de Rue et co-seigneur d'Arlens, épousa : 1° par contrat du 23 avril 1454, Anne, fille de noble Gui Cerjat, damoiseau de Moudon ; et 2° par contrat du 15 juillet 1471, Jacquema, fille de feu noble Jean de Billens, co-seigneur d'Orsonnens. Il eut des deux lits cinq enfants, entre autres Georges, qui suit, VIII.

VIII. Georges de Mailliardor, damoiseau et co-seigneur d'Arlens, épousa, par contrat du 26 octobre

1484, Joanette, fille de feu Antoine Otthomyn de Surpierre, dont six enfants, savoir : *a*. Antoine, qui suit IX ; *b*. Jean, chevalier, damoiseau de Rue, dit seigneur de Rue, mort sans enfants de son mariage avec noble Madeline de la Trémoille, fille de Jean de la Trémoille et de Charlotte d'Autry, petite nièce du sire de Craon, et de Marguerite de la Trémoille légitimée, et femme du célèbre Jean de Salazar, chevalier espagnol, très-grand seigneur sous Louis XI, et un des plus renommés capitaines de son temps. On conserve encore à Rue, des meubles à leurs armes. Le P. Menestrier, page 93, du second volume, dit que « les vieux meu« bles des maisons particulières sont le quatrième des « treize monuments, par lesquels on peut connaître la « grandeur des maisons et leur ancienneté. » *c*. François, mort en bas âge ; *d*. Claudine, épousa noble Louis de Pavillard de Fribourg ; *e*. Catherine, épousa le capitaine Antoine Wider de Gessenay, l'un des quatre chefs des troupes suisses, qui commandèrent les troupes envoyées en Italie, vers l'an 1499 ; *f*. Jeanne, épousa noble Noé de Mariset, du pays de Vaud.

IX. Antoine Mailliardor, troisième du nom, damoiseau et co-seigneur d'Arlens, épousa, par contrat du 27 février 1520, noble Louise, fille de Aymon Albi, de Vevey, vidame de Châtel et de Marie d'Arnay, dont neuf enfants, entre autres deux fils, savoir : Jean-Baptiste, qui suit X ; Étienne, auteur de la huitième branche.

X. Jean-Baptiste de Mailliardor, châtelain de Rue, co-seigneur d'Arlens, se maria trois fois et laissa quatre enfants, entre autres Pancrace, qui suit, XI.

XI. Pancrace de Mailliardor, damoiseau et co-seigneur d'Arlens, épousa 1° Anne Garmisvil, d'une famille patricienne de Fribourg, éteinte; 2° Catherine, fille de noble Jean de Lauthern, dit Heyde, et de noble Ursule Griset de Forell, et 3° Catherine Worly. Il eut du second lit quatre enfants, entre autres, deux fils, savoir : *a.* Nicolas, qui suit, XII; *b.* Jean, auteur de la sixième branche.

XII. Nicolas de Mailliardor, damoiseau et co-seigneur d'Arlens, nommé du Conseil souverain des Deux-Cents en 1619, bailli de Surpierre en 1631, mort en 1635, avait racheté et reconnu la bourgeoisie secrète de Fribourg en 1627, épousa Marie, fille du chevalier Gottrau, d'une famille patricienne de Fribourg, dont cinq enfants, entre autres Emmanuel, qui suit, XIII.

XIII. Emmanuel de Mailliardor, co-seigneur d'Arlens et avoyer d'Estavayer, en 1862, épousa Catherine Kemmerling, d'une famille patricienne de Fribourg, dont trois enfants, entre autres Jean-Emmanuel, qui suit, XIV.

XIV. Jean Emmanuel de Mailliardor, épousa Marguerite, fille de N... Vonderweid, sénateur et directeur de l'artillerie de Fribourg, et d'une famille patricienne dont six enfants, entre autres Henri, qui suit, XV.

XV. Henri de Mailliardor, sous-lieutenant au régiment des gardes-suisses, en France, bailli de Surpierre, en 1719, de Planfayon en 1726, sénateur en 1730, épousa Marie-Anne Ratzé, dont cinq fils et quatre filles. Un seul coutracta alliance, Protais, qui suit, XVI.

XVI. Protais de Mailliardor, officier au service de France, blessé en Flandre en 1746, chevalier de Saint-Louis, bailli de Bulle 1756, épousa Hélène Praroman, dont trois enfants, entre autres Joseph-Emmanuel, né en 1748, nommé du Conseil souverain des Deux-Cents, en 1769, qui devint chef de sa branche.

SIXIÈME BRANCHE. XII. Jean de Mailliardor, second fils de Pancrau et de Catherine de Lanthen, dit Heydt, damoiseau de Rue et de Fribourg, co-seigneur d'Arlens, nommé du Conseil souverain des Deux-Cents en 1620, mort en 1652, qui racheta et reconnut la bourgeoisie de Fribourg, en même temps que son frère Nicolas en 1627, épousa Marguerite de Techterman, d'une ancienne famille patricienne de Fribourg, dont sept enfants, savoir : *a.* Peterman de Mailliardor, dont il n'eut pas d'enfants ; *b.* Georges de Mailliardor, officier au service de France, tué au siége d'Ypres en 1680 ; *c.* Jean-Guillaume de Mailliardor, sans ailliance ; *d.* Martin de Mailliardor, mort en 1685, capitaine au service de France, puis capitaine des gardes du prince-évêque de Liége, épouse Marie-Gertrude Cambs, fille drossart de Tongres, dont dix-huit enfants qui ne laissèrent point de postérité; *e.* François-Augustin, qui suit, XIII; *f.* et *g.* deux filles sans alliance.

XIII. François-Augustin de Mailliardor, co-seigneur d'Arlens, baptisé le 25 décembre 1623, mort en 1665, bourgeois de Fribourg, membre du Conseil des Deux-Cents, puis des Soixante, bailli de Grondson, épousa noble Marguerite Amman, fille du bailli de Rue, dont neuf enfants, entre autres François-Augustin, qui suit, XIV, et Henri Ignace, fondateur de la septième branche.

XIV. François-Joseph de Mailliardor, baptisé le 3 octobre 1652, sénateur et bourgmestre de Fribourg, où il renouvela le droit de bourgeoisie, qu'il avait par défunt son père, le 6 février 1675, membre du Grand-Conseil en 1683, du Conseil des Soixante en 1688, du Conseil Intérieur en 1691, épousa : 1°, le 17 juillet 1693, Marie-Ursule de Griset de Forell; 2° Françoise Kester, veuve de noble Nicolas de Gleresse.

Il eut du premier lit deux fils, savoir : *a.* Jean-Nicolas-Joseph, mort sans alliance; *b.* Antoine-Constantin, qui suit, XV.

XV. Antoine-Constantin Mailliardor, né le 11 août 1691, mort en 1768, sénateur de la République, renouvelle sa bourgeoisie en 1719. Successivement membre du Conseil des Deux-Cents, du Conseil des Soixante, du Conseil des Vingt-Quatre, bailli de Grondson, il épousa en 1720, Ottile d'Affry, fille de François d'Affry, lieutenant-général au service de Sa Majesté Très-Chrétienne, colonel d'un régiment suisse, tué à la bataille de Guastalla en 1734, et de Madeleine de Diesbach, sœur du prince Frédéric de Diesbach, général d'artillerie au service de Sa Majesté Apostolique, etc.

Il eut de ce mariage six enfants, deux officiers du service de France, un fils et une fille morts en bas âge, une fille mariée, et Jean-Frédéric Roch, le troisième, qui suit XVI.

XVI. Jean-Frédéric Roch, marquis de Mailliardor, par lettres patentes datées de juin 1763, titre transmissible à tous ses descendants mâles et reversible successivement à toutes les branches de sa famille, en cas d'extinction de l'une d'elles, aide-maréchal-des-logis général des armées de Hesse au Bas-Rhin, après avoir parcouru la plus brillante carrière militaire, né en 1727, épousa le 17 juillet 1764, Marie-Anne de Griset, fille aînée de François-Joseph-Nicolas de Griset, seigneur de Forell et de Middes, sénateur de la république suisse, et de Marguerite de Maillard, dame de l'ordre de la Croix étoilée, dont cinq enfants, trois filles et deux fils, savoir : *a.* Constantin, marquis de Mailliardor, sans alliance; *b.* Joseph, qui suit, XVII.

XVII. Joseph appelé aussi Philippe, marquis de

Mailliardór, né le 31 mai 1769, mort en 1856, lieutenant-colonel de la garde royale suisse sous Charles X, épousa la baronne Ida de Schultz, dont quatre enfants, savoir : *a.* Frédéric Roch, comte de Mailliardor, mort sans alliance, avant son père. A la mort de Philippe, le titre de marquis est passé au chef de la huitième branche ci-dessous. *b.* Lucie, épousa le comte L. d'Affry; *c.* Caroline épousa le comte de Diesbach ; *d.* Laure mort sans alliance.

SEPTIÈME BRANCHE. XVI. Henri-Ignace de Mailliardor, troisième fils de François-Augustin et de Marguerite Amman, ci-dessous, lieutenant-colonel du régiment d'Erlach, au service de Sa Majesté Impériale et Apostolique, s'illustra en 1713, en défendant, pendant six semaines, le château d'en bas de Fribourg en Brisgau, contre l'armée française commandée par le maréchal duc de Villars, qui rendit publiquement éloge à sa belle conduite. Il épousa, en 1692, Marie de Boccard, d'une maison noble de Fribourg, dont sept enfants, entre autres François-Nicolas, l'aîné, qui suit, XV.

XV. François-Nicolas de Mailliardor, bailli de Wuippens, commandant le contingent de deux cents hommes que le canton de Fribourg envoya à Bâle en 1743, pour la défense de la frontière, épousa en 1725, Marie-Catherine Python, dont quatre enfants, entre autres Nicolas, l'aîné, qui suit, XVI.

XVI. Nicolas de Mailliardor, avoué d'Estaveyer en 1769, épousa en 1764, Josèphe de Boccard, fille aînée de Simon, sénateur de la république de Fribourg, dont plusieurs enfants qui ne laissèrent point de postérité.

HUITIÈME BRANCHE ACTUELLE. — *Maillardor de Rue.* — X. Étienne de Maillardor, damoiseau, co-seigneur de Rue, second fils d'Antoine III et de Louise Albi, épousa en 1554 Élisabeth d'Artaud de Rue, dont quatre enfants, un fils, François, qui suit XI, et trois filles.

XI. François Ier de Maillardor, damoiseau; banneret de Rue, co-seigneur d'Arlens, épousa Catherine de Villarzel, fille de François et de Barbe d'Erlach, dont dix enfants, entre autres cinq fils, dont un seul, François II, qui suit, XII, laissa postérité.

XII. François II de Maillardor, châtelain banneret de Rue, co-seigneur d'Arlens, épousa à Perrole, le 12 février 1624, Marguerite de Reynold, fille de Rodolphe, sénateur de Fribourg, dont douze enfants. Un seul, Beat Louis Ier, qui suit XIII, laissa postérité.

XIII. Beat Louis Ier de Maillardor, banneret de Rue, co-seigneur d'Arlens, bailli de Chatel Saint-Denis en 1696, obtint la bourgeoisie secrète de Fribourg pour sa branche restée à Rue, en récompense de ses services. Il épousa Anne-Marie de Prez dont quatorze enfants, entre autres Beat Louis II, le second qui suit, XIV, le seul qui laissa postérité.

XIV. Beat-Louis II de Maillardoz, co-seigneur d'Arlens, châtelain de Rue, épousa Marie-Françoise Gady, dont neuf enfants, trois fils sans alliance, cinq filles et François-Nicolas, le fils cadet, qui suit, XV.

XV. François-Nicolas de Maillardor, de Rue, co-seigneur d'Arlens, baillif de Montagni en 1737, épousa, en 1753, Élisabeth de Thumbé, fille du bourgmestre et sénateur de Fribourg, dont trois enfants, savoir : *a.* Antoine, mort sans alliance; *b.* Emmanuel, sans postérité ; *c.* Albert qui suit, XVI.

XVI. Albert de Maillardor de Rue, co-seigneur d'Arlens, baillif de Rue, colonel dans la garde royale sous Louis XVI, épousa Marie de Vevey de Bussy, dont il eut dix enfants, savoir : *a.* Antonin, mort jeune;

b. Marie-Antoinette-Élisabeth, épousa le comte de Fégely de Vivy, général dans la garde royale sous Louis XVI; *c.* Romain, hérita du titre de marquis, à la mort de Philippe, dans lequel s'est éteinte la sixième branche en 1856; épousa Marie de Fégely, dont il eut deux filles, et mourut en janvier 1868, sans laisser de fils; *d.* Louis, qui suit XVII, hérita du titre de marquis à la mort de son frère; *e.* Louise, épousa M. Rodolphe de Weck, avoyer de Fribourg; *f.* Madeleine; *g.* Marie, morte sans alliance; *h.* Frédéric, mort en bas âge; *i.* Jules; *j.* Frédéric, mort en bas âge, comme son frère du même nom.

XVII. Louis, marquis de Maillardor de Rue, actuellement vivant, sans alliance. Jules, marquis de Maillardor de Rue, actuellement vivant, épousa, en 1851, Marie-Laure Maublanc de Chiseuil; dont huit enfants, savoir : *a.* Henri; *b.* Marie; *c.* Anne, morte en bas âge; *d.* Charles; *e.* Thérèse; *f.* Gaspard, mort en bas âge; *g.* Jeanne; *h.* Albert.

Une neuvième branche, qui eut pour chef Aymé ou Amédée de Maillardor, fils puîné de Jean Ier, connu par l'acquisition de plusieurs dîmes en 1376, s'établit dans le Génevois, qu'elle quitta en 1526, pour se fixer en Maurienne, où elle s'est éteinte en 1650.

MAILLARD DE BROYS. *Perche.*

D'or à l'anille de sable accompagnée en chef d'une molette d'éperon de sable et en pointe d'un croissant de gueules. Écu timbré d'un casque taré de profil, orné de ses lambrequins d'or et de gueules. Couronne : de baron.

Cette famille, qui a donné Charles de Maillard, officier aux gardes sous Louis XIV et Louis de Maillard, tué dans le Perche, en 1793, en combattant pour l'autel et pour le roi, et qui a eu plusieurs alliances avec les Rotrou, comtes du Perche, a le titre de baron de Vaujour. Elle a pour chef de nom et d'armes Céleste de Maillard de Broys, à Souvigné-sur-Mesme, par la Ferté-Bernard, département de la Sarthe.

FIN DU TOME CINQUIÈME

RECTIFICATIONS

TOME IV, PAGE 291

HEILLY. *Picardie.*

De gueules à cinq fusées d'or posées en bandes (et non à cinq fasces d'or).

TOME V, PAGES 37, 38 & 39

JACOBSEN. *Poitou.* Lisez :

Page 37, ligne 13, *Komelyck.*
— ligne 16, Laurence Weus.
— ligne 30, Coster.
Page 38, ligne 4, La Lyde.
— ligne 9, Lamanché.
— ligne 27, la nouvelle Brille et la Tresson.

Page 38, ligne 33, ajoutez :

VII. Antonin Jacobsen, aujourd'hui chef de nom et d'armes par la mort de son père, Auguste Jacobsen, est capitaine au long cours, à Bordeaux.

Page 39, ligne 12, ajoutez :

Marie Jacobsen, mariée à Louis-Ernest de Sambœuf, capitaine au 43e de ligne, chevalier de la Légion d'honneur et de l'ordre de Saint-Stanislas de Russie.

2883.73. — Boulogne (Seine). — Imp. JULES BOYER et Cie.

www.ingramcontent.com/pod-product-compliance
Ingram Content Group UK Ltd.
Pitfield, Milton Keynes, MK11 3LW, UK
UKHW022049260726
13993UKWH00001B/14